平成記

小川榮太郎

青林堂

はじめに

平成三十一年四月三十日をもって、平成時代は終わった。
直ちに践祚《せんそ》された新天皇と共に、今、令和という新しい時代が始まった。
平成とは何だったのか。
日本と世界は如何なる変化を遂げ、この30年を終えた今、何者となりつつあるのか。
平成日本は国家として何を達成し、何を失ったのか。
どういう状況に飲み込まれ、何をなし、何をなさなかったのか。
何をなすべきだったのか。
何をなしてはならなかったのか。
その時、文化、学術、サブカルチャーは何を語っていたのか。

平成元年――1989年は、予想だにしなかったベルリンの壁の崩壊、そして米ソ首脳による冷戦終結の宣言と共に始まった。
日本はその頃、アメリカとの貿易戦争で圧勝していた。平成元年の世界企業ランキングでは、日本企業は上位50社中実に32社を占め、世界を圧倒する大国だった。

社会主義を下した自由主義陣営――その時の覇者は日本だったのである。

ところが、平成元年に日経株価が3万8915円の史上最高値を付けた翌平成二年には、株価は暴落、2万円を割り込み、平成四年にはバブルの崩壊、構造不況と言われる時代が来る。平成元年のリクルート事件を機に、自民党政治は機能不全に陥り、細川護熙《もりひろ》政権、村山富市政権が誕生。その間、経済政策は殆ど打たれず、日本は就職氷河期、大倒産時代に転がり落ちた。青テントのホームレスが多数生まれ、世界の先頭を切っていたはずの経済大国が、一転下流社会と呼ばれるようになったのだった。その間平成七年には阪神・淡路大震災とオウム真理教地下鉄同時多発テロ事件が起きている。

橋本龍太郎、小渕恵三という2代の自民党首相時代に、ようやく首相官邸の強化、日米同盟新時代、多角的な外交、大胆な財政出動によって日本を取り戻しかけたのも束の間、続く小泉純一郎政権時代は構造改革という寄り道をして、株価は7000円台から1万円台前半を低迷し続けた。その後を継いだ第一次安倍政権から再び政治は不安定化し、民主党時代の大失政の後、第二次安倍政権がアベノミクスと地球儀を俯瞰《ふかん》する外交でようやく安定を取り戻し、平成の終りを迎えたのだった。

一方、冷戦後、自由社会の勝利に終わると思われていた国際情勢は、全く様相を変えた。

日本が自沈した後、暫くアメリカの一極支配が続いたが、平成十三年、ジョージ・ブッシュ大統領は、9・11テロを契機に、イラク戦争に突進、戦争理由だった大量破壊兵器が見つからず、アメリカの権威は俄《にわ》かに失墜する。

ブッシュ政権の後半からオバマ政権時代、アメリカは世界の警察官の役割から降り、その間、中東にはISILが台頭し、北朝鮮は核ミサイル開発に成功、中国が平成二十二年に日本を抜いてGDP世界第2位の大国に躍り出て、南・東シナ海、台湾、尖閣、沖縄に野心を示すと共に、一帯一路による経済覇権とサイバー空間の支配で、米中二極時代を目指すまで力を付けてしまった。

今、日本はアベノミクス効果で、株価やGDP、有効求人倍率、生活満足度などは、平成年間最高水準で推移、外交的にも安定して見える。

平成という元号は『書経』の「地平かに天成る」から取られ、天皇皇后両陛下は、まさにそうあらんとして祈りを捧げ続けてこられた。

神まつる昔の手ぶり守らむと旬祭《しゅんさい》に発《た》たす君をかしこむ　皇后陛下御歌

祈りの国日本は、平成年間、辛うじて「地平かに」持ちこたえた。

だが、これはあくまでも、束の間の安定に過ぎない。

アベノミクス、そして安倍首相とトランプ、プーチン両首脳との個人的な信頼関係などを様々に織りなして、ようやく中国の脅威を跳ねのけてはいるものの、この安定は安倍政権の終りと共に、残念ながら終わるだろう。

出生率は低迷し、人口激減時代に突入している。このままでは2050年に日本の人口は8千800万人、2100年には4千4百万人に激減する。人口の激減はそのまま国家の劇的な衰退を意味する。抜本的な対策を講じずに平成を終えたのは日本国最大の痛恨事である。

平成日本は新たなビジネスモデルを創出できなかった。昭和には松下幸之助、本田宗一郎、井深大、中内功らを初め、家電、自動車、大型量販店を軸に、新たなビジネスモデルと経済思想が多く生み出された。平成はコンビニエンスストア、ユニクロ、ドトールコーヒーなどチェーン店の寡占型モデルを除けば、新たなビジネスモデルは生まれず、IT時代を制したのはアメリカだった。

国会の空洞化もひどい。野党の存在意義は殆ど消え、政治は首相官邸に収斂《しゅうれん》している。マスコミの、政治洗脳的な報道も、自制の箍《たが》が外れたように、デモクラシーや言論の自由を破壊する危険水域に達している。

しかし――。

幸い私たちには、天皇伝統があり、元号の伝統がある。

元号や天皇の在位で時代を代表させる事を批判する立場もあるが、私は寧《むし》ろ、元号の伝統を時代精神を一新する為の優れた文化装置だと見たい。

初代神武天皇の追号、神による武――武は矛を止めるとされ、まさに平和の治を齎《もたら》す――から始まり、大化の改新、延喜天暦の治、建武の新政、南北迭立《てつりつ》、元禄繚乱、化政文化、明治大帝、大正デモクラシー、激動の昭和、持ちこたえの平成……。

元号は時代の変化を映す大きな鏡なのである。

昭和改元は第一次世界大戦による多数の王朝消滅とアメリカの覇権確立、ロシア革命の動乱期に当たる。平成改元は東欧とソ連の社会主義政権崩壊と重なり、今般の令和改元は、米中激突、朝鮮半島情勢大激変の中で始まった。

持ちこたえの平成から国・民族の力強い再生へ。

維《こ》れ、新たなり。

令和を維新ととらえ、私たちは再生の時を迎えるのか、それとも持ちこたえた底が抜け、人口減少と共に、中国に併呑され、日本は終わるのか。

誇張でもこけおどしでもなく、今始まった令和時代は、文字通り、日本の存亡を賭けた真の分水嶺となる。少なくとも令和の始まりと共に、30年で日本の人口が約3千万人減少する事は既に確定しているのである。

私たちは日本の明日をどう定めるのか。

それを決めるのは、私たち現在生きている日本人だ。

そして、その為に、最も必要な事は、平成の御代とは何だったのかを今徹底的に振り返る事なのである。

近過去に自ら過ぎ来し道こそが、明日を照らす最大のヒントだからだ。

平成の大きな過ちは、冷静な振り返りなく、時代の波の中で狂奔する事から、新時代を始めた事にある。

同じ頃、世界で最も冷徹に、次の時代への生き延び方を考えていたのは、皮肉な事に、北朝鮮と中国だった。共にソ連―東欧圏の崩壊に飲み込まれずに社会主義独裁を維持する離れ業を演じ、今現在、片や最貧国ながら核ミサイル保有国に、片や世界の覇権を狙う独裁超大国に化けた。

いずれもよい化け方ではない。いや、最も望ましくない化け方だったとさえ言いたい。が、生き延びようとするリアリズム、その為の冷徹な自己の振り返りと明日への設計図を、あの激動期に持ち得た国と、バブル期の繁栄に奢《おご》り、国家という主題から目を逸らし続けた我が日本の、この30年の歩みの差は歴然たるものがある。

私たちは、その事を痛みと共に振り返り、令和への御代替わりにあっては、決して同じ過ちを繰り返してはならない。

私は本書を、その祈念と共に書き上げた。

＊

本書は、平成を31年に区切り、各年ごとに物語風に叙述している。各年冒頭に天皇皇后両陛下がその年に詠われた和歌を掲げ、次頁に簡潔な年表、流行、物故者を掲載した。和歌こそは日本の伝統の中核にあり、天皇皇后が最も率直に思いを込められたメッセージだからである。年表の下部には空欄を設け、読者の皆さんの自分史、家族史、社史などを書き込めるようにした。時代を生きてきた感慨を呼び覚ますよすがにもなろうし、これからの教訓にして頂くことも可能だろう。

叙述は日本の政治、国際情勢、社会・文化に分けているが、年によって変化を付けた。また、行文は一気に読める面白さを心掛けたが、客観的な正確さは可能な限り重んじている。政治的立場や人物の好悪で筆はまげていない。私は保守主義者で、一般に安倍晋三氏に近いと目されているが、リベラル非自民の細川護熙政権や社会党首班の村山富市政権であっても、左派文化人の業績であっても、評価すべきはしている。私自身毀誉褒貶が甚だしい人間で、左右どちらの論客からもしばしば批判罵倒の言葉を頂戴しているが、たといそのような相手であっても、業績は私心を入れずに評価した。例えば、福田和也氏、小林よしのり氏、中野剛志氏、朝日新聞などがそれに該当する。ただし、論評は賛否ともにはっきりと私見を記した。

又、本文内の肩書は当時のものを用いている。

『平成記』との題は私自身の発案による。書名を著者自ら発案する事は必ずしも通例ではない。『史記』以来、「紀」は王朝の正史を意味し、日本では『日本書紀』以後、最も近くは『明治天皇紀』に至るまで用いられてきた。一方「記」は民間の自由な歴史記述、史論にしばしば用いられる。『将門記』『義経記』などから、『神皇正統記』『太平記』などが、それに該当する。

私が卑小な自著に「記」を用いるのは無論僭称《せんしょう》だが、自らが体験した歴史に肉薄しようとする微志を込めたものである。題名に思いを込めた分、若手書家の第一人者、金敷駸房《かなしきしんぼう》氏に題簽《だいせん》執筆を快諾いただいたのは光栄であった。金敷氏の気韻生動する雄大な書風には、私は拝見する度飲み込まれる思いがしてきた。氏による荘厳を受け、我が小著も、一回り大きくさせて頂いたようである。心から御礼申し上げたい。

本書を、明日の日本を真摯に創造してゆきたい全ての人々に贈る。

令和元年五月一日
改元の日、靖國神社近くの仮寓にて静かな祈りとともに記す

小川榮太郎

目次

平成元年　１９８９年

御題　殯宮伺候

ありし日のみ顔まぶたに浮かべつつ暗きあらきの宮にはべりぬ　御製

御題　平成

平成の御代《みよ》のあしたの大地《おほつち》をしづめて細き冬の雨降る　御歌

父昭和天皇のありし日の御顔を瞼に浮かべながら、深夜御亡骸を安置したあらきの宮に伺候しています。

新たなる平成の御代、御代替わりの朝の大地を鎮めるかのようにしとしとと冬の細雨が降っています。

政権

竹下登（自民党）／宇野宗佑（自民党）／①海部俊樹（自民党）

国内

1・7	天皇、十二指腸部腺癌で午前6時33分崩御（87歳）。1・31昭和天皇と追号）。皇太子明仁親王即位、平成と改元（1・8施行）。剣璽等承継の儀。1・9即位後朝見の儀。共に国事行為として実施。
2・13	リクルート事件で江副浩正前会長を逮捕。その後藤波孝生元官房長官ら12人が起訴される。
2・24	昭和天皇大喪の礼、163か国の元首級55人ら・28国際機関の代表・使節ら9800人が参列。
4・1	消費税スタート。3％の課税
4・26～4・27	の朝日新聞の世論調査、竹下内閣支持率7％に急落
4・25	竹下首相、政治不信の責任をとり辞意表明。
6・2	宇野内閣発足
7・23	参議院議員選挙で与野党逆転、社会46、自民36、公明10、共産5、民社3、初登場の「連合」11。
7・24	宇野首相、退陣表明。
8・10	海部内閣発足。
8・10	八王子で宮崎勤、野本綾子ちゃん殺しを自供。
11・15	横浜の坂本堤弁護士一家失踪。
11・21	日本労働組合連合会（連合）発足（798万人、総評解散）。
12	日経平均株価史上最高値3万8915円を付ける

国外

3・18	伊藤みどり、パリの世界フィギュアで日本人初の優勝。
4・15	中国共産党前総書記胡耀邦急死（73）。天安門広場で追悼集会。
5・18	天安門広場に民主化を求める100万余の民衆が集結。5・20北京に戒厳令。趙紫陽総書記失脚。6・4戒厳部隊が戦車等で制圧。天安門事件。
6・3	イラン最高指導者ホメイニ師死去（89）。
6・4	ポーランド上下院選挙で「連帯」が圧勝。
11・9	東独、ベルリンの壁を実質的に撤去。
11・11	ベルリン市民、壁の破壊を開始。
12・3	米・ソ首脳のマルタ会談、新時代の到来を宣言。
12・22	ルーマニアのチャウシェスク独裁政権崩壊。
12・25	大統領夫妻処刑。

世相

9月　大相撲横綱千代の富士が965勝の史上最多記録を達成し国民栄誉賞。

10月　幕張メッセ完成。

【流行】フリーター、セクシャル・ハラスメント、マスオさん（逆玉）現象

吉本ばなな『TUGUMI』、栗良平『一杯のかけそば』、ホーキング『ホーキング宇宙を語る』『あ・うん』『レインマン』『青春家族』、「24時間戦えますか」（リゲイン）

【物故者】昭和天皇（87）、手塚治虫（60）、松下幸之助（94）、美空ひばり（52）

自分史

平成元年　1989年

一月七日暁闇の皇居――早朝五時四十一分、皇太子殿下明仁親王御一家をお乗せした車が慌ただしく皇居に入られた。先立つ五時過ぎ、高木顕侍医長が既に急遽皇居に入っている。皇太子御一家に続き、皇族方の車列も陸続と皇居に入る。六時前には宮内庁全職員に緊急招集が掛かった。テレビは早朝から全局とも中継で、緊迫した皇居の状況を伝え始めた。「容易ならざる事態」との言葉が解説者の口から洩れる。

来るべき時が来た――。六時三十五分、宮尾盤《いわお》宮内庁次長が天皇陛下ご危篤の会見をし、七時五十五分に、藤森昭一宮内庁長官により重大発表が行われた。

天皇陛下におかせられましては、本日午前六時三十三分、吹上御所において崩御あらせられました。誠に哀痛の極みに存ずる次第であります。

ニュースは昭和天皇崩御の報一色に染まる。

早朝宮内庁から危篤の報を受けていた竹下登首相は六時二十七分に天皇に拝謁し、崩御を受けた閣議で「内閣総理大臣謹話」を決定した。

大行《たいこう》天皇崩御の悲報に接し、誠に哀痛の極みであります。御快癒への切なる願いもむなしく、

申し上げるべきことばもありません。（略）
大行天皇の仁慈の御心、公平無私かつ真摯誠実なお姿に接して感銘を受けなかった者はありません。その御聖徳は、永久に語り継がれ、人々の心の中に生き続けるものと確信いたします。
（大行天皇は崩御直後、諡号《しごう》が決まるまでの呼称）

その後、政府は「元号に関する懇談会」を開催し、元号は「平成」に決まった。典拠は、『史記』五帝本紀の「内平外成（内平かに外成る）」、『書経』大禹謨《だいうぼ》の「地平天成（地平かに天成る）」とされた。

いずれも「平和」を大意とする。

「平成」の考案者は政財界に影響力のあった東洋思想家安岡正篤《まさひろ》とされてきたが、内閣内政審議室長として新元号選定に関わった的場順三が後に明らかにした所によれば、山本達郎東京大学名誉教授だったという。

午後二時三十六分、小渕恵三官房長官が河東純一揮毫の「平成」の額を掲げて、新元号を発表した。

皇太子はただちに皇位継承の儀式（剣璽《けんじ》等承継の儀）を執り行い新天皇に践祚された。

その夜、松平定知アナウンサーが、昭和最後の時報を伝え、平成が始まる。

「まもなく、一月八日午前〇時になります。昭和が終わります。平成元年が始まります」

平成改元の翌日、新天皇は、即位後朝見の儀で、「国民とともに日本国憲法を守り」「国運の一層の進展と世界の平和、人類福祉の増進を切に希望してやみません」とのお言葉を発した。

昭和の終焉を、国民は無限の感慨の内に過ごした。

昭和天皇は戦前の現人神であり、大元帥であり、大東亜戦争の国民的な記憶の根源に存在する。昭和二十年の終戦時に十歳に達し、戦争の記憶がはっきりしている人たちは、この時まだ五十三歳、昭和終焉の日には、国民の半数が戦争経験者だったのである。家族や友人・知人の戦死、空襲、焼け野原、悲惨な貧困、価値観の大転換、瓦礫からの復興……。

一心不乱に働いた戦後の日本人――。高度成長期の奇跡の復活を遂げたものの、昭和六十年頃までは、木造、汲み取り便所の小さな集合住宅やアパートも、まだ大都会にさえ珍しくない。街並みが今のように最新のインフラへと整備され始めるのは昭和最後の数年、バブル経済時代に入ってからだ。

世界の富を一身に集め、繁栄と快楽に国民が夢中になり、自信にあふれ始めたその時、昭和天皇が御不例となり、崩御された。

平成元年　1989年

戦争を知る国民の昭和天皇への思いは複雑だった。戦争責任を執拗に問われた昭和天皇に批判的な国民は多かった。一方で、その君徳を讃える保守派の声は、文藝春秋、産経新聞を軸に国民の半面の声を代表していた。

崩御の後、連日、皇居前に集まり無言のままに記帳する人波を、文藝評論家の江藤淳は戦後の閉ざされた言語空間、世俗的な空間から自由になった真の日本人ととらえたが、当時ポストモダンの旗手だった浅田彰は記帳に列なる人々を「土人」と呼んだ。

*

昭和天皇は前年の九月十九日に出血されて以来、入院百十一日目に崩御された。最後の八月十五日、終戦記念日における全国戦没者追悼式において、昭和天皇の頬を伝う涙が写真に残っている。その時発表された御製は次の一首である。

やすらけき世を祈りしもいまだならずくやしくもあるかきざしみゆれど

絶唱であろう。「くやしくもあるか」という表現は、歌人として群を抜いていた昭和天皇の多くの名歌でも、珍しく強い慨嘆だ。レーガン大統領が主導する核軍拡競争が、東西冷戦の終結を齎すその結末を見届ける事なく、昭和天皇は亡くなるのである。

最後の御製は、「秋の庭那須」と題された。


あかげらの叩く音するあさまだき音たえてさびしうつりしならむ

無限の感慨を込めた、この世への別離とも受け取れる歌だ。

病床から今年の稲の出来はどうかと尋ねられた話も伝わっている。天皇最大の宮中祭祀は新嘗祭だ。その年の稲を天照大神に捧げる神事である。

しかし、その後昭和天皇の消息が伝わる事はなくなった。病状については、テレビが毎日夜通し血圧、体温などを放映し続けた。明治天皇、大正天皇の時も病状の逐一の報道で、日本は天皇を送ったのだった。崩御後、歌舞音曲の自粛が拡がり、歓楽街は、一時期ひっそりと人の絶える日々が続いた。天皇の病が篤くなる様を国民がそれぞれの思いで共有する中で暮れていったのが、昭和だった。

が、時代がセピア色に黄昏れていたわけでは全くない。

それどころか、時は未だバブルの最盛期、この年、十一月六日にはソニーが米映画会社コロムビアを34億ドルで買収し、十二月二十九日には、東証平均株価が3万8915円の史上最高値を付けた。日本企業は21頁の左表のように、当時、世界企業ランキング上位50社中実に32社を占めていたのだ。左表の平成三十年の淋しい現状とは較ぶべくもない。超大国である。

日本は経済的繁栄の最中に、世界史上最大の戦争だった大東亜戦争を戦った盟主にして、戦後の平和な天皇――巨大な矛盾と人間的な魅力を兼ね備えた昭和天皇を歴史の彼方に送ったのだった。

二月二十四日には、世界各国元首級55名をはじめ、164カ国及びEC、27国際機関の代表使節が参列し、昭和天皇の大喪の礼が執り行われた。自由社会を牽引する大国の、世界一歴史ある王様の崩御――まさに、ローマ法王と並ぶ世界最大の葬儀だ。

大喪の礼を機に平成は愈々《いよいよ》動き始める。

が、何という始動だっただろう。

前年から日本の政界は、リクルート事件に揺れていた。リクルート事件は昭和六十三年六月に発覚した。自民党の大物政治家が、リクルート社からの未公開株の譲渡で大金を得ていたのである。譲渡リストは竹下登首相、宮澤喜一副総理兼蔵相、安倍晋太郎自民党幹事長、渡辺美智雄自民党政調会長、中曽根康弘前首相ら90名の政治家を含む144名、受け取り側の利益は実に総額

平成元年　1989 年

平成元年 世界時価総額ランキング

順位	企業名	時価総額(億ドル)	国名
1	NTT	1,638.6	日本
2	日本興業銀行	715.9	日本
3	住友銀行	695.9	日本
4	富士銀行	670.8	日本
5	第一勧業銀行	660.9	日本
6	IBM	646.5	米国
7	三菱銀行	592.7	日本
8	エクソン	549.2	米国
9	東京電力	544.6	日本
10	ロイヤル・ダッチ・シェル	543.6	英国
11	トヨタ自動車	541.7	日本
12	GE	493.6	米国
13	三和銀行	492.9	日本
14	野村証券	444.4	日本
15	新日本製鐵	414.8	日本
16	AT&T	381.2	米国
17	日立製作所	358.2	日本
18	松下電器	357.0	日本
19	フィリップ・モリス	321.4	米国
20	東芝	309.1	日本
21	関西電力	308.9	日本
22	日本長期信用銀行	308.5	日本
23	東海銀行	305.4	日本
24	三井銀行	296.9	日本
25	メルク	275.2	米国
26	日産自動車	269.8	日本
27	三菱重工業	266.5	日本
28	デュポン	260.8	米国
29	GM	252.5	米国
30	三菱信託銀行	246.7	日本
31	BT	242.9	英国
32	ベル・サウス	241.7	米国
33	BP	241.5	英国
34	フォード・モーター	239.3	米国
35	アモコ	229.3	米国
36	東京銀行	224.6	日本
37	中部電力	219.7	日本
38	住友信託銀行	218.7	日本
39	コカ・コーラ	215.0	米国
40	ウォールマート	214.9	米国
41	三菱地所	214.5	日本
42	川崎製鉄	213.0	日本
43	モービル	211.5	米国
44	東京ガス	211.3	日本
45	東京海上火災保険	209.1	日本
46	NKK	201.5	日本
47	アルコ	196.3	米国
48	日本電気	196.1	日本
49	大和証券	191.1	日本
50	旭硝子	190.5	日本

平成 30 年 世界時価総額ランキング

順位	企業名	時価総額(億ドル)	国名
1	アップル	9,409.5	米国
2	アマゾン・ドット・コム	8,800.6	米国
3	アルファベット	8,336.6	米国
4	マイクロソフト	8,158.4	米国
5	フェイスブック	6,092.5	米国
6	バークシャー・ハサウェイ	4,925.0	米国
7	アリババグループ・ホールディングス	4,795.8	中国
8	テンセント・ホールディングス	4,557.3	中国
9	JP モルガン・チェース	3,740.0	米国
10	エクソン・モービル	3,446.5	米国
11	ジョンソン・エンド・ジョンソン	3,375.5	米国
12	ビザ	3,143.8	米国
13	バンク・オブ・アメリカ	3,016.8	米国
14	ロイヤル・ダッチ・シェル	2,899.7	英国
15	中国工商銀行	2,870.7	中国
16	サムスン電子	2,842.8	韓国
17	ウェルズ・ファーゴ	2,735.4	米国
18	ウォールマート	2,598.5	米国
19	中国建設銀行	2,502.8	中国
20	ネスレ	2,455.2	スイス
21	ユナイテッドヘルス・グループ	2,431.0	米国
22	インテル	2,419.0	米国
23	アンハイザー・ブッシュ・インベブ	2,372.0	ベルギー
24	シェブロン	2,336.5	米国
25	ホーム・デポ	2,335.4	米国
26	ファイザー	2,183.6	米国
27	マスターカード	2,166.3	米国
28	ベライゾン・コミュニケーションズ	2,091.6	米国
29	ボーイング	2,043.8	米国
30	ロシュ・ホールディング	2,014.9	スイス
31	台湾セミコンダクター・マニュファクチャリング	2,013.2	台湾
32	ペトロチャイナ	1,983.5	中国
33	P&G	1,978.5	米国
34	シスコ・システムズ	1,975.7	米国
35	トヨタ自動車	1,939.8	日本
36	オラクル	1,939.3	米国
37	コカ・コーラ	1,925.8	米国
38	ノバルティス	1,921.9	スイス
39	AT&T	1,911.9	米国
40	HSBC・ホールディングス	1,873.8	英国
41	チャイナ・モバイル	1,786.7	香港
42	LVMH モエ・ヘネシー・ルイ・ヴィトン	1,747.8	フランス
43	シティグループ	1,742.0	米国
44	中国農業銀行	1,693.0	中国
45	メルク	1,682.0	米国
46	ウォルト・ディズニー	1,661.6	米国
47	ペプシコ	1,641.5	米国
48	中国平安保険	1,637.7	中国
49	トタル	1,611.3	フランス
50	ネットフリックス	1,572.2	米国

出典：米ビジネスウイーク「THE BUSINESS WEEK GLOBAL 1000」（1989 年 7 月 17 日号）

66億7千万円に及んだ。

当時の法律では上場会社でないリクルートのインサイダー取引は違法ではなく、リクルートが株を配った相手も政治家以外広範囲に及んでいた。

が、如何せん政治家が得た金額が大きい。ロッキード事件で田中角栄が逮捕された後、田中は被告人の身でありながらキングメーカーとして日本の政界に君臨し、その後もダグラス・グラマン疑惑、KDD事件など大型疑獄が続いている。

国民の政治不信はリクルート事件で極に達した。

前年十二月には宮澤喜一蔵相、長谷川峻《たかし》法相が辞任し、昭和天皇崩御直後の一月二十四日には、原田憲経企庁長官も辞任する。さらに、二月十三日、東京地検は未公開株譲渡に賄賂性ありと断定し、リクルート社の前会長江副浩正ら二人を逮捕、三月六日には、NTTのドンだった前会長真藤恒《しんとうひさし》も、NTT株に関連して逮捕された。

四月十一日には竹下が、リクルート社から累計1億5100万円の政治献金を受けていた事実を公表し、政治改革を約して輿論の幕引きを図る。ところが、その後竹下の金庫番だった元秘書の青木伊平がリクルート社から5000万円借入をし、後に返済していた事実が発覚した。単純な貸借に過ぎなかったが、輿論は沸騰し、竹下はついに辞意を表明する。翌日青木は自殺した。

五月二十五日には、中曽根康弘政権時代の藤波孝生元官房長官が受託収賄罪で起訴された。

間が悪いことに、リクルート事件と平行するかのように、竹下政権は消費税の導入を決めていた。日本の税収は、多年所得税と法人税に依存している。これらは景気に大きく左右される。海外での消費税（付加価値税）は一九六〇年代後半から広く導入され始め、ヨーロッパの主要国では税率は10％から25％と高額だ。

消費税導入は大平内閣以来の懸案だった。竹下政権当時はバブルの最盛期であり、個人消費の伸びは順調だった為、竹下は増税を決断したのである。

ところが、それと同時にリクルート事件が発覚したのだった。竹下内閣への非難は轟々たるものとなり、リクルート事件での逮捕者が相次ぐ中、消費税が導入された四月には、竹下内閣の支持率は7％（4月17、26日朝日新聞）まで落ち込む。

六月、竹下は退陣した。

昭和戦後の歴代首相は、吉田茂以後、鳩山一郎と石橋湛山を除き、現職中に靖國神社に参拝してきたが、竹下はしなかった。平成は、昭和と打って変わり、首相の靖國不参が基調となる。英霊の護りの届かぬ時代、平成――。

本来なら竹下の後は、安倍晋太郎が後継する筈だったが、体調の悪化から入院中だった。膵臓癌だったのである。一方金権体質打破を象徴する政治家として清貧と実直の人、伊東正義待望論も出たが大勢とはならなかった。

六月二日、宇野宗佑《そうすけ》政権が発足する。

竹下による後継指名政権であり、「竹下派の小渕恵三と小沢一郎が宇野にはかることもなく人事を勝手に決めていた」と言う。（『平成政権史』芹川洋一　日本経済新聞社）

宇野その人は、就任当初ピアノを披露する姿や語学が堪能な姿が紹介され文化人宰相としてもてはやされた。ところが、それも束の間、首相就任三日後に女性スキャンダルが発覚する。『サンデー毎日』に神楽坂の芸姑の告発が掲載されたのである。宇野が愛人になる話を持ち掛けた際、「指三本」を立てたがそれがたった30万円だった事が失笑を買った。

ところが、この問題は海外から日本に飛び火する。六月七日付でワシントンポストが「日本の新リーダーをセックススキャンダルが直撃」と報じ、日本のメディアが逆輸入して騒ぎ始めたからである。従来、政治家の私生活を暴かないのが日本のジャーナリズムの不文律だった。ところが、この件を機に、政治家を私生活で叩く時代が到来した。平成の政治の衰弱と大いに関係があると言わねばならない。

七月の参議院選挙で社会党は初の女性党首土井たか子が、女性候補者を大量に擁立して「マドンナ旋風」が吹き荒れる。女性スキャンダル直後に、相手が女性党首では勝ち目はない。リクルート、消費税、宇野の女性スキャンダルで自民党は惨敗、社会党が改選議席の2倍を超す46議席を獲得した。宇野は引責辞任し、八月十日には、総裁選で石原慎太郎、林義郎を下した海部俊樹が総理になった。

海部も竹下派の傀儡《かいらい》政権だった。三木武夫の秘蔵っ子と言われたが、派閥は弱小で、実権もなければ、政治的見識も特にない。総裁選での海部の公約は「政治改革」だけだった。

目を転じて海外の動きはどうか。

まるで昭和の終焉と歩調を合わせるかのように社会主義国が大瓦解してゆく元年となった。

それを象徴するのは十一月のベルリンの壁崩壊である。

だが、予兆は早かった。

四月十五日、中国共産党の前総書記胡耀邦が死去すると、十七日に学生が追悼行進をした。胡耀邦は民主改革派の指導者だったのである。暗殺説が絶えず、五月二十三日には反胡耀邦の李鵬首相退陣を求める100万人デモにまで発展した。

こうして、胡耀邦追悼集会は、そのまま学生を中心とした民主化運動として中国全土に広がり始める。その結果起きたのが天安門事件である。北京の中心部にある天安門広場に民主化を要求して集まった市民を、六月四日、人民解放軍が虐殺、弾圧したのだ。

この事件の死者は、中国共産党の公式発表では319人とされたが、フランスのAFPは平成二十九（2017）年機密解除されたイギリスの公文書により、死者は少なくとも一万人に上ると報道している。大虐殺である。

中国国内では天安門事件は今に至るまでネットでも検索不可能なタブーであり、民主化運動失敗の悔恨は中国知識人らのその後の大きな傷となっている。

天安門事件の同日、共産圏だったポーランドで初の自由投票が行われ、非共産党の「連帯」が勝利した。また同時期、ハンガリーがオーストリアへの通行許可証を自由化した為、東ドイツからハンガリー、オーストリア経由で西ドイツへの大量脱出が始まった。その最中、十一月九日、ついに東西ベルリン市民らが相互から壁を取り壊したのである。

ベルリンの壁崩壊である。壁を壊した東西ドイツ国民が涙の中で抱擁しあう光景は中継され、世界中が大きな興奮に包まれた。3日後には東独市民の為のコンサートがダニエル・バレンボイム指揮ベルリンフィルハーモニー管弦楽団で行われ、年末にはレナード・バーンスタインが東西ドイツの混成オーケストラで〈第九〉を奏した。当時クラシック音楽界の帝王だったベルリンフィルハーモニーの指揮者ヘルベルト・フォン・カラヤンはベルリンの壁崩壊を見ることなく、直前の七月に死去していた。ここでも王様は「崩御」していたのである。

ソ連、東欧、中国、北朝鮮を始めとする共産主義国家は、秘密警察と軍で国民を監視、粛清し、対外的にも徹底的な秘密主義の氷漬けの世界だった。その象徴がベルリンの壁である。両国民の手で、弾圧もなくその壁が瓦解する——当時としては信じ難い光景だった。

この動きは連鎖する。チェコ・スロバキアでは一党独裁が平和的に放棄され、翌平成二年六月自由選挙が行われた。ブルガリアでも自由選挙により複数政党制が実現した。ユーゴスラビア連邦内の各国でも選挙が行われた。

こうした自由化の遠因となったソ連改革派指導者ミヒャエル・ゴルバチョフは、十二月三日にブッシュ米大統領と会談、東西冷戦の終結を宣言した。同時期、ルーマニア共産党のチャウシェスク政権が崩壊し、二十五日にはチャウシェスク夫妻を銃殺処刑する動画が世界中に配信され、大きな衝撃を呼んだ。

こうして昭和天皇の崩御に始まった1年は、米ソ首脳による冷戦終結の宣言で閉じられることとなったのだった。

自由の到来を告知するかのようなベルリンの壁の崩壊、その一方で時代に逆行した中国共産党による天安門大虐殺――ところが、その後、平成年間を通じ、自由社会側の日米欧が苦戦を強いられ、国民の虐殺からスタートした独裁国家中国が、世界の覇権国家として台頭しつつある。

自由と抑圧の大きな戦いの舞台は、米ソのイデオロギー対立から、中国対日米欧の、経済・情報戦争へと位相を移し、その解決は平成を跨《また》いで持ち越される事になった。

本来なら、共産圏の敗北は自由社会＝資本主義の世界史的な勝利の筈だった。ではその資本主義圏の中での、最大の勝者は誰だったか。

まさに日本だったのである。前掲した企業ランキングを見れば、たった30年前の我が国の国力の凄まじさに、隔世の感を覚えざるを得ない。

ところが、日本は、長期安定政権を目指していた竹下が退陣し、宇野が女性スキャンダルに足をすくわれ、社会主義国が退潮する年に社会党が大勝し、自民党内リベラルの海部による、国家ヴィジョンのない政治が始まる。

政治の弱体化と、左右の奇妙な捻じれ——しかしその頃の日本人は、その恐ろしさに気付かず、バブルの齎した繁栄に夢中だった。

当時、就職活動を経験した世代は「内定時に会社から車をもらった者もいた」「訪問先企業で交通費が支給され、何社か回るとものすごい小遣いになった」などと証言している（「就職活動に対する保護者の意識調査」マイナビ2018年）。毎晩大企業の人事から接待漬けだったという話も枚挙に遑《いとま》ない。高卒の一般事務女子の初ボーナスが100万円を超え、冬のボーナスが200万円という例さえ稀ではなかった。海外への旅行者数は昭和六十一（1986）年に500万人を突破していたが、平成元（1989）年には960万人と倍増している。エルメス、ルイ・ヴィトン、シャネルなどパリの高級ブランド本店に日本人旅行者が押し寄せて顰蹙《ひんしゅく》を買う事態も起こった。

無論遊び惚けていたのではない。栄養ドリンク「リゲイン」の一世を風靡《ふうび》したキャッチフレーズは「24時間戦えますか」だった。

よく仕事し、よく遊ぶ時代だったと言ってよい。

昭和の終りと共に、松下幸之助、手塚治虫など昭和を代表する人物が死去したが、とりわけ六月に美空ひばりが52歳で世を去った事は、昭和の終りを印象づけた。敗戦直後の絶望的な世相に天才少女として光を与え、世界水準でも超一流の歌唱力を誇りつつ時代精神を集約し続けた。美空のような歌手は、平成日本には出現しなかった。

文化において特筆すべきは、昭和天皇の弟宮の名前を冠した高松宮《たかまつのみや》殿下記念世界文化賞が創設された事だ。皇族が歴代総裁を務め、芸術各分野で世界的な業績のある第一人者に与えられる。ノーベル賞には文学以外の芸術部門の顕彰がない。それを補完するものとして構想されたのである。初回受賞者は、ウィレム・デ・クーニング、デイヴィッド・ホックニー（絵画）、ウンベルト・マストロヤンニ（彫刻）、イオ・ミン・ペイ（建築）、ピエール・ブーレーズ（音楽）、マルセル・カルネ（演劇・映像）で、以後歴史的な芸術家が受賞している。フジ・サンケイグループが勧進元である為、他のマスコミが殆ど報じず、国内の認知度が低いのが残念だ。平成日本が世界に誇るべき文化事業と言える。

この年石原慎太郎とソニー会長だった盛田昭夫による『NO《ノー》と言える日本』がベストセラーに

なった。
中でソニー会長だった盛田は次のように発言している。

私はこの前シカゴで「10minutes vs 10years」というテーマで演説したのです。それはわれわれは十年に何がいるかということを考えて一生懸命開発しているわけです。ところがアメリカのいわゆるマネートレーダー（略）はテン・ミニッツ・ペースで考えているのです。こっちは十年で考えているのに、あんたたちテン・ミニッツばかりやっていたらだんだんだめになるよ、と言ったのです。

日本型経営が日米双方で賞賛され、日本の経営者がアメリカ人に説教をする旭日《きょくじつ》の時代だった。この後、バブル崩壊の後、原因もろくに分析せずに、日本型経営は全否定され始め、アメリカニズムこそが国際標準だとする新世代の論客に根拠もないまま経営者も社会も洗脳されてゆく。この足腰の弱さは一体何なのだろう。
それは知の世界にも言える。天皇崩御を受け、この年文芸評論家の江藤淳は、富岡幸一郎との対談『離脱と回帰と』を刊行したが、そこでの言葉も記録しておくに値する。

戦争自体の現れは物理的に酷いものでしょうけれども、その酷いものにあえて崇高なものを託す。勝つということの意味は、その崇高なものを日本人が再発見するということです。（略）そのことの可能性に賭けるという意味では、（昭和）天皇は三島由紀夫よりずっとたくさん賭けられたのだと思う。

江藤は更に、左派文学者だった中野重治の中にしぶとく深く生き延びている日本の「詩」を指摘する。が、江藤のこうした野生と本能で国の血脈と繋がろうとする文学世界は、間もなく完全に置き去りにされ、ポストモダニズムというフランス流行思想仕込みの思想的風俗が、日本の文学と思想を土台から壊してゆく。

一方、この年に古関彰一『新憲法の誕生』、入江孝則『敗者の戦後』が刊行された事は感慨深い。古関は新憲法擁護の立場であるが、あくまでも緻密な実証により憲法制定過程の議論に学的根拠を与え、入江はナポレオン戦争の敗者フランス、第一次世界大戦の敗者ドイツ、大東亜戦争の敗者日本の戦後を実証的に比較して、日本の戦後処理が従前の大戦争の敗者の扱いに較べ、格段に洗脳性の高い思想改造だった事を明らかにしている。

平成元年　1989年

改元のこの年、思想史家飛鳥井雅道の『明治大帝』が刊行された事も興味深い。明治天皇が日本史上唯一「大帝」と言われるべき存在になった事を、実像と虚像を照らし合わせながら描き出している。小冊ながら明治天皇伝中で出色であろう。

古井由吉『仮往生伝試文』は、古典と現代を自在に往復し、現代における往生記に挑戦したものである。古井文学の凄みは構想が大きかろうと一見奇矯だろうと、文章そのものの力が圧倒的に強い点にある。平易なのに全く浅く流れない。気取りがないのに重い。重いのに停滞がない。古井は、平成を通じて日本の純文学の最高の品質を維持し続ける数少ない作家となった。

山本夏彦『無想庵物語』は、当代の大教養人だった作家・武林無想庵の生涯を、パリで起居を共にした山本が詳細に追い、その破天荒な生涯を描いた。山本は、平成十三年に死去するまで週刊新潮「夏彦の写真コラム」、文藝春秋から出ていた月刊誌『諸君！』に「笑わぬでもなし」を連載し、辛口で常識に富んだ名文が好評を博した。今や、こうした「大人の佇い」そのものが日本の物書きから消えた。平成の三十年間は、これら諸書の示す人間的・思想的位相の緻密さと品格から、文芸、学問、論壇の主流が閉鎖的な思考停止へと転落する過程でもあった。


千代の富士が国民栄誉賞を受賞する一方で、史上最年少（17歳2ヶ月）で関取になった貴花田（後の貴乃花）が平成時代の大相撲の幕開けを告げた。

一方で心の荒廃も徐々に浸透し始めていた。

「一杯のかけそば」という「実話」が一世を風靡したのもこの年である。貧しい一家が一杯のかけそばを譲り合って食べるという美談に世間は涙し、喝采したが、後に作り話だった事が判明する。貧乏話に涙して、バブルで膨満した心を洗い清めようとする一種のヒステリー現象だった。

「オバタリアン」という言葉が流行ったのも、人心の荒廃の現れだろう。長年良妻賢母を理想の女性像としてきた日本社会で、その「母」の年代の女性たちが、図々しい中年女へと堕しつつあった。「セクシャルハラスメント」という言葉が定着し、男性性の抑圧がドグマになり始めるのも、出生率が丙午の昭和四十（１９６５）年を初めて下回ったのもこの年だ。性暴力、家庭内暴力は断罪されて然るべきだ。だが境界が曖昧な「ハラスメント」で人が断罪されるのは、人間と人間の分断に他ならない。

男性性、女性性のあり方が平成の到来と同時に根源から変わり始めたのである。

朝日新聞の記者がサンゴ礁に自ら落書きして捏造記事を書いたのもこの年の四月二十日付夕刊である。一面に大きく掲載されたカラー写真には、珊瑚を削って作られた「Ｋ・Ｙ」の文字がはっきり見える。本文の最後は「将来の人たちが見たら、八〇年代日本人の記念碑になるに違いない。百年単位で育ってきたものを、瞬時に傷つけて恥じない、精神の貧しさの、すさんだ心の……。にしても、一体「Ｋ・Ｙ」ってだれだ。」と締めくくられている。

しかし間もなく地元のダイビング組合が疑問を呈して疑惑が浮上する。五月十六日、朝日新聞はカメラマンが「撮影効果をあげるため、うっすらと残っていた落書きの部分をストロボの柄でこすった」と謝罪したが、それに対しても疑問の声が上がり、五月二十日の朝刊で、「無傷の状態であったサンゴに文字を刻み付けた」ことが判明したとして、実行したカメラマンを懲戒解雇、一柳《ひとつやなぎ》東一郎社長は辞任した。何の事はない。「K・Y」は朝日新聞自身だったのである。

朝日新聞は残念ながら平成年間を通じて——大手出版社・マスコミで例外的に——致命的な不祥事を幾つも犯している。本書はこの後もそれを厳しく指摘してゆく事になる。だが一方で朝日新聞は文化発信の中核の役割は疎かにしていない。書評欄、文化事業主催はもとより、とりわけ系列の朝日カルチャーセンターはギリシア、ラテン語、古代仏教思想から文化全領域を質の高い基礎研究者に担わせ、平成年間も国民的教養の基盤たり続けてきた。そうした知的世界の権威である朝日新聞が、一方で偽造、捏造を平然と記事にした事も、戦後の言論空間を一変させる堕落の一歩だったと言えよう。

稲作の行方を心配されながら崩御された昭和天皇と、その父天皇を継ぐ抱負を和歌に詠い込まれた新天皇・皇后の祈りの只中で、日本人は繁栄と勤勉を謳歌しつつ、一方で精神的な荒廃の時代に足を踏み入れつつあった。

平成二年　１９９０年

御題　大嘗祭

父君のにひなめまつりしのびつつ我がおほにへのまつり行ふ　御製

御題　旬祭

神まつる昔の手ぶり守らむと旬祭《しゅんさい》に発《た》たす君をかしこむ　御歌

父昭和天皇の新嘗祭に伺候した時の事を思い起こしつつ、即位した天皇が初めて執り行う新嘗祭である大嘗祭の御神事を務めます。

神様をお祀りする古式床しい伝統をお守りしようと、毎月一日、十一日、二十一日に執り行われる旬祭にお出ましになる陛下を、私は謹んでお見送り申し上げましょう。

政権

海部俊樹（自民党）

国内

1・13 大学入試センター第1回試験実施。
3・23 国土庁1月1日発表の地価公示価格暴騰、大阪圏の住宅地、前年比56・1％上昇と過去最高。
3・27 夕張市最後の三菱南大夕張炭鉱閉山。
6・28 英国の金融専門誌番付にて住友、第一勧銀、富士が上位3位を独占。
6・29 礼宮文仁親王と川嶋紀子の結婚の儀
8・20 首相、多国籍軍への10億ドルの資金援助等の中東支援策を発表。
9・18 平成2年防衛白書、ソ連の「潜在的脅威」削除。
9・24 金丸元副総理、田辺社会党副委員長を団長とする自社両党の訪朝団、平壌入り。日本の植民地支配の謝罪と国交正常化を提案。
11・12 天皇、即位の礼。11・22現憲法下初の大嘗祭。
11・17 長崎県雲仙普賢岳が200年ぶりに噴火。
12・2 秋山豊寛TBS記者、日本人初の宇宙飛行士としてソ連のソユーズTM11号で宇宙旅行。
2〜3にかけ株価が急落

国外

2・11 南ア政府、終身刑の黒人解放指導者マンデラを釈放。6・25国連で演説。
2・12 ソ連最高会議幹部会、大統領制導入決定。3・15大統領にゴルバチョフ選出。
2・15 ラトビア共和国、ソ連から独立決議。3・11リトアニア、3・30エストニアも独立。
5・20 台湾の李登輝総統、中国との敵対関係の終息を表明。
6・10 ペルー大統領選で日系のアルベルト・フジモリ当選。
8・2 イラク軍、クウェート制圧（石油問題の交渉決裂）。8・6国連安保理、イラクへの経済制裁決議。8・7ブッシュ米大統領、サウジアラビアへの派兵を決定。
10・3 西独基本法に基づき、ドイツが国家統一を回復。

自分史

世相

2月　TVゲームの人気ソフト「ドラゴンクエストⅣ」発売。
5月　斉藤英了大昭和製紙名誉会長、ゴッホの「ガシュ博士の肖像」を史上最高価格（約125億円）で落札。
11月　海外渡航者初の1000万人突破
総人口中の子供（15歳未満）の割合が過去最低に、高齢者世帯（男65、女60歳以上）初めて全世帯の10％以上に。1世帯人口が2・98人で初めて3人を割る。初婚の平均年齢、男28・5歳、女25・8歳で世界最高水準。
【流行】バブル崩壊、3K（きつい、汚い、危険）、「踊るポンポコリン」、『「NO」と言える日本』
【物故者】池波正太郎（67）、エドワード・ライシャワー（79）、土門拳（80）

この年六月に礼宮文仁親王と川嶋紀子が結婚、秋篠宮《あきしののみや》家が創設された。そして、昭和天皇の喪が明けた十一月には、158カ国・二国際機関の代表が列席して即位の礼が執り行われ、新天皇が百二十五代天皇として名実ともに皇位を継承された。御代改まりの根源は守られ、祝されたと言ってよい。

だが、その足元は、激震と動揺で行き先定まらぬ漂流を始めている。

世界では、東西冷戦の終結をうけ、七月の主要先進国首脳会議（サミット）で「民主主義の確保」を謳う政治宣言が採択された。

我々七カ国の首脳及び欧州共同体の代表は、この一年間に我々が目のあたりにした民主主義の歴史的な前進に勇気と英知をもって息吹を与え、その実現をもたらした世界各地の人々に対して敬意を表する。（外務省資料）

ところが、日本では、冷戦終結のこの時期、自由社会の新たな盟主としての自己確立を図るどころか、精神的な空洞化と、奇妙な左傾化が進むのである。

昭和天皇の箍が外れたという事だろうか。

昭和天皇は大きな、日本の国柄の主柱であった。

昭和天皇の幼少期の養育係は乃木希典《まれすけ》であり、杉浦重剛《じゅうごう》だった。乃木は吉田松陰《しょういん》の血脈を継ぐ尊皇の人、日露戦争を象徴する「軍神」だ。一方、杉浦は三宅雪嶺らと雑誌『日本人』を発刊するなど明治、大正期の国粋主義者である。そうした「日本国粋主義」の血を受け継ぎながら、一方で近代主義者でもあったのが昭和天皇だった。

昭和二十一年元日、敗戦直後の勅で昭和天皇は、日本の国柄を規定した。この詔勅は一般に『人間宣言』と呼ばれるが、誤った呼称と言える。昭和天皇は明治天皇の五箇条の御誓文を引用した上で次のように述べており、この詔勅の核心はこちらにある事を、後の記者会見で自ら明言しておられるからだ。

「叡旨《えいし》公明正大、又何ヲカ加ヘン。朕《ちん》ハ茲《ここ》ニ誓ヲ新ニシテ国運ヲ開カント欲ス。須《すべか》ラク此ノ御趣旨ニ則リ、旧来ノ陋習《ろうしゅう》ヲ去リ、民意ヲ暢達《ちょうたつ》シ、官民挙ゲテ平和主義ニ徹シ、教養豊カニ文化ヲ築キ、以テ民生ノ向上ヲ図リ、新日本ヲ建設スベシ。」

要するに、デモクラシーは、アメリカに教示されるまでもなく、明治天皇が五箇条の御誓文で真髄を示されており、戦後の再出発に際し、今更これに付け加える事など何もないという事だ。

その上で昭和天皇は、家族愛、国家愛を人類愛の完成に向けて発揮するのが戦後日本の方針であり、それこそが「我が国至高の伝統」と合致すると説いている。

日本の国粋そのものが民主主義であり、平和主義だということの確認から戦後日本が始まった。ところが、冷戦終結と共に始まった平成では、この世界史的大転換に主体的に関与する意思の確認がなかった。

いや、それはあったのである。冒頭に示した両陛下の和歌がそれだ。

天皇の御製は、大嘗祭を御詠いになっている。大嘗祭は、天皇が位を御継ぎになる二大行事の一つで、即位した天皇が、初めて、豊饒を神に感謝する神事である。天皇は即位に際し、父昭和天皇からの神事の継承をまず第一に詠われたのである。皇后も祭祀伝統を守る夫天皇の姿を平成改元に際し詠っておられる。

天皇皇后はいずれも国柄の本質が祈りである事を明らかにされ、そこに平成は始まったのだった。改元を機に日本の国柄の本質に一度戻ると共に、皇室の祈りを新たな激動期にどう形にするか——。それこそが国民に託された課題であるはずだった。

しかし、こうした国柄に関する御製は論壇、マスコミの何ら注目する所でなく、残念ながら、我が国は、天皇皇后の深い抱負とは無関係に漂流を始めてゆく。


その第一は、近隣諸国への謝罪外交だ。

五月、韓国盧泰愚《ノテウ》大統領が来日した際、新天皇は宮中晩餐会で韓国に「痛惜の念」を表明した。これは昭和天皇の発言を慎重に一歩踏み越えたものだが、海部首相は翌日の歓迎晩餐会で、「率直にお詫びの気持ちを申し述べたい」と謝罪してしまう。これでは天皇の「痛惜の念」が「謝罪」を含意することになる。新天皇が祈りと情愛の人であればこそ、首相の発言は寧ろ慎重であらねばならない。昭和の歴代首相の殆どがあえて踏み込まなかった明確な謝罪など、政治的には論外だった。海部には何の深慮遠謀もなく、単なる「良心」から発言したのだろう。日本人は謝って事を終わらせる。だが、国際社会では謝罪から全てが始まるのである。

平成年間を通じて日本は謝罪を繰り返してはそのツケを払い続ける事になる。

海部の晩餐会での謝罪はその先駆けとなった。

八月六日の広島平和記念式典では、荒木武市長が平和宣言の中で、非核三原則の法制化をはじめて要求した。非核三原則は佐藤栄作首相が打ち出した「核兵器をもたず、つくらず、もちこませず」という日本の基本方針だが、法的拘束力はない。核武装の可能性に含みを持たせて置く事は抑止力になるからだ。とりわけ「持ち込み」を法的に禁じる事は、アメリカの核の傘を安全保障の根幹にしている日本には致命傷となる。非核三原則の法制化は極めて危険な主張と言うほかはない。

八月九日の長崎市の平和式典では、本島等市長が、初めて外国人被爆者に謝罪をした。無論、原爆を投下したのはアメリカであり、日本の被爆地の首長が謝罪をするのは筋違いである。

九月二十八日には、北朝鮮を訪問した金丸信元自民党副総裁、田辺誠社会党副委員長が、朝鮮労働党との間で、戦後の償いを含む三党共同宣言に調印する。世界中の共産党独裁国が瓦解を始めたその時に、社会党のみならず、自民党の実力者が、国交のない北朝鮮との間で賠償支払いを約束したのである。

十一月には、沖縄県知事選で保守の現職が敗れ、社会党・共産党推薦の大田昌秀が当選した。沖縄という日米の防衛死守ラインにおいて、冷戦終結直後、政治が社・共系候補に奪取されたわけだ。

昭和天皇という日本の国粋の大黒柱の崩御、そして新天皇の平和愛好精神に付け込む形で、世界史的に敗北した筈の左へ左へと舵を切ろうという蠢きと共に、平成は始まった。

平成二年　1990年

そうした中、日本の政界に価値観の転換を迫る出来事が海外から襲来する。

八月、イラクが、石油の産出量をめぐる対立激化の末、クウェートに侵攻した。国連は無条件撤退を決議したが、イラクは決議を無視し、強硬な姿勢を崩さない。フセイン大統領はこれまでも毒ガス兵器などを使用してクルド人を虐殺し、国際秩序とアメリカに抵抗していた。もしイラクがこのままクウェートを拠点にサウジアラビアまで侵攻すれば、石油産出量の55%を独占することになり、西側先進国は大打撃を受ける。アメリカはクウェートを軍事解放する方針を固め、戦争準備に入った。

　ブッシュ大統領は海部に輸送機、補給艦、タンカーなどの出動を要請したが、海部政権はそのいずれにも対処しなかった。自民党幹事長だった小沢一郎は、海部に集団的自衛権解禁を要請し、海部はしぶしぶ国連平和協力法案を提出した。だが、法案は廃案となり、自衛隊派遣はなくなる。日本の威信は大いに落ちた。

　一方、社会主義崩壊現象は、世界に大きな変動を及ぼし続けている。

　二月、南アフリカでは終身刑で収監されていた黒人解放運動指導者のネルソン・マンデラが釈放され、アパルトヘイト政策廃止に動き始めた。

　ソ連は大統領制を導入し、三月ゴルバチョフが初代大統領に就任した。ペレストロイカ（改革）の一環としての「新思考外交」（西側との関係重視など）の影響もあり、相前後してバルト三国が次々にソ連からの独立を決議する。

　アジアでは、五月、台湾の李登輝《りとうき》総統が中国との敵対関係の終息を宣言し、六月、南米のペルーでは日系のアルベルト・フジモリが大統領に選出された。

　東西ドイツ統一は数年先と見られていたが、早くも、この十月に再統一され、世界は祝祭ムードに覆われた。ペレストロイカとグラスノスチ（情報公開）が世界の自由化を齎したとして、十

平成二年　1990年

一月、ゴルバチョフがノーベル平和賞を受賞する一方で、長年世界政治の主要プレイヤーだった鉄の女マーガレット・サッチャーがイギリス首相を辞任した。

こうした激変が続く中、日本はまだ好況に沸いていた。前年の企業ランキングをみれば分かるように、この頃、日本は実体経済でアメリカを圧倒していた。

一月三日の日経新聞の株価予想では、高値予想が4万8０００円、安値予想でさえ3万６００0円だった。

ところが、株価は暴落を始める。四月には3万円割れをし、湾岸危機、原油高、公定歩合の引き上げが相次いだ十月には、ついに一時的に2万円を割った。半減である。世界一だった時価総額５９０兆円が３１９兆円に減少した。この後、日本経済は急激な崩壊過程に入ってしまう。

なぜバブルが崩壊したのか。

急激な経済の停滞が生じるような景気縮小の原因も、企業活動や消費行動の変化もなかった。株価の上下動はあっても、底が抜けてゆくように、日本株だけが値崩れし、低迷が続くとは、当初どんな専門家も予想していなかった。

実際、土地バブルの方は俄かに崩壊せず、この後も、2年間最高値で上昇を続けている。

まだこの段階では、日本の経済全体の総崩れとの実感は全くない。地価の上昇と企業実績からみて、株価は再上昇するのではないかという希望的観測が一般的だった。円安と債券安と株安のトリプル安の谷に入っただけで、円高になれば株価は戻るとみられていた。政府も現在のようには、株価を重視していない。

平成四（1992）年という早い段階に経済学者の宮崎義一が著書『複合不況』で、日米のバブルを精緻に分析している。先駆的な業績だ。1980年代後半、経済は金融自由化の結果、金融資産の調整が先行し、実需の調整が後になってマイナス成長を誘発した。当時これは新しい現象だったのである。宮崎によれば、その中で、昭和六十（1985）年のプラザ合意後、急激に進行した円高に対して、公定歩合の引き下げや円売りで急増した円が土地・株式に流入し、実需を上回る株高、土地高が生じたのがバブルだという。

宮崎は正しい処方箋さえ既に示していた。

アメリカ経済も日本経済も、いずれも一九八〇年代半ばより、金融の自由化・国際化の新しい経済的枠組みに徐々に移行していった。一九八七年十月十九日の「ブラックマンデー」も、また一九九〇年十月一日の「東京暴落」も、いずれもこの新しいフレーム・ワークへの移行過程において発生した点を注目しなければならない。（略）景気対策を考える場合でも、在庫調整のための低金利政策や公共投資の前倒しなど在来の処方箋（有効需要拡大策）のみにとどまらず、アメリカで実施されているような金融の自由化によって発生した不良金融資産の調整策および、すみやかな信用回復を目的とする金融再編成に真剣に取り組み、クレジット・クランチを解消することが先決であろう。（『複合不況』中央公論社）

実際アメリカで先行して起きた株価の暴落（ブラックマンデー）に対しては政府が介入して崩壊後の不況を収拾した。ところが、日本では、逆に、大蔵省、日銀が意図的にバブル崩壊を引き起こしたのだ。

バブルの柱は証券バブルと土地バブルである。

昭和六十二（１９８７）年のＮＴＴ株の上場以来の株ブームが日本の株価を押し上げ、一方土地の転売で地価が高騰していた。だが実体経済の伴わない不健全な状況にあったとは言えない。この頃の成長率は７％、物価上昇率は３％、健全な成長とマイルドインフレ状態である。高騰していたのは土地と株価だけで、ハイパーインフレになる懸念は現れていない。

株価にしたところで、１９８０年を起点にすると、ニューヨークダウ平均は１９８９年に２・5倍、日経平均は5倍の伸びだ。アメリカはプラザ合意で日欧が救済しなければならないほど疲弊していた一方、この頃日本企業は全盛期で、株が世界的な投機の対象となったその後の歴史から振り返ると、この株の伸びはバブルというほど異常だったとは言えまい。

１９８０年を起点にするとダウ平均は今25倍に達しているが、日経平均は、平成年間低迷し続け、アベノミクスでやっと3倍を維持するに至った。ダウは構成銘柄が30社で軒並み入れ替わるので、より安定性のあるＳ＆Ｐ５００インデックスで見ても、アメリカ株は＄１０５から＄２８００へと圧倒的な伸びを示している。（Tatsuya Tony Ishigami氏による平成31年３月24日小川フェイスブックでの教示）

ところが、当時生じていた状況が、金融先行型の新たな経済サイクルである事が理解されていない状況下、大蔵省は営業特金規制を出し、株価を抑えにかかった。

一方、地価高騰は、頑張って稼いでも庶民がマイホームを買うのは一生不可能だという庶民感覚によって、この頃不満の種になっていた。

大蔵省はこの国民感情に乗って、三月、不動産売買を瞬時に窒息させる愚策に出る。不動産融資の総量規制である。不動産への銀行の融資は急ブレーキが掛けられた。

大蔵省の総量規制通達は、過熱していた不動産バブルの抑制ではなく、根っこにいきなり氷水をぶっかけるに等しい破壊的な政策だった。

それに輪をかけたのが三重野康日銀総裁による金融引き締めである。三重野は「株価と地価を半分に下落させる」と宣言し、金利を短期間に６％にまで上げ、成長率７％、インフレ率３％とマクロでみれば健全だった日本の景気を完全に失速させてしまった。にもかかわらず、当時、三重野はバブルを退治した「平成の鬼平」と讃えられた。当時土地・株価バブルは「悪」だったのである。

だが、証券と地価がバブルであったなら、自ずから価格調整期に入ったはずだ。ハイパーインフレの懸念のない中、政策による急速冷却は不要だった。この政治による景気の急速冷却により、日本の銀行、大企業は巨額の不良債権を抱えこみ、実に平成年間、２３３件もの上場企業の倒産が発生することになる。

大蔵省＝日銀主導で、日本の経済を破壊し、その傷が癒えきれずに終わったのが平成だったのである。

一方、アメリカは、ソ連の脅威から解放された後の最大敵を日本と見て、強硬な貿易戦争を仕掛け始めた。

海部政権時代に始まった日米構造協議がそれだ。日本は、多年アメリカに対して輸出超過で、アメリカの対日貿易赤字は膨大に膨れ上がっていた。この状況に圧力をかけるのが日米構造協議である。

アメリカは日本の膨大な民間資金をアメリカに流入させず、日本国内に封じ込める為に、公共事業と内需の拡大を要求し、海部政権は10年間で４３０兆円に上る公共投資計画を策定する事で妥協した。タイミングの悪い妥協だった。日本はこの後急速にバブル崩壊と景気後退局面に入ったため、経済効果の全く見込めない不要な箱モノが地方に急増し続ける事になったからだ。

「日米構造協議」はこの後平成五年に「日米包括経済協議」と名を変え、平成六年からは「年次改革要望書」によって日本市場開放の要求が続く。昭和六十一年に江藤淳が『日米戦争は終わっていない』を刊行し、平成元年に『「NO《ノー》」と言える日本』が刊行されたのは、アメリカの執拗な文化圧力への反発である。

――平成改元直後、自民党政治は機能不全に陥っていた。世界の趨勢に逆行するように、リベラル派の首相が続き、謝罪外交が始まり、左傾化が進んだ。一方、強みだった経済は大蔵省・日本銀行の大失政で吹っ飛んだ。アメリカは一人勝ちしていた日本をソ連崩壊後の最大脅威とみなし、日本市場の開放を強硬に主張する。平成日本は、こうした幾重もの初動ミスやボタンの掛け違いから始まった。

この年、池波正太郎（67）、土門拳（71）、幸田文（82）、永井龍男（86）、奥村土牛（101）、土屋文明（100）らが死去した。

いずれも重量級の文化人たちで、平成を通じて急速に、こうした存在が影を潜めてゆくようになる。

池波は『鬼平犯科帳』『剣客商売』を代表作とする時代小説の巨匠である。江戸の風俗を今に生かしつつ、ハードボイルド的な人間像を薫り高い文体で物語り、現代人の江戸時代像を一新した。幸田文は文豪幸田露伴の息女で、『おとうと』『流れる』などは江戸の粋をそのまま文章に生き写したような名品だった。永井は短編小説の名匠で、苦みの中に甘味をわずかに含む大人の至芸は、今でも散文の範とするに足る。『東京石版図絵』『青梅雨』を始め、青磁のような深い気韻がある。期せずして昭和後期最高の名文家が揃って鬼籍に入った。

土門拳は写真家で『古寺巡礼』の他、人物写真に肖像画に匹敵する重みを与え、その作は藝術写真としても時代精神の証言としても一級の価値を持つ。土牛は日本画の巨匠で、富士山、櫻などを淡く重ね塗りした高雅な作風だった。

こうして昭和の高雅な残り香が消えてゆく中、世相はたくましい。有馬記念では武豊が騎乗したオグリキャップの劇的なラストランが伝説となった。

サザンオールスターズの『稲村ジェーン』もこの年ヒットした。昭和期にその熱唱と魅力的なメロディラインで国民に広く愛されたサザンだが、平成を通じても第一線の歌唱力と人気を保ち続けた。

人気シリーズとなる大沢在昌『新宿鮫』第一作もこの年発表されている。歌舞伎町で一人で闇社会に挑む新宿署の刑事鮫島を主人公に、密度の濃い文体、印象深い人物像により、新宿の猥雑さを硬質な文学世界に結晶した。ハードボイルド小説の傑作となった。

また中尊寺ゆつこの漫画『スイートスポット』に登場する「オヤジギャル」が流行語大賞銅賞となったのもこの年だ。終業後にボディコンやスーツに着替え、男性をアッシー君やメッシー君として使いこなす一方で、立ち食いそば屋や赤提灯、競馬、ゴルフなどを楽しむことも躊躇《ちゅうちょ》しない。

古典芸能も活気に溢れている。この年歌舞伎座は37年振りとなる8月納涼歌舞伎を復活、澤村藤十郎、中村勘九郎ら当代のスターが出演し、前売りは長蛇の列をした。改めて沸騰し始めた歌舞伎人気の中、歌舞伎座はこれ以後年間通し上演となり、世代交代を繰り返しつつ、今日の十一代目市川海老蔵、四代目市川猿之助、六代目中村勘九郎、二代目中村七之助らの世代へと力強く継承されている。

又、演劇では「髑髏城の七人」(中島かずき作、いのうえひでのり演出)が初演された。織田信長の暗殺から8年後の関東地方を舞台に、快活さに溢れる演出、演技が人気を博し、劇団☆新感線の代表作となった。以後7年ごとに趣向を変えて上演され、平成十六年には市川染五郎の主演でも上演している。

この年は、さくらももこの『ちびまる子ちゃん』が大ヒットし、『サザエさん』(昭和四十四年放送開始)と共に日曜夕方に必須の家族番組となった。

文学では、昭和末期からフランス現代思想を難解な日本語に移入したポストモダンブームを筒井康隆がパロディ化した『文学部唯野教授』が秀逸だった。ポストモダン思想と大学文学部の辛辣な風刺となっており、その後の知的荒廃の予言でもあった。

一見懸け離れた『ちびまる子ちゃん』と『文学部唯野教授』だが、その乾いた笑い、漂う無力感は、昭和のものではない。

時代は、有馬記念、サザン、オヤジギャルなど昭和・バブルの強烈な熱気、一見旺盛な経済力と奔放な自己表現の底流で、密かに、無重力化、男性性やダイナミズムの否定、スポ根的昭和や野暮な努力の否定、「脱力」「頑張らない」時代へと移行し始めていた。

３Ｋ（きつい、汚い、危険）が忌避され、女性が挙げる結婚の条件として三高（高収入、高学歴、高身長）が流行したのもこの頃だ。

だが、脱力をしている場合ではなかったのである。

昭和五十（１９７５）年から2・0を下回ってきた出生率が、平成元年に過去最低を記録し、この年には、15歳未満の子供の人口が過去最低となり、高齢者世帯（男65歳以上、女60歳以上）が10％を超え、過去最高となった。少子高齢化と人口減少のトレンドが確定したのである。

この後、出生率は更に落ち込み、平成十七（２００５）年に1・26という最低値を付けた後、1・4台を推移して現在に至っている。この出生率で推移をすれば、日本の人口は２０５０年に

8千800万人、2100年には4千400万人にまで落ち込む。出生率が原因でのこれほど急激な少子高齢化は世界史に例を見ない。日本の安全保障、経済成長は、空前の危機に晒される。
一方、天安門事件を抑えた中国の、この年のGDPは約1兆1243億ドル、軍事支出は推計約101億ドル、日本はGDPが約2兆4517億ドルと2・2倍、軍事支出は約288億ドルで3倍近かった。
ところが、平成三十（2018）年には、中国がGDPを約25兆2700億ドル、軍事支出も推計2282億3070万ドルといずれも20倍以上に伸ばした一方、日本はGDPが5兆5944億ドルと、平成二年比で約2・3倍、軍事支出は450億ドルと約1・6倍の増加に留まり、いずれも中国に大きく引き離されている。（※）
「脱力」の代償は余りにも大きかった。

※IMF World Economic Outlook Database April 2019／ストックホルム国際平和研究所 SIPRI Military Expenditure Database

平成三年　１９９１年

御題　森

いにしへの人も守り来し日の本の森の栄えを共に願はむ　御製

いつの日か森とはなりて陵《みささぎ》を守らむ木木かこの武蔵野に　御歌

古人たちが守ってきた我が日本の森が、これからも命豊かであり続けるよう、共に願いましょう。

父昭和帝の新たに造営された墓所、武蔵野御陵――その周りを取り囲む木々はいつの日か森となって御墓を守ってくれることになるのでしょう。

政権	②海部俊樹（自民党）	宮澤喜一（自民党）

国内

1・24 政府・自民党首脳会議。湾岸戦争支援策として90億ドル（約1兆2000億円）の追加支出。避難民輸送のための自衛隊機派遣等を決定。

1・30 日本と北朝鮮、国交正常化の交渉開始。

2・9 関西電力美浜原発で原子炉停止の国内最大規模の事故。

2・23 皇太子徳仁親王、立太子の礼。

3・9 新宿に東京都庁完成。総工費1600億、高さ241mの日本一の高層ビルに。

4・22 ノンバンク静信リース（静岡市）倒産。バブル経済崩壊初のノンバンクのケース。

6・3 長崎県の雲仙普賢岳で大火砕流発生し死者・行方不明者37名。

7・12 小説『悪魔の詩』の訳者、五十嵐一筑波大助教授、構内で刺殺体で発見される。

10・27 自民党新総裁に宮沢喜一当選。11・5宮沢内閣成立。

12・6 従軍慰安婦や軍属の「太平洋戦争犠牲者遺族会」、1人2000万円の補償を求め東京地裁に提訴。

国外

1・17 ペルシャ湾岸の多国籍軍、イラク侵攻開始。1・18イラク、イスラエルをミサイル攻撃。1・20サウジアラビアに侵攻。湾岸戦争始まる。

2・28 湾岸戦争終結。

5・21 インドのガンディー元首相、遊説先で爆弾テロで暗殺。

7・1 ワルシャワ条約機構解体。

8・19 ソ連保守派、ゴルバチョフ大統領を軟禁し、クーデター。8・21クーデター失敗。

9・6 ソ連国家評議会、バルト3国の独立を承認。

9・17 韓国、北朝鮮が国連同時加盟。

12・25 ソ連最高会議共和国会議がソ連消滅宣言を採択。

自分史

世相

10月 今春の女子大生の就職率81・8％と史上最高となり男子を抜く。

【流行】「愛は勝つ」KAN、篠山紀信『Santa Fe』、さくらももこ『ちびまる子ちゃん』、『八月の狂詩曲』、『羊たちの沈黙』、『渡る世間は鬼ばかり』、『東京ラブストーリー』、『101回目のプロポーズ』

【物故者】井上靖（83）、本田宗一郎（84）、上原謙（82）

一月十七日、米軍を中心とした多国籍軍がイラク軍に攻撃を開始し、湾岸戦争が勃発する。CNNが、首都バグダッドの戦闘を生中継した。イラク軍が空爆に抵抗して打ち上げる対空砲の閃光が夜空を染めたが、米戦艦がペルシャ湾から発射するミサイルの命中率は9割を超えていた。二月二十三日に地上部隊が投入されると、多国籍軍はイラク軍を圧倒、二月二十七日にはクウェートを解放し、ブッシュ大統領は勝利を宣言する。

アメリカの戦争遂行能力の向上に世界は圧倒された。

前年秋の開戦前「湾岸危機」が高まる中、海部はブッシュからの電話による直接の支援要請に、色よい回答をしなかった。その上、当初、アメリカ側の期待をはるかに下回る10億ドルの支援表明に留めた為に顰蹙を買った。その後、ブレイディ米財務長官と橋本蔵相との交渉で30億ドルが追加され、開戦後には90億ドルの追加支援が決められた。

この頃、日本経済が世界を圧倒していた事を思い出す必要がある。しかも日本のペルシャ湾岸の石油依存度は世界一だった。その日本が自衛隊、資金を出し渋った事への世界の侮蔑を克服するのに、我が国はその後長い時間を費やさねばならなかった。

最終的に、四月、自衛隊初の海外派遣を行い、累計では130億ドルという巨額の支援金を積む事になったが、クウェートから多国籍軍への感謝状の中に、日本の名前はなかった。この苦い教訓は、平成の歴代政権を自衛隊の海外協力に向かわせる大きな動機となる。

一方、ソ連は解体の危機に瀕していた。ゴルバチョフは、自由経済の部分的導入に踏み切ったが、混乱はかえって拡大し、食料を配給制にするまでに低迷していた。ペレストロイカと共に進められた「グラスノスチ」により、国民は外の世界に目を向けるようになり、体制への疑問と不満を募らせた。

四月十六日、ゴルバチョフは、ソ連の元首として初めて日本を訪問し、首脳会談で北方四島を対象とした平和交渉に合意した。驚くべき方針転換だ。昭和三十一年に調印された日ソ共同宣言では、歯舞、色丹、国後、択捉の北方四島の返還を求める日本に対して、ソ連側は解決済みとし、以後、ソ連は交渉すら拒否していたからだ。

ソ連崩壊直前から、ロシア共和国成立後の数年間が、ロシア側が北方領土交渉で最も譲歩を見せた時期だったと言ってよい。ところが痛恨事が生じる。ゴルバチョフ来日を実現した元外相の安倍晋太郎が67歳で病死した事だ。安倍は、日露の平和条約及び北方領土返還交渉の前進に大きく寄与した人物だったのである。

訪日から4ヶ月後の八月十九日、ゴルバチョフは、ペレストロイカに反対する共産党内保守派に監禁された。クーデターは失敗したが、ゴルバチョフ自身も求心力を失う。エストニア、ラトビア、リトアニアのバルト三国が相次いでソ連からの独立を宣言し、ついに十二月二十五日、ゴルバチョフはソ連大統領を辞任、ソビエト連邦の消滅を宣言したのである。ソ連を構成していた

15の連邦は独立国家となった。

ソ連崩壊の最大の原因は何か。貧困である。社会主義圏全体が貧窮化し、経済的に行き詰まり、共産主義に基づく体制を維持する能力も意欲も失ったのである。

逆に言えば、経済運営さえうまく行けば、独裁政権は、議会とマスコミによって政権が絶えず攻撃に晒される民主主義国家よりも、安定し得る。権力の集中が効率よい経済成長を可能にし、現代ではテクノロジーを駆使した情報統制も図れる。

事実、同じ社会主義国でも、中国共産党独裁が辛うじて崩壊しなかったのは、最高指導者鄧小平が、ニューヨークや東京の発展に衝撃を受け、昭和五十三（1978）年から市場経済の段階的導入に舵を切っていたからだ。その成長を支えたのは日本のODAであり、中国が日本の企業技術、経済制度、経済政策を学んだ結果だった。御代替わりの平成三十一（2019）年をもって、ようやく対中ODAは終了となったが、40年間に日本が中国に投じた額は3兆6000億円に及んでいる。

五月にはユーゴスラビアでセルビアとクロアチアの対立が激化した。ユーゴスラビアは6つの共和国で構成される連邦国家だったが、共産党の一党独裁体制が崩れると、各共和国では民族主義が台頭した。最大勢力であるセルビアは連邦の維持を目指したが、クロアチア共和国では独立の機運が高まり、五月十九日、独立の可否を問う国民投票で賛成側が圧勝した。六月二十五日には、クロアチアとスロベニアが独立を宣言するが、クロアチアではセルビア人勢力との戦闘が泥沼化し、抗争は結局平成七（1995）年まで続く事になった。

同じ五月、インドのガンディー元首相が爆弾テロで暗殺された。

七月には東欧の軍事同盟であるワルシャワ条約機構が解体した。

九月にはバルト三国及び、韓国、北朝鮮が国連に同時加盟を果たした。

東西に分断されていた世界は、ソ連の消滅と共に、一体化しつつあった。世界の半分が抑圧と秘密に氷漬けされていた状況から見れば、たとい混乱や闘争は続こうとも、ダイナミズムと可能性に満ちた肯定的な変化だったといってよい。


秋には、日本の政治にも異変が生じた。

海部は政治改革法案に政治生命を賭けていたが、それが挫折し退陣に追い込まれたのである。

リクルート事件後、日本は、社会主義の崩壊も株価暴落もそっちのけで、政治改革熱に浮かれていた。

その中で、海部と小沢が主導して取り纏めた政治改革法案は、現在の政治制度の枠組みとなっている。骨子は次の3点だ。

○議員個人への企業献金の禁止。
○政党助成金制度の導入。
○小選挙区比例代表並立制の採用。

リクルート事件の反省を踏まえ、企業から政治家個人への献金を禁止し、代わりに国庫から議席数に応じて政党助成金を交付するとされた。

また、従来の中選挙区は、自民党同士で票の取り合いをする為、政策論争ではなく地元への利益誘導となり易く、競争原理も充分働かないとして、小選挙区制の導入が唱えられた。推進者だった小沢は中選挙区は日本型の「コンセンサス社会」「ぬるま湯社会」に対応したもので、日本人の意識改革の為に小選挙区を導入すべきだと考えたと証言している。(『90年代の証言　小沢一郎』朝日新聞社）一方、小選挙区は死に票が多く、また少数政党の当選が困難な為、野党が難色を示し、現在みられる比例代表並立制が採られることになった。

この政治制度改革は自民党の権力構造を根底から変えたので、ここで詳述しておく。

従来の中選挙区・企業献金フリーの制度下では、実力派議員が企業献金を受け、その資金を軸に派閥がヒエラルキーをなしていた。中選挙区であるため自民党から複数の当選者が出る。派閥間で熾烈な争いとなる。小沢の「ぬるま湯」との見立てと逆に、そのエネルギーが総裁の椅子を巡る権力闘争となって、政治家を育成する一つのシステムともなっていたのである。

与野党のバランスの上では、自民党2、社会党1、その他の野党1というおよその議席配分がなされていた。日本には小選挙区により二大政党制を生むような政治上の対立軸がない。そうした日本において中選挙区は、緩やかに連続しながら多様化する民意を、自民党の派閥と、複数の野党が役割分担して掬いあげつつも、政権は自民党が担当する仕組みだった。

自民党一党支配、田中角栄以来の金力万能の風潮は明らかに弊害であり、その是正が必要だったのは間違いない。

だが小沢＝海部による政治改革は、田中による金まみれ政治を一掃しようとして、自民党政治の強みを一緒に殺してしまったのではないか。

政治は「力」でなければならない。

政治は本質的に汚れ仕事だ。そして「力」の源泉には間違いなく「金」がある。

政治家個々人を「浄化」しすぎると、個々人の「力」は当然落ちる。

個々の政治家の「力」が小さくなれば、政党助成金と企業献金を一手に受ける政党執行部の独裁が進み、政治家は党か首相官邸の言いなりになるだろう。資金と公認権、人事権全てを握る者に逆らえる人間など、誰もいない。

しかも小選挙区は当落の二者択一だから、落選しないためには選挙区にへばりつかねばならない。政治家の資質は小さくなる。一方、熾烈な権力闘争を知らないから、粛清や死闘を潜り抜けてきた外国の政治指導者と喧嘩もできない。

しかも、派閥が力を喪った後、自民党はシンクタンク機能、政治家育成機能、権力闘争の仕組みを創出しないまま今日に至っている。

政党は空洞化した。

政治家は極度に清潔で、極度に無力になった。

いずれにせよ、海部は、八月五日から始まった臨時国会に法案を提出し、法案成立に政治生命を賭けようとしたのである。

ところが抵抗が強い。野党はもとより自民党内からも激しい切り崩しにあった。そして、攻防の続く最中の九月三十日、政治改革特別委員会で小此木彦三郎委員長が、海部にも党機関にも諮らず、突如この法案の廃案を宣言したのである。反政治改革派の梶山静六が小此木と謀って起こしたクーデターである。

海部は党4役を招集し「重大な決心で事態を打開する」旨を伝えた。ところが翌朝、それが「重大な決意」と報じられる。首相の「重大な決意」は解散に他ならない。海部は回想録で真意は解散でなかったとするが、総理肝入りの法案が一方的に廃案にされた上、解散の決意を回避したと見なされれば求心力はなくなる。海部は支持母体だった竹下派からも見放され、総辞職した。背後には竹下派の内紛もあった。この頃、派内重鎮の内、竹下登は小渕恵三、梶山静六らを重用し、金丸信は小沢一郎と結び、対立が激しくなっていた。梶山による海部潰しは、小沢潰しでもあったのである。

だが、小沢は粘り強かった。次の宮澤政権誕生の際は、自民党幹事長だった小沢が、宮澤喜一、渡辺美智雄、三塚博の三人の先輩総裁候補を事務所に呼びつけて「面接」し、宮澤が小沢を「大幹事長」と持ち上げる場面が映像で残っている。

小沢は宮澤を選んだ。金丸の意向だったという。

宇野、海部、宮澤3代にわたる、こうした田中=竹下派による権力の二重構造は、国民の強い不信を生んだ。

本来なら、中曽根康弘が昭和六十二（1987）年に退陣した後、次世代の政治指導者として長年力と見識とを蓄えてきた竹下登と安倍晋太郎が長期政権を繋ぐ事で、日本の保守政治の命脈を10年に亘って保つ筈だった。ところが、リクルート事件と消費税導入で竹下が失脚し、安倍が病に斃《たお》れた為、小沢という鬼子が生まれ、その後の政治過程に大きな番狂わせが生じたのである。

この年三月、51ヶ月続いた景気の山は終わり、景気は後退局面に入った。平成二（1990）年5・6%だった実質成長率がこの年2・4%に下がった。（内閣府年次経済財政報告）持ち直すかと期待されていた株価も下落し続けている。

ところが、日本からは「政治」が消え、小沢「政局」が続くことになった。

こうした日本政治の内向き思考と機能不全は、そのまま当時の国民の政治意識の弛緩と並行していた。

この年、五月ディスコ「ジュリアナ東京」がオープンした。ミニスカート姿で、お立ち台で踊り狂う若い女性が一夜の恋を公然と楽しむ時代が到来する。株価は暴落しても、街の空気はまだバブルそのものだったのである。

一月からフジテレビでは柴門ふみ原作の『東京ラブストーリー』が、織田裕二、鈴木保奈美主演で放映され、若者たちは、摩天楼のような都会生活の恋愛にわが身を重ね、夢を見ていた。『クリスマス・イヴ』『101回目のプロポーズ』など、トレンディドラマと言われる一連の恋愛ドラマの最盛期である。

橋田壽賀子ドラマ『渡る世間は鬼ばかり』も前年秋からこの年に掛けて放映された。こちらは昭和の家族像が失われてゆく中で、根強く平成年間を通じて放映が続く事になった。

井上ひさし作「シャンハイムーン」は、『阿Q正伝』の作家魯迅とその妻、彼の臨終に立ち会った4人の日本人が、昭和九年の上海を舞台に、おかしくも哀しい物語を繰り広げる。平成三十

（2018）年にも野村萬斎、広末涼子らによって演じられた。

江國香織の小説『きらきらひかる』は、吉本ばななに続き、新鮮な表現力で魅せる。アルコール中毒の妻とホモの夫の純愛を描くが、実際には定型的な「愛」、現代人に受け入れ可能なおなじみの「愛」から小説世界は一歩も出ない。童話、あるいは端的に漫画の優れた女性作家らが切り開いた世界を小説に移したものと言えようか。異常な設定による定型的できれいな童話――「平成」の精神的な矮小さと閉塞状況の先取りであろう。

この年は又、広辞苑の第4版が出版されている。広辞苑は新村出の編集により昭和三十（1955）年に初版が刊行されて以来、机上型国語辞典の権威だった。4版は、実に220万部を売り上げ、この年大きな話題になった宮沢りえのヌード写真集『Santa Fe』150万部を圧倒している。当時の日本人の知識欲、教養欲の強さを伝えるエピソードと言えよう。

しかし残念ながら、4版以後、『広辞苑』は近現代史の項目において客観的な記述を逸脱した、左派的、反日的イデオロギーの混入が目立つようになる。純粋な言語学徒、文献学徒だった新村出の遺志を傷つけ、権威を自ら貶める文化的蛮行と言うべきだろう。岩波書店の自制と良識による改善を求めたい。（『「広辞苑」の罠』水野靖夫 祥伝社）

この年、野間宏（75）、井上靖（83）、中川一政（97）、本田宗一郎（84）らが死去した。野間はソ連賛美が原因で日本共産党を除名されたが、部落差別問題を軸に据え、左派を代表する戦後派作家である。社会を構造として描く全体小説を提唱し、それは巨編『青年の環』に結実している。平成後半には三島由紀夫研究者井上隆史により、三島の『豊饒《ほうじょう》の海』と拮抗するとの再評価も提出されている。井上靖も昭和後期文壇の大御所で、『あすなろ物語』『天平の甍』『敦煌《とんこう》』などを代表作に持つ。晩年は例年ノーベル文学賞候補に擬されたが、そこまでの作家ではない。文壇ジャーナリズムの堕落を思わせる現象だった。中川は画家で書家、本田はホンダの創業者で、戦後日本の経済成長を象徴する存在だった。

この年は長崎の雲仙普賢岳《うんぜんふげんだけ》で大規模な火砕流が発生し死者行方不明者43名を出している。平成史を覆い続ける災害の端緒となった。

平成四年　１９９２年

御題　第二十五回オリンピック競技大会

日の本の選手の活躍見まほしく朝のニュースの画面に見入る　御製

御題　桐の花

やがて国敗《やぶ》るるを知らず疎開地に桐の筒花《つつばな》ひろひゐし日よ　御歌

日本の選手の活躍が見たくて、朝のニュースの画面に見入っています。

やがて祖国日本が敗北するのも知らずに、疎開地で桐の花を拾って無邪気に遊んでいた私でした。

政権　宮澤喜一（自民党）

国内

1・13 加藤紘一官房長官、従軍慰安婦問題で旧軍の関与を認め公式に謝罪。

1・17 訪韓中の宮澤首相、韓国国会で公式に謝罪。

3・27 国土庁、公示地価が17年ぶりに下落と発表。

4・1 太陽神戸三井銀行がさくら銀行と改称。

5・2 国家公務員週休2日制スタート。

5・20 永住在日外国人の指紋押捺制度廃止の改正外国人登録法成立。

5・22 細川護熙前熊本県知事が日本新党を結成。

6・5 自公民ＰＫＯ協力法案を6・14衆院本会議で可決、成立。

6・11 暴力団新法により山口組を指定暴力団に。6・12稲川会・住吉会も指定。

7・1 山形新幹線（ミニ新幹線）「つばさ」開業。

7・16 住宅金融専門会社7社の平成4年3月時点の債務が約13兆９７００億円と判明。

8・11 東京証券第1部の平均株価1万４８２２円56銭。6年4か月ぶりに1万５０００円を割る。

9・17 ＰＫＯ部隊の自衛隊第1陣、呉港から出発。

9・24 東京外為市場、史上初の1ドル＝１１９円台。

10・23 天皇皇后、初の訪中。

10・30 大蔵省、都市銀行等21行9月末の不良債権は12兆３０００億円、3月末より54％増と発表。

国外

2・1 ブッシュ、エリツィンの米・ロ両大統領初会談、敵対から友好へ転換宣言。

2・7 ＥＣ加盟国、欧州連合条約（マーストリヒト条約）調印。

2・19 南北朝鮮の首脳会談で「非核化共同宣言」等発効。

4・7 ユーゴのボスニア・ヘルツェゴビナ共和国、内戦状態に突入。

4・9 北朝鮮、核査察協定批准。

4・27 ユーゴ、クロアチア等4共和国と新ユーゴ連邦に解体。

4・29 ロサンゼルスで白人警官の暴行事件から黒人大暴動。

8・24 中・韓国交樹立。

11・3 クリントン、米大統領当選。12年ぶりに民主党政権。

12・19 金泳三、韓国大統領当選。

世相

1月　大相撲の貴花田、19歳5か月の史上最年少で優勝。

3月　東海道新幹線に「のぞみ」登場。

4月　農協の愛称がＪＡに統一。

9月　富士通、世界最高速のスーパーコンピュータを開発。

【流行】ほめ殺し、プー太郎、きんさんぎんさん、村上春樹『国境の南、太陽の西』、『シコふんじゃった。』、『ミンボーの女』

【物故者】長谷川町子（72）、今西錦司（90）、大山康晴（69）、松本清張（82）

自分史

平成四年　1992年

この年、世界ではソ連崩壊という大変動が終息したが、日本は急激な没落の季節を迎えた。バブル経済が終焉したという自覚がこの年頃から現れ始め、同時に、戦後の安定と繁栄の基盤だった自民党一党支配体制も終りに向かう。

何かが終わったことは確かだが、新しく何かが始まるわけではない。では、模索期かと言えば、何を模索していたというわけでも、実はない。

一月十六日には宮澤首相が韓国を訪問し、翌日韓国国会で従軍慰安婦問題について公式の謝罪をする。これが翌年の河野洋平官房長官談話の発出に繋がり、宮澤政権が後の日本人に負わせた大きな業となった。

更に、宮澤は、経済政策でもつまずく。

七月に、住宅金融専門会社7社の債務が13兆9700億円と判明し、八月十二日に株価が遂に1万5000円を割るなど、明らかに経済危機と呼べる状況に入っていた。

十月三十日大蔵省は、主要都市銀行を始めとする21行の不良債権が12兆3000億円にのぼり、回収不能分が4兆円に及ぶ事を公表した。

有効求人倍率が1・0を下回り、就職氷河期に入ったのもこの年だ。この職業難時代は、平成十七（2005）年十二月第一次安倍政権で1・0に回復するまで13年2ヶ月にわたり、更にその後リーマンショック、震災で再び極度に落ち込み、再び1・0を超えるのは第二次安倍政権下の平成二十六（２０１４）年のこととなる。就職難は社会の最大の病であり、政治が救うべき最優先課題であるのは言うまでもない。

ところが宮澤は、経済再生を主導できなかった。不良債権問題の根深さはいちはやく理解していただけに残念である。

八月宮澤は自民党の研修で大略次のように発言しているのである。

銀行の貸し出し能力が、不良資産などできわめて弱っているのが事実だ。市場経済が正常に機能しないときにしかるべき方途を考えることは、政府、中央銀行の当然の責務だ。銀行が持っている不動産をどう流動化するか、その仕組みを今年の暮れまでに作らないといけない。（略）必要なら公的援助をすることにやぶさかでない」（『90年代の証言　宮澤喜一　保守本流の軌跡』朝日新聞社）

銀行への公的資金投入は、現在からみてアメリカで成功しており、極めて妥当な見解だ。ところが、宮澤によれば、民間も大蔵省も全く耳を貸そうとせず、金融機関に至っては、公的資金が投入されれば、不良債権の実態が公になるので、大反対したという。株価と地価が回復すれば、不良債権は自前で償却できると考えたわけだ。それを待とうというのが当時の政官財界のコンセンサスだったのである。

この怖いものから目を背ける誤った楽観主義が日本経済を破壊し尽くす事になる。

一方宮澤は、海部政権で廃案になったＰＫＯ法案を修正を経て成立させ、七月の参議院選挙では自民党は大勝した。

ところがまた、政局に異変が生じる。

八月、かねて疑惑が発覚していた東京佐川急便の問題で、金丸信が5億円を受け取っていたことを公表して副総理を辞任したのだ。非難は止まず、金丸は十月十四日には議員辞職に追い込まれ、竹下派の分裂が始まった。十二月、小沢が、政治改革を打ち出し、43人で派閥から飛び出したのである。金権政治の中核にいた小沢の開き直り戦法だった。

一方十月には、天皇皇后が初めて訪中され、晩餐会での御言葉で日中戦争について「我が国が中国国民に対し多大の苦難を与えた不幸な一時期がありました。これは私の深く悲しみとするところであります。」と述べられた。

この訪中を強引に推し進めたのは失脚直前の金丸信だった。

天安門事件以来、中国共産党は国際的な非難に晒され、新たに誕生した江沢民政権は不安定だった。自由主義の大国日本の天皇が初訪中すれば、治安能力も含め、政権の国際信任は桁違いに上昇する。

冷戦崩壊後に必死で延命を図っていた共産党独裁国家に出向き、天皇が恰《あたか》も反省しているかのような発言をするという構図は、あまりにも愚かしかった。

中国にしてみれば、天皇の訪中と遺憾表明は、当時の圧倒的強国日本との力関係を逆転して見せかけられる。中国が冷戦後も崩壊の危機のない安定統治を実現していると見せかけられる。そして又、天安門虐殺の加害者としての中国共産党の印象を、加害国日本の天皇の反省の弁で隠せる。

しかも天皇訪中に先立つ二月、中国政府は「領海法」を制定し、尖閣諸島が中国の領土だと明記している。その直後の天皇訪中要請である。日本を愚弄しきっているという他はない。

天皇皇后が内心この訪中をどう感じておられたのかは、翌年の冒頭に掲げた御製によく表れている。帰国の飛行機で夕映えの祖国を見た安堵を詠じられた皇后、夕陽に照らされてそそり立つ日本の象徴、赤富士を詠まれた天皇の抱負を拝読するにつけ、慨嘆せざるを得ない。

日本で始まった低迷をよそに、世界は束の間とは言え雪解けに向かっている。

二月にはブッシュ、エリツィンの米ロ両大統領が初めて会談し、敵対から友好への転換を宣言した。

南北朝鮮は、北朝鮮の金日成《キム・イルソン》主席、韓国の盧泰愚大統領の指導下、首脳会談を行い半島の非核化共同宣言を発効させ、北朝鮮は四月には国際原子力機関との間で核査察協定を締結した。

八月には中国と韓国が国交を樹立した。前年の北朝鮮、韓国の国連加盟に続き、半島の状況が現在の形をとるのはこの時からだ。

十一月にはマーストリヒト条約により、EC（ヨーロッパ共同体）加盟の12カ国による欧州連合条約の調印がなされた。翌年EUが発足し、この後、共通通貨（ユーロ）の導入や、欧州中央銀行の設立、欧州議会の強化など、経済、政治、安全保障の統合強化を目指す事になる。

日本は文化面では技術革新の年だったと言える。

三月、東海道新幹線に「のぞみ」が登場した。この頃「ひかり」は東京―新大阪間を3時間10分で結んでいたが、「のぞみ」はその後、技術改良を続け、今では東京―新大阪間を最速約2時間半で結んでいる。走行の安定性や運行システムを含め、日本の新幹線技術は世界最先端だ。

同じ三月には、青森県六ケ所村で国内初の民間ウラン濃縮工場が操業を始めた。

四月には顕微授精による新生児の誕生に成功した。顕微授精は、一個の精子を選んで人為的に卵子に受精させる方法で、晩婚化が進む中、不妊治療の最終手段として普及している。婦人科はかつてはお産が大半だったが、今や不妊治療患者が圧倒的多数を占めているのである。

同じ四月、『朝日ジャーナル』が休刊した。同誌は、左派論壇を代表し、全盛期には大学生の必携品だった。左派の退潮、若者の活字離れを共に象徴する出来事だった。

七月には山形新幹線「つばさ」が開業した。

九月には、富士通が開発したスーパーコンピューター「数値風洞」が、処理速度の世界ランキングで1位を獲得した。

この時代「世界最速」をめぐって争っていたのは日米だったが、平成二十二（2010）年のランキングで中国の「天河一号A」が1位に躍り出た後、日米中三国の争いとなり、二十五年から二十九年まで中国が1位と、中国優位の展開になっている。

十一月には貴花田とタレントの宮沢りえの婚約が明らかになった。婚約記者会見は国民的な好感をもって迎えられ、二人の幸福な表情は政治経済の混乱の最中、一服の清涼剤のようだったが、翌年破局した。宮沢は痛々しいまでに憔悴《しょうすい》したが、その後「たそがれ清兵衛」（平成十四（2002）年）などの陰りのある役柄で高い評価を得、現在、日本を代表する女優に成熟している。

若貴ブームの中で相撲映画『シコふんじゃった。』が高く評価された。周防正行監督・脚本、主演は本木雅弘だが、本木をはじめとする抑えた演技が絶妙な笑いを生むコメディ映画の傑作だ。

また、映画監督伊丹十三が『ミンボーの女』を発表した。ヤクザの民事介入暴力と戦う女弁護士、彼女と共にヤクザの脅迫を跳ねのける名門ホテル従業員たちという筋書きは、ヤクザを任侠道として描いてきた日本映画界の常識に大きく反し、伊丹は暴力団員に襲われて重傷を負う。伊丹は暴力に屈せずとして、後、社会のタブーに挑む映画製作を企図中に急死した。飛び降り自殺を装われているが関係者らは他殺と見ている。日頃社会正義を呼号しながら、たった一人の映画監督の不審死さえ社会問題にできなかった日本のマスコミ、言論界、言論人の怯懦《きょうだ》は恥知らずの一語に尽きよう。現在に至るまで日本における「社会正義」の主張はいつも偽善と卑劣と党派的打算の匂いが付き纏う。

又、この年映画監督の黒沢明が世界文化賞を受賞した。日本人初受賞であった。

この年、尾崎豊（26）、長谷川町子（72）、今西錦司（90）、大山康晴（69）、松本清張（82）、中上健次（46）らが死去した。歌手・尾崎豊は「卒業」「I LOVE YOU」など、思春期、青春期の繊細な心の揺れや社会への反抗心を、率直な言葉と歌声で紡ぎあげた。また、『サザエさん』『意地悪ばあさん』など国民的な漫画家だった長谷川町子は死去後、国民栄誉賞が授与された。最も辛辣な人間観が最も快活な笑いを生むという長谷川の示した逆説は、その後ハラスメント、ポリティカル・コレクトネスという新しい人間抑圧の中で、遠い過去のものとなった。今西は生物学者でダーウィン進化論に対して疑義を唱え、棲み分け理論を提唱した。進化学説としての評価は分かれるが、独創的な生態学として、その後の人文学全般への影響が大きい。大山は昭和を代表する将棋の名人で、前年死去した升田幸三と戦後将棋史を画するライバルとして、時代を築いた。松本清張は不世出の作家。純文学、歴史小説、推理小説、社会批評、考証を跨ぐ巨峰だった。『点と線』『砂の器』『神々の乱心』『小説帝銀事件』『昭和史発掘』『日本の黒い霧』『天保図録』……。作の精度、又昭和史では二・二六事件やGHQ陰謀説などについての認識など個々の問題点を超え、バルザック的巨人と言えるだろう。一方、平成文学の軸の一人になる筈だった中上の早逝は惜しまれる。ポストモダン思想全盛の当時、柄谷行人、蓮實重彦らの賛辞に包まれ時流の寵児でもあったが、文学的な射程は遥かに素朴かつ根源的だった。被差別部落の路地の世界が濃厚な神話と化す中上の「日本」は、長寿に恵まれれば、中世の芸能と同様、根元的な意味での「天皇」に出会い得たかもしれない。

中沢新一『森のバロック』は南方熊楠《みなかたくまくす》を詳細に取り上げ、熊楠が知的なブームとなった。熊楠は、近代日本の鬼才―博物学、生態学、民俗学に巨大な足跡を残している。

遠山一行『河上徹太郎私論』は、小林秀雄と共に昭和に文芸批評を確立した河上を論じ、フランス象徴詩の深い味読から始まり、吉田松陰ら幕末の歴史を祖述する事で終わる精神遍歴を追っている。平成年間の批評文学の名品といえる。

この年に全巻完成した小西甚一の『日本文藝史』5巻は、個人による日本文学の通史として、この後刊行が開始されるドナルド・キーン『日本文学の歴史』と好一対と言える。キーンが平易に文学史を通覧するのに対し、小西は日本文学を世界文学の中に位置づけ、中国からの受容、日本文学の特性などを精密に探求し、読みも深い。偉大な金字塔である。

桶谷《おけたに》秀昭『昭和精神史』も画期的な業績だ。思想史、文学史には括れない幅広い時代精神を探る独自の歴史記述で、昭和改元時の不安定な世相から、大東亜戦争敗戦までを幅広く描いている。小林多喜二、中野重治らの共産党経験、二・二六事件、永井荷風の『濹東綺譚』と川端康成の『雪国』、大東亜共栄圏の思想が、それぞれに共感をもって描かれ、党派的な断罪から自由な、優れた昭和史である。

一方、この年、フランシス・フクヤマの『歴史の終わり』が世界的なベストセラーとなり、日本でも同年中に刊行された。冷戦終結を包括的に論じ、世界の思想動向に強い影響を与えた。フクヤマは本書で、ヘーゲルの進歩史観を下敷きに、共産主義の敗退、資本主義・自由主義陣営の勝利をもって事実上歴史は最終解答に達したと、楽天的に宣言している。フクヤマの学問はその後深化するが、本書に関して言えば、彼の楽観が広く自由社会の知識人に共有された結果、クリントン時代のアメリカの油断を生み、その反動で9・11テロ以後のブッシュのネオコン路線を生み、その破綻の結果、オバマの失われた8年の間に、中国の危険な覇権を許す事になったと言えるだろう。日本においても同様の楽観が、現在リベラリズムに看板を掛け変えた左派の、マスコミ、出版界における猖獗《しょうけつ》を許す事になった。

平成五年　１９９３年

御題　空

外国《とつくに》の旅より帰る日の本の空赤くして富士の峯立つ　御製

とつくにの旅いまし果て夕映ゆるふるさとの空に向かひてかへる

御歌

訪中から帰る機上、祖国日本の空は夕陽に赤々と燃え、その中に富士山が聳えています。

中国訪問が今ようやく終わり、夕陽に照らされた故国日本への帰路に、心落ち着く思いです。

政権	国内	国外
宮澤喜一（自民党）	3・6 東京地検特捜部、金丸信元自民党副総裁を脱税容疑で逮捕。	1・1 EC12カ国、単一市場発足。
	4・23 天皇・皇后、歴代初の沖縄行幸啓。	1・3 ブッシュ・エリツィン、米ロ両大統領が第2次戦略兵器削減条約（STARTⅡ）に調印。
	6・14 衆参両院議員の資産初公開。6・30所得も公開。	2・19 荻原健司、ノルディック世界選手権複合個人で優勝。2・25団体でも日本優勝。3・6荻原、初のW杯総合優勝。3・9団体でも総合優勝。
	6・9 徳仁皇太子親王と小和田雅子、結婚。	2・25 国際原子力機関（IAEA）理事会、北朝鮮への特別査察要求決議を採択。3・12北朝鮮、核不拡散条約脱退。
	6・21 自民党離党者10人「新党さきがけ」結成、代表武村正義。6・23自民党羽田派44人、「新生党」結成、党首羽田孜、代表幹事小沢一郎。	
	7・12 北海道南西沖地震、M7・8、津波のため奥尻島で死者176人、行方不明68人。	
	7・18 第40回総選挙、自民横ばい、日本新・新生躍進、社会惨敗。自民233、社会70、新生55、公明51、日本新35、共産15、民社15、さきがけ13、社民連4、無所属30。	
	7・22 宮澤首相退陣表明。7・30自民党両院議員総会、河野洋平を総裁に選出。	
	8・4 政府、従軍慰安婦の「強制連行」を認める調査結果発表、河野官房長官謝罪談話。	
	8・6 衆参両院、細川護熙日本新党代表を首班指名、8・9非自民6党連立内閣発足、民間人や女性登用。	
細川護熙（日本新党）	8・10 細川首相、記者会見で先の戦争は「侵略戦争」と明言。	9・13 イスラエル・ラビン首相とPLOのアラファト議長、パレスチナ暫定自治に調印。
	9・20 ゼネコン汚職で清水建設社長ら逮捕。9・27宮崎県知事、10・26鹿島建設副社長ら、11・11大昭和製紙名誉会長逮捕。	12・14 ウルグアイ・ラウンド、最終協定案を採択。
		12・30 イスラエルとバチカン、相互承認文書等に調印。

自分史

世相

3月 福岡ドーム完成。

5月 プロサッカー・Jリーグ開幕、前半は鹿島アントラーズ、後半はヴェルディ川崎が優勝。

10月 テレビ朝日の報道局長、衆院選の報道姿勢の問題につき国会で証人喚問。

この年に米の作況指数74で昭和8年来の凶作。

【流行】ブルセラ、ジュリアナ、規制緩和、JR東海CM「そうだ京都、行こう。」

『清貧の思想』、『磯野家の謎』、小沢一郎『日本改造計画』

『高校教師』、『あすなろ白書』

【物故者】安部公房（68）、服部良一（85）、笹智衆（88）、井伏鱒二（95）、藤山一郎（82）、田中角栄（75）

平成五年　1993年

一月、ＥＵの12カ国で単一市場が発足した。平成十四（２００２）年のユーロによる通貨統合にむけ、ヨーロッパが動き出したのである。

ヨーロッパでは第二次世界大戦終戦時、ウィンストン・チャーチルが「ヨーロッパ合衆国」の設立を提唱して以来、様々な国際組織が誕生したが、昭和四十二（１９６７）年にＥＣ（欧州共同体）が成立し、共同体としての性格を強めることになった。１９８０年代後半には、日米が国際競争力で市場を席巻した為、外交、安全保障、司法・内政全般にわたるヨーロッパの総合的な協力体制が模索され、それがＥＵの設立となったのである。

ヨーロッパは発生からキリスト教王国による血縁共同体として緩やかに統合されつつ、民族、言語、キリスト教各派の多様性に応じて、ナショナリズムの激突を繰り返し、その事で活性化してきた。

緩やかなキリスト教共同体としての一体感と、文化的、政治的な多様性や対立が渾然となり、世界最強の文明圏が15世紀以来５００年にわたって続いたと言って良い。20世紀初頭、第一次大戦を契機にイギリスがアメリカに世界覇権を渡し、第二次大戦により米ソ超大国時代を迎える中でも、ヨーロッパは文化と学術の中核であり続けた。

こうしたヨーロッパをひとつの文化共同体と見做すのは当然だが、単一市場化するとなれば話は全く別だろう。冷戦後の世界再編の最初の大きな実験がＥＵだが、これはヨーロッパの政治的な結束により国際秩序が見通しの立ち易いものになった反面、経済的、文化的にはヨーロッパ全体の停滞を齎し、中国共産党の台頭を許す一要因となった。

この一月には米ロも冷戦後に対応する政策合意をした。ブッシュ、プーチン大統領が、両国の戦略核を三分の一に削減する、第二次戦略兵器削減条約（ＳＴＡＲＴⅡ）に調印したのである。冷戦が終わった以上、巨額の管理費がかかる核兵器を削減することは、両国共に急務だった。

その後米大統領は民主党のビル・クリントンに交替した。民主党政権時代のアメリカは概して日本に厳しい。クリントン時代もそうなった。

一方、二月には、前年核査察受け入れで合意したはずの北朝鮮の核開発疑惑が発覚した。国際原子力機関（ＩＡＥＡ）が北朝鮮に対して核施設の査察を受け入れるよう要求したが、北朝鮮は拒否し、三月十二日、北朝鮮は核不拡散条約（ＮＰＴ）から脱退した。翌年、米国と交わした「枠組み合意」でＮＰＴには復帰したものの、秘密裏に核兵器開発を続行、平成十五年に再びＮＰＴを脱退し、その後核保有国になったのは周知の通りだ。

中国では、三月に共産党の江沢民《こうたくみん》総書記が国家主席になり、江沢民時代が始まった。江沢民は、胡耀邦の後継者だった民主派の趙紫陽総書記とも、李鵬首相ら保守派とも距離を置く中間派だったが、鄧小平による民主化運動弾圧の方針に呼応する事で、趙紫陽の失脚後、党総書記に抜擢され、鄧小平の事実上の後継者と目されていた。

江は、平成四年十月の第14回党大会で体制を確立すると共に、鄧小平の改革開放路線を大胆に前進させ、「社会主義市場経済」の導入を決定、その後の中国の飛躍を決定づけることになる。

こうして冷戦終結を受け、世界各国が新たな秩序を選択し始めた時、日本は何をしていたか。三月六日、前副総理金丸信が脱税容疑で逮捕された。捜査により不正蓄財が総額数十億円もあった事が発覚する。金丸は北朝鮮との賠償の協定、天皇の訪中画策など、冷戦後の共産圏とのネットワークを仕切っていた。不正蓄財が桁違いだった事と何らかの関係がなかったかどうか、釈然としない。

いずれにせよ、金丸と最も近かった小沢が、金丸逮捕の危機を巻き返せるか、それとも竹下—梶山がこの機に小沢を潰すかが、当面の政局の影の原動力となる。宮澤政権は、竹下派の権力抗争の煽りを受け、国会は暗礁に乗り上げた。六月、衆議院で、宮澤内閣への不信任案が、小沢グループの造反と自民党議員の多数の欠席によって可決した。

宮澤は衆議院を解散し、政界は再編に向かって動き出す。武村正義、鳩山由紀夫ら10名が自民党を離党して新党さきがけを結成、小沢・羽田ら44名も自民党を出て新生党を結党する。細川護《もり》熙《ひろ》、小池百合子らが前年結成した日本新党が、細川の清新なイメージによってブームとなり、総選挙は政権交代に向けて荒れた。選挙後、テレビ朝日の椿貞良報道局長が、非自民政権誕生を誘導する報道を指示したと発言した事が明らかになり、放送法4条と公職選挙法に抵触するマスコミの政治煽動として社会問題となった。だが、法的、社会的制裁がない為、今日までテレビの政治煽動は止むことがない。

総選挙では、自民党が半数を割り、一方社会党も大惨敗を喫し、新生党の他、日本新党も35議席を獲得し、政党乱立状態となった。半数を割ったとはいえ、自民党が圧倒的な多数政党だ。常識で考えれば自民党を中心とした連立政権となる筈だったが、小沢一郎が、非自民政権樹立の為に、新進党、日本新党、新党さきがけのほか、旧来の社会、公明、民社、社民連を加えた8党連立を取り纏め、清新な印象と近衛文麿の孫としてのブランド価値を持つ細川を首班に担ぎ出した。

八月六日、細川護熙が第79代首相に指名された。

又も傀儡総理である。

だが、38年ぶりの非自民政権を国民は歓迎した。発足時の内閣支持率は、その当時最高の71%となった。

自民党出身の閣僚は新生党、新党さきがけの7名のみで、細川自身さえ熊本県知事から前年国政に進出したばかりだ。他の閣僚は野党出身なのだから、全くの素人集団である。社会党、社民党の閣僚が7名もいる上、公安委員長も社会党議員だった。にもかかわらず、細川政権は後の民主党政権とは比較にならぬほど、機能した。

細川は初閣議の後、公邸の庭で閣僚たちと日本酒で乾杯をしたり、官邸の家具調度や壁を新調させ、従来座って行われていた総理記者会見を立って、記者指名を自らボールペンでするなど政治ファッションを一新し、その後に影響を与えた。

また、発足翌日の記者会見で、細川は、政治改革関連法の成立を約した。この公約は翌年果たす事になる。

一方細川は太平洋戦争は「侵略戦争であった、間違った戦争であったと認識している」と発言し、八月十五日には「アジアに対する加害責任」に言及した。竹下までの歴代総理が、過去の日本の事績については評価を表明せず、歴史の裁定に委ねるという立場を維持してきた事を、細川は軽く乗り越えた。

この年は昭和二十九（1954）年以来の冷夏となり、米の作況指数は74で戦後最悪となった。それまで「一粒の米も輸入しない」としてきた日本政府は、タイ米などの緊急輸入を余儀なくされた。だが、不慣れな食感が敬遠され、国産米が買い占められた。この状況は約半年続き、「平成の米騒動」と呼ばれる。

折しも『ガット（GATT）・ウルグアイ・ラウンド』（関税及び貿易に関する一般協定）で各国と交渉中だった細川政権は、米騒動にも後押しされる形で、十二月に米の部分市場開放を決定する。

ガット・ウルグアイ・ラウンドは、全ての農産物の、関税以外の保護措置の撤廃を原則とする国際協定だ。日本では農業界や自民党、そして今政権与党にいる社会党が激しい反対運動を展開していた。細川政権はこの困難な課題を乗り切る。これは小沢主導の功績だった。

日本の米は例外として関税化を猶予され、代わりにミニマムアクセス（ＭＡ＝最低輸入機会）を受け入れることになった。だがＭＡ米は全量を政府が輸入し、ほとんど加工・飼料用および対外援助用とするなど、国内の米作が手厚く保護されている事に変わりはない。

さて、この年の重要な政治現象は、非自民政権の成立のみではない。

従軍慰安婦問題を認める「河野洋平官房長官談話」の発出と、小沢一郎の『日本改造計画』の刊行を挙げねばならない。

慰安婦問題とは、戦前から戦中にかけて、アジア太平洋地域で、およそ20万人の若い女性が日本帝国軍によって強制的に「性奴隷」にされ、人間の尊厳への重大な侵害を受けたとする主張で、朝日新聞、韓国などが主要な流布源である。吉田清治の証言が有力な根拠とされたが、そこで主張された軍による強制連行はなかった事が、その後の研究で明らかになっている。吉田自身も平成七年に証言が創作だったと認めた。

ところが、河野談話は、慰安所の設置、管理および慰安婦の移送などに「旧日本軍が直接あるいは間接にこれに関与した」ことを認め、「慰安婦の募集については、軍の要請を受けた業者が主としてこれに当たったが、その場合も、甘言、強圧による等、本人たちの意思に反して集められた事例が数多くあり、更に、官憲等が直接これに加担したこともあったことが明らかになった」などとした上で、「いわゆる従軍慰安婦として数多の苦痛を経験され、心身にわたり癒しがたい傷を負われたすべての方々に対し心からお詫びと反省の気持ちを申し上げる」と謝罪したのである。

当時、官房副長官として談話の取りまとめにあたった石原信雄は、のちに平成二十六年二月の国会で、河野談話の根拠とされる元慰安婦の聞き取り調査について裏付け調査をしていないこと、談話の作成過程で韓国側との意見のすり合わせがあった可能性があることなどを証言した。また石原によれば、韓国側は談話を発出さえすればこの問題を蒸し返す事は決してないと口頭で約束していたという。日本側はまんまと騙されたのである。

このような根拠のない談話を元に、朝日新聞、ＮＨＫを始めとする大手左派メディアと歴史学界は、以後慰安婦強制連行説という虚構を国際社会に喧伝し続けた。

ソ連圏の崩壊後、本当に検証しなければならないマルキシズムの失敗の本質と共産主義国家の実態――とりわけ反省も謝罪もせずに存続している中国共産党の人道上の犯罪――への告発がないまま、逆に日本の戦時中の非――それも虚偽、誇張に満ちた――がプロパガンダされ、日本の保守派がもぐら叩きのような対処に追われ続ける悲喜劇が、平成年間続く。

一方、細川政権成立直前の五月に刊行された小沢一郎著『日本改造計画』は、その後の日本政治の指針となったので、これも詳述しておく。本書は72万5000部、年間3位のベストセラーとなり、漂流していた日本に政治の季節が巡ってくる。本書の執筆（協力）者は「国内政治」は御厨《みくりや》貴と飯尾潤、「経済」は伊藤元重と竹中平蔵、「外交・安全保障」は北岡伸一など、リアリズムに立脚した新進の学者たちだったという。（『日本政治ひざ打ち問答』御厨貴、芹川洋一　日本経済新聞出版）

主張は凡そ以下のように纏められる。

第一に、冷戦後の「変化の時代に直面しているいま、明確な使命感と権力意思を持ち、かつ勇気を持って実行してゆく政治家が首相の座にすわるべきだ」という「強いリーダー論」である。首相官邸の機能強化のために首相のブレインとしての補佐官を置く事、与党と政府を一体化するために政務次官、政務審議官ポストを新設する事が提言される一方、小選挙区により政権交代のダイナミズムを生み出す事、地方の多彩な活力を取り戻す「地方分権」などが主張されている。

安保政策では日米安保を基軸にする一方で、国連待機軍を創設して軍による積極的な国際平和協力に参加する事、国連機能を大幅に強化し、核を国連管理にする事など国連中心主義を提言する。

外交においては、第一に民主主義国の一員である事、第二に新しい世界秩序づくりに積極的に参加してゆく事、第三に日本の外交目的と戦略を対外的に明確にすること、第四に日米関係を基軸にする事、第五にアジア・太平洋地域を重視する事が挙げられている。

経済政策では、終身雇用から自由な雇用へ、長時間労働の緩和、女性活躍、規制緩和が主張された。平成不況は構造的なものだとして大規模な公共投資を挙げているのは日米構造協議でのアメリカの主張と符合し興味深いが、それ以外はいわば新自由主義的な主張だ。

本書は、事実上その後の平成政治史のシナリオとなった。

首相官邸の機能強化と政務官制度は、橋本龍太郎政権から森喜朗政権が実現し、小泉、安倍政権が最大限に活用した。

外交五原則は麻生太郎の自由と繁栄の弧、安倍晋三の価値観外交によって初めて豊かな内実が実り、今や安倍外交は世界的な影響力を持つに至っている。

国連への過度な期待は湾岸危機での無力ぶりから、既に時代錯誤だったが、自衛隊派兵による国際貢献は小泉時代に定着した。

皮肉な事に、小沢は、本書刊行の後、政権交代に血道をあげ、本書の主張を妨害する側に回り続けた。本書の主張は政治改革を除き、全て小沢の政敵が小沢の妨害の中で成立させ、小沢自身はしだいに中国、韓国の利益代弁者へと転向してゆくのである。

本書の功罪はそのまま平成政治史の功罪でもある。

政治改革は、強く聡明な首相が生まれた場合には、党の権力闘争に妨害されぬ利点を持つ一方で、個々の政治家を器の小さな行政官にしてしまった。

首相官邸強化と外交方針は成果を上げたが、安保政策は中国のその後の野望により、完全に塗り替えられる必要がある。

経済政策は概ね誤りだった。金融・財政政策による経済防衛抜きの新自由主義は、中産階級を破壊する。より本質的な事を言えば、経済は開発途上でない限り、文化力と比例する。その意味で、実体経済の長期的な安定には保守的な価値観の確立が不可欠だ。明治日本の成功は、江戸までの武士道、儒教、心学を軸にした人間観を否定せず、近代国家とこれら旧来の価値観を接合した事にある。

価値観の再建抜きに、構造改革や規制緩和だけで国力が伸長する事はあり得ない。新自由主義は世界の同時成長を促すと同時に、国内産業の空洞化や、労働市場の過度な流動化を起こし易い。その意味でも、国内産業の重点的育成や価値観の再建なしに日本の未来はない。

『日本改造計画』のリアリズムと、価値観の上での幼稚さ、空虚な印象――これこそは平成の政治が、最良のリアリスト宰相たちによっても埋め合わせられなかった「肝」だった。

三月には福岡ドーム球場が完成、日本初の屋根開閉式の巨大施設となった。

五月には、サッカーJリーグが開幕した。「大人になったらなりたい職業」アンケートで、それまで1位だった野球選手に代わって、翌年から4年連続でサッカー選手が1位となった。(株)第一生命保険調べ)そのサッカーで、4年に1度行われるワールドカップに、日本はこの時点では未だ出場を果たせていなかった。十月二十八日、予選突破を目前にしたイラクとの対戦で、後半のロスタイムに失点して引き分けとなり、ワールドカップへの出場を逃した出来事は、試合開催地の名をとって「ドーハの悲劇」と呼ばれることになる。

七月、建築家丹下健三が世界文化賞を受賞した。丹下は昭和三十九（1964）年の東京代々木第一体育館で日本の建築を世界最高水準に引き上げ、磯崎新、黒川紀章をはじめ、優れた後進を育成した。

同じ七月には息子を「悪魔」と命名した親に対して、法務局が親権の濫用として認可せず、社会問題となった。名付けた父親はその後覚醒剤所持、窃盗などの容疑で2度逮捕されている。

十一月には環境基本法が制定された。「持続的発展が可能な社会」を構築する方針を定め、以後、日本は、容器包装リサイクル法、土壌汚染対策法、地球温暖化防止京都会議など、環境先進国として世界の模範たらんとしている。

この年刊行された著書としては、中村隆英『昭和史』が、陸軍悪玉論的な昭和史がまだ幅を利かせていた中で、経済学者として、より冷静、客観的な歴史記述を試みている。

張競『恋の中国文明史』は儒教文化により未婚の恋を禁じられ、結婚相手は親に決められていた中国が、異民族の支配を経て、恋を知る過程を叙述した。マルクス史観を軸に多年硬直していた日本の歴史記述にアナール学派の方法がようやく一般化し始めた一つの象徴として挙げておく。

岩井克人『貨幣論』も、社会主義退潮の後にあえてマルクスの『資本論』中の貨幣論を精読し、貨幣の本質を、政府による信用などよりも、流通している事実そのものに求めた。激しい流動を続ける資本主義を論じた新しい古典と言えるだろう。

バブル後の世相を受け、中野孝次の『清貧の思想』がベストセラーになった。だが、世相の厳しさは「清貧」を超え、この後破壊的に冷え込んでゆく。この年大卒の就職率が70・5%と昭和三十五（1960）年の調査開始以来最低を記録したのだ。

山田洋二監督、西田敏行主演の映画『学校』は、夜間学校の風景を描き、社会から疎外され、底辺で生きる人々の哀歓を詩情豊かに描きあげている。中国人、韓国人との共存という主題も取り組みが真摯で美しいが、平成年間を通じ、中韓の日本社会への浸透が、高圧的で暴力的な様相に変貌したのは残念である。

一月から三月にかけて放送されたテレビドラマ『高校教師』は、教師と生徒との恋愛のみならず、同性愛、近親相姦など、社会的タブーをふんだんに盛り込み、話題を呼んだ。高校生など若年層に実際に与えた悪影響は小さくなかった。

また、この年は、井伏鱒二（95）、安部公房（68）という優れた作家が相次いで世を去った。安部は生きていれば大江健三郎より先にノーベル文学賞を受賞した可能性が高い。井伏の渋い文章の芸、安部の日本の風土の中にしっかりと組み込まれた前衛的世界は、いずれも昭和文学の最良の達成と言える。

作曲家の服部良一（85）、歌手の藤山一郎（82）、俳優のハナ肇（63）など昭和戦後の庶民を支え続けた芸能人の死も続いた。

大きな慶事も続いた。天皇皇后は四月、昭和天皇が強く願いながらかなわなかった沖縄訪問を果たされた。両陛下ともに沖縄の歴史に深い関心を寄せられ、沖縄の伝統的な歌（琉歌）の作歌にも励んでおられる。

だんじよかれよしの歌声の響見送る笑顔目にど残る

（読み＝だんじゅかりゆしぬ　うたぐいぬふぃびち　みうくるわれがう　みにどぅぬくる）

天皇、皇后が皇太子夫妻として初めて沖縄を訪れた際の思い出を詠まれた御製である。この琉歌は後に皇后が曲を添え、平成三十一（２０１９）年二月の在位三十周年記念式典で、沖縄県出身の歌手、三浦大知により演奏された。

六月九日、皇太子が小和田雅子と結婚の儀となられた。雅子妃は外交官の小和田恆の長女で、外務省北米課のキャリア官僚出身である。美貌と知性に優れた雅子妃による華やかなパレードは、昭和から代替わりした新世代の息吹を国民にはっきり自覚させる契機ともなったのである。

平成六年　１９９４年

御題　硫黄島

精魂を込め戦ひし人未《いま》だ地下に眠りて島は悲しき　御製

銀ネムの木木茂りぬるこの島に五十年《いそとせ》眠るみ魂《たま》悲しき　御歌

ここ硫黄島に日米戦争で故国日本の為に精魂を込めて戦った兵士たちの遺骨がまだ多く地下に眠っています。悲嘆限りありません。

銀ネムの木々が茂るこの硫黄島に五十年の長きにわたり遺骨のまま取り残されて眠る御霊達が哀しまれ、悲しまれてなりません。

政権

細川護熙（日本新党）／羽田孜（新生党）／村山富市（社会党）

国内

細川護熙（日本新党）

- 1・24 自動車生産数が前年比10・2％減。3年連続減。
- 1・24 140社のスーパーの平成5年度の売上高、前年比2・4％減、初の前年割れ。1・25日本百貨店協会加盟118社の売上げ2年連続減少。
- 2・3 細川首相、3年後の消費税廃止、「国民福祉税」導入発言。2・4白紙撤回。
- 2・17 米商務省、対日貿易赤字593億ドルで過去最高と発表。
- 3・4 参院本会議、衆院への小選挙区比例代表並立制導入の政治改革関連4法案可決。
- 4・8 細川首相、佐川急便グループからの1億円借金問題等での国会空転で辞意。

羽田孜（新生党）

- 4・28 羽田内閣、少数与党で発足。
- 6・27 深夜、松本市の市街地で有毒ガス撒かれ7人死亡、約60人入院。松本サリン事件。県警、第1通報者を容疑者扱い。
- 6・29 自民党、社会党の共同政権構想を受諾、自・社・さきがけ3党が村山社会党委員長を擁立。

村山富市（社会党）

- 6・30 村山内閣発足。副総理・外相河野洋平。
- 7・3 日本女性初の宇宙飛行士向井千秋、スペースシャトルで宇宙へ。7・23帰着。
- 7・20 村山首相、臨時国会で自衛隊合憲の所信を表明。7・21日の丸・君が代の学校での指導容認。
- 9・4 関西国際空港開港。
- 10・13 大江健三郎、ノーベル文学賞受賞。
- 12・8 新生・公明党等、新進党結成、214人。海部党首、小沢一郎代表幹事。

国外

- 4・10 NATO、ボスニア紛争でセルビア人勢力を空襲
- 5・6 英・仏間のユーロ・トンネル（全長50㎞）開通式
- 7・8 金正日北朝鮮国家主席急死

自分史

世相

- 6月 将棋の羽生善治名人、竜王も獲得、初の6冠王
- PTA全国協議会調査で中学2・3年生の17％余がテレクラ体験
- 9月 プロ野球イチロー選手、史上初の210安打を記録
- 10月 プロ野球セ・リーグ、中日対巨人の優勝戦のテレビ視聴率史上最高の48・8％
- 11月 大関貴乃花。2場所連続全優勝で65代横綱に昇進

【流行】
価格破壊、就職氷河期、同情するなら金をくれ！
永六輔『大往生』、松本人志『遺書』／野口悠紀雄『「超」整理法』
『シンドラーのリスト』
『家なき子』『開運！何でも鑑定団』『料理の鉄人』

【物故者】
山口誓子（92）、吉行淳之介（70）、東野英治郎（86）、福田恆存（82）

三月には政治改革関連法案が成立した。「政権交替が可能な選挙制度」をスローガンに小選挙区制と比例代表制の並立が模索された。その配分を巡って調整が難航したが、一月二十八日、細川と河野自民党総裁が会談し、小選挙区３００、比例区２００、２票制、比例区の選挙単位は11ブロックとすることで決着し、法案は成立した。

更に、政治資金規正法を改正し、企業・団体からの寄附の対象を政党と資金管理団体に限定し、代わりに政党助成制度が導入された。

小選挙区になり民主党政権が誕生したが、その大きな失敗の後、安倍一強が続いている。逆に中選挙区時代にも非自民政権、社会党首相が誕生している。政権交代が不可能だったのは、中選挙区のせいではない。野党に政権担当意思も能力もなかったからだ。成熟した野党が政権交代を目指し、政権担当能力を国民に示せば、政権交代は中選挙区でも可能なのである。

しかし、細川が、選挙制度改革を成立させる事で、元年から続く政治の混乱に決着を付けた点は評価せねばならない。

ところが、それに続く、国民福祉税構想で細川政権は急激に失速する。

二月三日午前一時という深夜、細川は唐突に記者会見を開き、消費税に代わり、税率７％の国民福祉税を導入する事を発表した。大蔵省と小沢一郎、公明党の市川雄一――当時一―一ラインと言われた――の仕込みだったとされるが、細川は記者会見で７％の数値的な根拠を答えられず

「腰だめの数字」を連発、失笑を買う。この後、一―一ラインと、社会党の村山富市、さきがけの武村の権力闘争で、政権が空中分解を始める中、細川に、東京佐川急便からの1億円借り入れが発覚し、四月二十五日に総辞職した。

その後、同じ連立与党内から羽田孜《つとむ》が首相となった。連立の枠組の変更に反発した村山と武村は連立を離脱したため、羽田政権は超少数与党に転落した。六月には自民党が内閣不信任案を出す。解散すれば与党が大敗し、8党連立構想は元の木阿弥になるだろう。羽田は総辞職を余儀なくされ、小沢は自民党の分裂を狙って、総理候補に、自民党前総裁の海部俊樹を擁立するという離れ業を演じた。

対する自民党も負けてはいない。河野総裁を引っ込め、社会党の村山富市を総理候補に擁立したのである。

非自民の統一候補が自民党前総裁、自民党の候補が社会党の党首――前代未聞の捩れである。

大方は海部再登板を予想していた。

ところが、蓋を開けてみれば、村山が新首相に選ばれたのだった。本人が一番驚いた。

本会議で僕が首班指名されることについては本当に思っていなかった。……驚いた。正直、これは大変なことになったなと思った。(芹川洋一『平成政権史』日本経済新聞出版社)

こうして、六月三十日、自民党・社会党・さきがけ3党連立による村山富市政権が発足した。小沢政局から政権を取り返すために、竹下登、梶山静六、野中広務らが軸となって水面下で画策したものだった。自民党は自らは首相を立てず、社会党の村山を首相に立てた。社会党を首班に据えておけば、小沢が再び社会党を抱き込んで政権奪還するのは不可能になる。小沢政局封じの究極の一手だった。しかも経験に乏しい社会党に政権は担当できない以上、振り付けは自民党がすることになる。

政権奪還の為の、なりふり構わぬ野合と非難された。が、社会党を抱き込んでの政権復帰の後、自民党は橋本龍太郎、小渕恵三以後、小沢政局から政権を守り続ける事ができた。これが日本の為にどれだけ幸いだったかは、再度小沢が政権を奪取した民主党時代を思い出すだけで充分であろう。

一方、社会党左派の村山を政権の首班に担いだ事は、社会党を急激な解体に導く結果となった。村山は、七月二十日、所信表明演説直後の衆院代表質問で「自衛隊は憲法に認めるものと認識している」「日米安保は必要」「日の丸・君が代を尊重してゆく」などと、従来の社会党左派の最大の党是を全て放棄したのだ。

こうして、自民党対小沢一郎の戦いという平成政局史は、自民党側の勝利でその第一幕を閉じた。

　が、小沢は次の動きに入る。小選挙区では少数政党は生き残りが困難となる。この年末に、小沢は、共産党を除く少数政党9党派214人を取り纏めて、新進党を結党したのだ。過去最大規模の野党である。小選挙区で政権交代可能な頭数が集結する事となった。小沢は新党を「保守党」と名付けたかったという。この頃の小沢は小さな政府による自由競争社会の確立を目指していたのである。が、新党には、公明党、社会党からも多数集っている。その陣容で「保守党」はあり得まい。党首選でも、リベラルな海部俊樹が小沢の盟友羽田孜を下して初代党首となった。

　一方、変則的とは言え、政権を奪還した自民党は、村山首相の下で、重要法案を成立させた。年金改革法だ。厚生年金の満額支給開始年齢を段階的に65歳まで遅らせることになり、当時60代前半だった老齢厚生年金が見直された。

　この頃、出生率の減少が急激に進み始め、少子高齢化社会の到来は確実視されるに至っていた。この年金改革法は、労働人口＝納税人口が減少過程に入り、高齢者が増加してゆくことを見越したものである。

　また、原爆被爆者に対する擁護法を成立させ、水俣病対策の前進により、多くの訴訟も取り下げられた。これらは社会党首班ならではの成果だったと言えよう。

世界は、平和への収束の気配を見せ、概して、楽観的な世界観が行き渡る凪状態にあった。平成四（1992）年に刊行されたフランシス・フクヤマの『歴史の終わり』が自由・民主社会の勝利を宣言してから、平成十（1998）年にサミュエル・ハンチントンが『文明の衝突』で、新たな多極的かつ対立的な世界を予言するまでが、楽観期と言える。

楽観が無理のなかった面もある。アメリカにとって最大の旧敵国ロシアは、ゴルバチョフに次ぎ民主化リーダーであるエリツィンを大統領に選び、中国の脅威はまだ先の事だったからである。

一月にはアメリカ、カナダ、メキシコによる北米自由貿易協定NAFTAが発効した。関税の引き下げ、金融の自由化などを取り決め、約4億人の消費者を持つ自由貿易圏の誕生である。

また、この一月には、NATOが旧敵国である東欧諸国と「平和のためのパートナーシップ」により軍事的協力関係を進展させた。

四月には過激化していたボスニア紛争にNATO軍が介入、セルビア人勢力に小規模な空爆を行った。以後、旧ユーゴスラビアへのNATOの介入は平成十一年のコソボ空爆まで続く。現地の最大勢力であるセルビア人勢力は、一連の紛争の中で大規模な虐殺を複数回行っている。NATOの軍事介入は正当だったのか、看過した方が良かったのか。論争は決着をみていない。

一方、この年アフリカで起こった史上最大級の虐殺事件を、国連は防ぐことができなかった。

ルワンダ虐殺である。四月、ルワンダ大統領が乗った飛行機が撃墜された事件をきっかけに、対立する民族間の和平プロセスが崩壊し、3ヶ月間にわたる内戦と虐殺が続いた。推定80万人以上の民間人が殺害され、およそ200万人のルワンダ人難民が発生した。この間、現地に駐留していた国連PKO部隊が無力であったために、国連神話は崩れた。

五月には英仏間のドーヴァー海峡に全長50㎞のユーロトンネルが開通し、六月にはロシアとEUが友好協力協定に調印した。

注目に値するのは、中国だ。彼らはクリントン＝エリツィン＝EU＝『歴史の終わり』の弛緩期に、江沢民の指導下、経済＝軍事超大国を、着々と目指し始めていたのである。

彼らだけは冷戦後の雪解けと、自由社会に収斂する「歴史の終わり」を信じなかった。信じなかった彼らだけが、平成年間を通し、戦略通りの成功を遂げた。

江沢民は、指導理念として「先進的生産力」「先進的文化」「最も広範な人民の利益」の3つを掲げたが、その要諦は富国強兵に尽きる。

江の時代は、実質的に平成五（1993）年から十八（2006）年まで続いたが、その間GDPは約1兆七千億ドルから7兆7千億ドル、軍事支出は約126億ドルから533億ドルに拡大し、平成十七年には軍事支出で日本を追い抜いている。

国際的地位も格段に向上した。平成九年に香港、十一年にマカオの中国への返還を実現し、平成十三年には世界貿易機関（WTO）に加盟、平成十八年には中国の外貨準備高は日本を上回って世界一となった。

一方、この時期、中国は侵略的側面も露骨に見せ始めている。

平成四年に尖閣を中国領と明記したことは既に記したが、翌平成五年には、オーストラリアの首相ポール・キーティングが中国を訪問した際、李鵬首相が「オーストラリアは日本を大変頼りにしているようだが、30年後には日本は潰れているだろう」と発言したという（平成九年五月九日の衆議院特別委員会にて、武藤嘉文総務庁長官の答弁）。

平成八年には、台湾の総選挙の際、台湾海峡にミサイルを打ち込み、米軍が緊急展開するなど情勢が緊迫した。

一方、中国と並行するかのように、北朝鮮もこのクリントンの弛緩期に大きく変貌した。

その変貌は、七月八日金日成主席が82歳で急死したことに始まる。金日成は、息子の正日から全権を取り戻し、南北朝鮮統一を通じ改革開放路線に舵を切ろうとした為暗殺されたとの説もある。事実急死3日後の十一日に予定されていた南北首脳会談は中止され、新たな権力者となった金正日は、父の日成とアメリカとの約束を反故にして核開発を再開、北朝鮮は瀬戸際外交国家へと変貌してゆく。

日本経済は悪化の一途を辿り始めていた。

一月には、平成五年のスーパーマーケットの売上高が２・４％の減少に転じた事が明らかになった。百貨店は既に平成四年から減収に転じている。

政府発表によれば、五月で不況が３年を超え、戦後最長となった。大蔵省は平成五年度の税収不足が１兆円に上るとする概算を発表した。その一方で日米貿易では日本の黒字が過去最高の593億ドルを記録し、アメリカの対日態度は厳しさを増している。

六月二十二日には、１ドルが戦後初の１００円割れとなった。本格的な円高時代の到来だが、この当時は、日米貿易摩擦の中で、日本側も容認論が大半だった。この後、小泉政権後半平成十六（２００４）年頃から円安期に入るものの、十九（２００７）年にアメリカで起きたリーマンショックの影響で再び円高に陥ったあと、第二次安倍政権成立まで円高不況が続くことになる。円高とデフレの膠着状況がいかに深刻な国力の損耗をもたらすかを、政治家、論壇が共有し始めるのは、民主党政権時代からだった。

六月二十七日には松本サリン事件が起き、死者９名、被害者２１３名に及ぶ大惨事が発生した。のちにオウム真理教の犯行と判明するが、報道機関、とりわけＴＢＳのミスリードで会社員の河野義行があたかも犯人のように扱われ、のちの地下鉄サリン事件を許すことになった。

八月には関西国際空港が完成し、九月四日開港した。騒音被害の心配がない海上埋立地という立地を活かし、完全24時間営業となり、成田空港と並ぶ、日本の玄関口、ハブ空港である。

前年から始まった就職氷河期は長期化の様相を見せ始めた。不況、円高が続く中、企業の本社や、製造拠点の海外移動がこの頃加速しており、平成七年には1000社を超えた。とりわけ中国への移転が多かったが、後に会社や技術の不当な没収が相次ぎ、問題化する事になる。

技術競争の時代から価格競争の時代に突入した。この年「価格破壊」という言葉が流行したが、価格破壊はそのまま日本経済破壊、日本人の所得破壊に他ならない。日本経済はデフレ循環という最悪の経済的病にはまり込んでしまったのである。

七月には向井千秋が日本人女性で初めてスペースシャトルに搭乗して宇宙飛行を経験した。同じく七月、青森市の三内丸山《さんないまるやま》遺跡から土器が大量に出土した。推定5000年前のものとされる。世界でも類稀れな、4階建相当の巨大な木造建築跡をはじめ、大規模な宅地跡地が発見され、今日に至る縄文研究、縄文ブームの先駆けとなった。

又、この月にはサッカーJリーグの三浦知良選手が、世界最高峰リーグと言われるイタリア・セリエAのジェノアCFCへ移籍し、アジア人初のセリエAプレーヤーとなった。

十月、大江健三郎がノーベル文学賞を受賞した。川端康成に続き、日本人2人目のノーベル文学賞受賞である。大江は怜悧な理知と繊細な感性の両立した短編小説作家として、石原慎太郎、江藤淳らと同時期学生デビューしたが、その後、フランスの前衛小説の影響を受けて、作風を変え、息子大江光の障害を素材とした『個人的な体験』、自分の父祖の地、日本歴史を独自の手法で描き直す『万延元年のフットボール』などで現代文学を牽引してきた。

岩波朝日文化人の頂点として、政治的には常に反自民、反安保、反核、反保守、反天皇であり続け、ノーベル賞受賞に際しても、文化勲章は辞退している。

この年はその大江の後期を代表する『燃えあがる緑の木』と村上春樹最大の問題作『ねじまき鳥クロニクル』が刊行されている。

阿川弘之『志賀直哉』も刊行された。阿川は志賀の最後の弟子だが、この伝記は事実を淡々と積み上げげながら滋味が尽きない。伝記文学最高の傑作に数えられよう。

新保祐司『内村鑑三』は、内村の「神」、内村の「日本」を、彼の「呻き」と共に辿る。新保は言う、「日本の近代文学には、「文学」として多くの傑作があることはたしかであろうが、極めて乏しいのはこのDe profundisの「呻き」である。「人と人との関係」からの「嘆き」には満ちているが、「神の前に」の「呻き」はほとんど聴き取られなかったのである」。しかし19世紀後半以後、西洋にあっても「神の前に」の「呻き」は極めて乏しい。そうした中で内村にあって「神の前に」の呻きを生じせしめたのは、「日本」と「キリスト」が激突したからだ。新保の筆は内村の「神」と「日本」への愛を粘り強く追体験して見事である。

吉村昭『天狗争乱』は、幕末の水戸藩尊攘派の激しい抗争を緻密に描き、余すところがない。

亀井俊介の『アメリカン・ヒーローの系譜』は、アメリカの民衆のヒーロー像を追う民衆精神史である。亀井はこの後、『アメリカ文学史講義』で、日本人による初の本格的な米文学史を執筆する。アメリカは最重要同盟国であるにもかかわらず、平成年間を通じても米国史、思想、文学の研究は日本の知識人、エリート層において充分な深まりを見ずに終わった。

一方、松本人志の『遺書』、永六輔『大往生』など、ベストセラーにはタレントによる著書が並んだ。『大往生』に至っては岩波新書である。サブカルチャー、大衆文学、純文学の棲み分けを老舗の出版社自ら破壊してゆく時代が到来した。ベートーヴェンとAKBの棲み分けがなくなれば、文化など消える。未だ優れた著者を多数擁していたにもかかわらず、日本の出版文化は急速な腐敗期に突入してゆく。

この年には戦後を代表する保守思想家、劇作家の福田恆存《つねあり》（82）、フランス文学者で保守思想家の村松剛（65）が死去した。

演劇界では水戸黄門で一世を風靡した性格俳優の大俳優東野英治郎（86）、戦後演劇を牽引した千田是也（90）、歌舞伎界の大御所片岡仁左衛門（90）も死去している。

東野と千田は共産主義者。俳優座を創設した同志である千田は日本の新劇にリアリズム演劇としての基礎を築き、東野は戦後を代表する性格俳優の巨峰だった。福田恆存は近代の「進歩」を根底から懐疑する保守的人間学を深める一方、シェイクスピアの翻訳、上演戯曲の創作を通じ、日本語に内在する劇性を追求した。政治的立場も演劇観も異にしつつ、それぞれに大をなし、現代演劇の方向を決定づけた存在だったと言えよう。

最後に、この年の冒頭に掲げた御製・御歌について触れておく。

この二首は天皇皇后の戦地慰霊の旅の一環、日米戦争最大の激戦となった硫黄島を訪問された際の歌である。硫黄島では、昭和二十（1945）年二月十九日から三月二十六日まで、本土決戦を阻止しようと、栗林忠道中将の指揮下、2万2786人の日本軍が、アメリカの700tの絨毯《じゅうたん》爆撃、3倍の兵力による猛攻に1ヶ月半持ち堪えて米軍の進路をふさぎ、玉砕した。栗林は戦死に際し次の辞世を残している。

国の為　重き努《つとめ》を　果し得で　矢弾尽き果て　散るぞ悲しき

天皇皇后の御歌は、栗林の無念の迸《ほとばし》りである「悲しき」に2人で唱和され、島に未だに眠る英霊の遺骨に祈りの涙を注がれているのである。

いずれも絶唱であろう。

平成七年　1995年

御題　阪神淡路大震災

なゐをのがれ戸外に過す人々に雨降るさまを見るは悲しき　御製

御題　五月広島を訪ひて

被爆五十年広島の地に静かにも雨降りそそぐ雨の香のして　御歌

地震で帰る家を失い戸外に過ごしている人々に雨が降りそそぐ様をテレビで見るのは、悲しみに堪えません。

被爆から五十年目——。広島の地にまるで灼熱を鎮める鎮魂であるかのように、静かに雨が降りそそぎ、雨の香が立ち上ります。

政権　村山富市（社会党）

国内

1・4　村山富市首相、伊勢神宮参拝中止。

1・17　午前5時46分、神戸・洲本を中心に大地震、推定マグニチュード7・2。阪神高速道路・JR線・私鉄各線寸断。電気・ガス水道の供給途絶。1・20気象庁、史上初の震度7と判定。死者6434人、家屋全壊10万5000棟

3・20　営団地下鉄線車内でサリンテロ事件発生、死者13人、重軽傷者6300人。3・22～警視庁、東京・山梨等のオウム真理教施設を強制捜査。3・30国松孝次警察庁長官、出勤時短銃で狙撃され重傷。4・23「科学技術省」トップの村井秀夫刺殺される。

4・9　統一地方選挙知事選で東京は青島幸男、大阪は横山ノックのタレント出身者が当選。

5・16　オウム真理教代表麻原彰晃（本名松本智津夫）を殺人・同未遂罪容疑で逮捕。

6・20　平成6年度のGDP実質成長率0・6％。

8・15　戦後50年の首相談話。村山は「植民地支配と侵略」につきアジア諸国に「お詫び」を表明。

9・22　自民党総裁選、橋本龍太郎が17代総裁に。

国外

1・30　米スミソニアン博物館、「原爆展」中止を決定。

6・26　ドイツ政府、連邦軍の旧ユーゴ派遣を決定。

6・29　ソウルでデパート崩落。

7・10　ミャンマーのスー＝チー女史、6年ぶりに解放。

7・29　ベトナム、ASEANに正式加入。

9・28　イスラエルとPLO、パレスチナの自治拡大で合意。11・4ラビン・イスラエル首相、暗殺。

10・11　ボスニア紛争の停戦発効。

11・16　韓国最高検、盧前大統領を在任中の収賄容疑で逮捕。12・3全元大統領も粛軍クーデター首謀容疑で逮捕。

自分史

世相

3月　文部省、全国の学校でのイジメ「総点検」で約1万8000件と判明。

7月　米大リーグのドジャースの野茂英雄投手、オールスター戦先発投手で3奪三振。

【流行】コギャル、アパガードCM「芸能人は歯が命」春山茂雄『脳内革命』、『ガメラ』、『マディソン郡の橋』、『王様のレストラン』

【物故者】五味川純平（78）、宮崎市定（93）、福田赳夫（90）、笹川良一（96）

村山富市首相が佐藤栄作以来恒例となっていた年頭の伊勢神宮参拝を取りやめて始まるこの年は、平成二十三（２０１１）年と並び、平成史上最凶の一年となった。

一月十七日早朝五時四十六分、阪神地方でマグニチュード７・２の直下型地震が発生したのである。阪神・淡路大震災である。兵庫県、大阪府を中心に、建物の倒壊や火災が広範囲に広がり、交通・通信・電気・水道が寸断、死者、行方不明者６４３４人を数える、この段階で戦後最悪の大惨事となった。特に震源に近い神戸市街地（東灘区、灘区、中央区（三宮・元町・ポートアイランド）、兵庫区、長田区、須磨区）の被害は甚大だった。建物10万５０００棟が全壊、15万棟が半壊、木造住宅の多かった神戸市長田区は火災被害によって７０００棟近い建物が焼失した。

阪神高速道路は神戸市中心部で柱ごと倒壊した。戦禍のように燃え広がる街並みと寸断された高速道路の映像は、国内のみならず世界に大きな衝撃を与えた。

村山は自民党に事態収拾を一任、政権は小里貞利（一月二十日付で震災対策担当大臣に就任）、官房副長官石原信雄らを現地に送り込んだ。村山は小里に「全部現場で決めてくれ、現場が一番分かるんだから。法律であろうが何であろうが、それをひっくり返してでも現場が必要だと思う物は全部私が責任を取るからやってくれ」と指示したという。（「阪神・淡路大震災から今日で23年　災害時リーダーに最も求められることとは？」ニッポン放送２０１１・01・07より）

復旧は迅速に行われた。

一月二十八日には国道43号線が全線復旧し、公費による瓦礫撤去の方針が発表された。

二月六日から、自衛隊による倒壊家屋解体の処理が開始された。

二月十五日、復興の基本方針を検討するため、「阪神・淡路復興委員会」が設置された。

二月二十四日、復興施策の総合調整を図るため、「阪神・淡路復興対策本部」が設置され、二十五日には「被災市街地復興特別措置法」が公布・施行された。

三月十九日には兵庫県内の上水道がほぼ復旧し、四月八日には、ＪＲ東海道・山陽新幹線の新大阪―姫路間が81日ぶり運転を再開した。

四月二十七日には、自衛隊が全面撤収を完了している。

三月二十日、地震の衝撃が冷めやらぬ日本を、今度はオウム真理教地下鉄サリンテロ事件が襲った。朝のラッシュ時、オウム真理教信者らが丸ノ内線・日比谷線・千代田線の地下鉄車両内で、化学兵器として使用される猛毒の神経ガスサリンを散布し、死者13名、負傷者６３００名の大惨事となったのである。イスラム過激派による世界的なテロの多発に6年先駆けた、世界初の大都市同時多発テロである。

警視庁は、翌々日、オウム真理教関連施設を捜索し、教団信者400人を逮捕した。だが、このオウム真理教による大規模なテロ事件には、充分それと予測される前段があったのである。

後に判明した所によれば、平成五年十一、十二月、オウム真理教は、教祖の麻原彰晃が敵視していた創価学会名誉会長池田大作暗殺未遂事件を引き起こしている。学会側がこの事件を警察に届けなかった為、後に実行犯林郁夫が自供するまで公にならなかった。さらに平成六年六月の松本サリン事件では、TBSのキャスター杉尾秀哉が、事件の被害者である河野義行――妻はサリンで死亡している――を犯人と決めつけ、他のマスコミ報道がこの誘導に乗った結果、人々の眼はオウム真理教からそらされてしまう。

TBSが、オウム真理教の犯罪性を隠蔽するのは平成元年の坂本堤弁護士一家失踪事件からの事だ。平成元年十一月、オウム真理教被害者の会の坂本弁護士一家が失踪した。当時坂本はテレビ出演を精力的にこなし、オウム真理教の洗脳・金銭被害を単身で告発し、教団と戦っていた。TBSは、坂本のインタビューを録画した後、オウム真理教側と接触した際、求めに応じて坂本のインタビュービデオを見せた上、オウム側の強い要請で放映を取りやめた。坂本一家が失踪したのは、その9日後だ。因果関係は容易に想像できた。ところがTBSは事情を隠し続けたのだ。

坂本一家が失踪した段階でTBSが事の次第を警察に届け出ていたならば、オウム真理教が組織的に殺人に手を染めていたことが早期に明らかにされ、地下鉄サリン事件は防げただろう。T

BSの罪は余りにも大きい。

オウム真理教は、昭和末期に教祖の麻原彰晃《しょうこう》が原始仏教とヨガを結びつけた理論と実践を提唱、その方法通りに修行すれば「最終解脱」に至ると説く新宗教だ。原始仏教の用語や理論を整理して示された世界観とクンダリーニヨガの修行を統合した教義は、ポストモダンの思想状況の中、中沢新一、島田裕巳、吉本隆明、山折哲雄などの知識人、思想家に称賛、同調され、高学歴者も含め、社会生活を放棄して教団で修行生活を送る出家者が急増していた。

いかがわしい教祖の風貌、白い袋をかぶり頭にセンサーをつけて瞑想する異様な修行風景、「彰晃、彰晃、ショコショコ彰晃〜」などと連呼する奇妙な歌を歌って選挙に出るなど、テレビのワイドショーの話題を長期間淩《さら》ってもいた。

地下鉄サリンテロ事件は更に大規模な惨事になった可能性が充分ある。サリンの致死量は0・5㎎程度で、大気1㎥中100㎎の濃度のガスを1分間吸入するだけで、半数が死亡する。この時使われたサリンの量は推定1650gから2300gで、オウム信者らが散布技術に熟達していれば、死亡者は想像を絶する数に達していたに違いない。

しかも、麻原の指令の下、製造担当者の村井秀夫は70tのサリンの製造を目指していたのだ。だが、疑問も大きい。サリンの精製と大量保存は極めて困難であるのに、教団には専門技術者がいなかった。

オウム真理教は世界各地で活動していた。ロシアで武器調達、オーストラリアでウラン鉱入手を図り、米国ではヘリコプター操縦免許を取得している。その他ドイツ、台湾、スリランカ、旧ユーゴスラビアなどでも危険な動きをしており、CIAは北朝鮮との関係を指摘している。

この後三月三十日には、捜査を主導していた國松孝次警察庁長官が狙撃され、重態となった。信者の警察官が逮捕され、他に多数の容疑者が浮上したが、解決に至らず、真相は不明だ。

四月二十三日には、東京青山のオウム真理教の東京本部前で、教団のナンバー2、村井秀夫が右翼を自称する男に腹を刺されて死亡した。村井は坂本一家殺人の実行犯であり、地下鉄サリン事件の企画総指揮者だった。個人の犯行だったとは考え難い。

教団は北朝鮮、ロシアと繋がりがあった。冷戦崩壊後、旧ソ連の化学兵器や核兵器の拡散が懸念されていた時期であり、北朝鮮は、金日成が急死し、金正日体制になった直後に当たる。ジャーナリスト一橋文哉は『オウム真理教事件とは何だったのか？』の中で「オウムは、既に核兵器を保有していた」「オウムはロシア防諜局の全面協力を得て」いたとの関係者証言を記している。

宗教家の狂気が従順な信者らに集団感染しただけのカルト犯罪だったのか。それとも、大規模テロの背後に、外国勢力があったのか。もしあったとすれば、これは単なる刑事事件ではなく、阪神・淡路大震災直後の不安定期に、永田町、霞が関など国家機能中枢地点で大量殺人を狙った九・一一テロに匹敵する国家転覆の謀略と見なければならない。

曖昧に片付けてよい問題ではなかった。

ところが、村山政権は、本来の立法趣旨から考えれば当然用いるべき破壊活動防止法を適用せず、関係者らを微罪で逮捕、年末にようやく宗教法人法を根拠に教団解散命令を出したものの、国家防衛のための情報、警察力の抜本強化を見送った。この事件は明らかに世界最大級のテロにも関わらず、現在に至るも、引用した一橋を始め民間ジャーナリストの著作での不確実な調査、研究しか存在しない。

これほどのテロ事件、それも外国絡みの謀略の可能性の高い事件を曖昧にやり過ごしたことは、日本国家の根本的な脆弱性として、中国、北朝鮮、ロシアなどに認識された事だろう。それはその後のこれらの国の対日工作に大きな影響を与えて今日に至っているにちがいない。

一方、この事件は思想的な文脈でも論じられ、教団幹部の証言が多数公刊された他、村上春樹も『約束された場所で』でオウム真理教信者の証言を記録している。

家族が解体し、両親、祖父母の権威が急激に喪失し、人間学や文学、教養の伝統が途絶えつつある時代相の中で、経済と快楽に明け暮れる日本社会に根源的な疑問を抱く、真面目な人間が多く入信している。

また、五島勉の『ノストラダムスの大予言』が地球の破局を予言した１９９９年が近づいていた。経済的繁栄の中での堕落と腐敗、日本の転落――この汚れに満ちた現実を拒絶したい若者にとって、自己を放棄し、修行に専念する出家の空間を用意していたのがオウム真理教だった。

教義も修行方法も合理的だった。麻原は普通人から見れば汚くいかがわしいだけだが、裏返せば強烈なカリスマということにもなるだろう。上祐史浩を初め、教団幹部は頭脳明晰だった。修行をすれば、尾骶骨《びてい》にエネルギーを感じられ、人によっては空中浮揚ができた。こうした体に生じる変化により、システマティックに「悟り」が認定される。真面目な受験エリートには受け入れやすい世界観やシステムだった。

麻原は東大卒業者などのエリートと美人信者を重用し、出家者には修行でなく、教団施設の建設や広報などひたすら労働を課した。予言は外れ続け、平成二年の衆院選に打って出て惨敗すると終末論は過激化し、教団幹部は密かにテロの準備に入ってゆく。

終末論的世相、「悟り」のシステム化、教祖の破壊願望、外国勢力の関与――。

オウムは葬られたが、オウムが提示した問題まで日本社会は葬ってしまった。家族や共同体の安らぎや権威も平成年間を通じて回復せず、人間のあり方は再建されず、生きる意味への問いも微弱になり、国家の根本的脆弱性は不問に付されたまま、平成は終わった。

二月、野茂英雄がこの年アメリカのドジャースに入団、「Nomo フィーバー」を巻き起こした。以後、米メジャーリーグで活躍する日本人選手たちの先駆けである。

四月、大震災と大規模テロが発生した直後にもかかわらず、東京と大阪ではお笑い芸人知事が誕生した。青島幸男と横山ノックである。政治は、生命・安全・生活に直接的な影響を与える。両都市の選挙民が、死活的危機の直後に、お笑い芸人を行政の長に選んだことは、平成日本の政治的民度を示す汚点の一つであろう。

また同じ四月には、一ドル79・75円と空前の円高となっている。景気悪化で内需が冷え込み、輸出が急増した為だ。その結果、消費者物価が前年比で低下し、日本経済は愈々本格的なデフレに入るが、政府も日銀もこの状況を放置し続け、日本は深刻な経済的病を抱え込む事になった。

五月十五日には、地方分権推進法が成立した。地方に可能な限り権限を委ねるという方針は無論間違っていない。しかし二大都市圏が壊滅的な天災と人災に見舞われた後、日本政府が最速でなすべきことは国家安全保障の全面的な見直しだったはずである。

さらに、村山首相は、八月十五日、「植民地支配と侵略によってとりわけアジア諸国の人々に多大な損害と苦痛を与えた」と明言し、「痛切な反省の意と心からのお詫びの気持ち」を表明した戦後50年「村山談話」を発表した。

閣議では自民党からも反対が一切出なかった。

歴史を政治に持ち込む事は、新たな国際紛争の火種にしかならない。村山談話はこの後安倍談話による上書きに至るまで、日本に外交消耗戦を強い続けることになった。

七月、歌舞伎役者の中村歌右衛門が世界文化賞を受賞した。

九月には沖縄米兵少女暴行事件が起きた。計画的で悪質極まる犯罪だったにもかかわらず、日米地位協定の取り決めによって実行犯3名が日本側に引き渡されなかったことで、沖縄県民の反基地、反米感情は俄かに高まった。

十一月、3年後の消費税率3％から5％への引き上げも村山政権で決まった。就職氷河期、デフレ突入、震災、オウムテロの最中に決めるべき主題ではあるまい。


日本が二つの大事件と、超円高・デフレに見舞われたこの年、世界では概して雪解けムードが続く。

一月には世界貿易機関（WTO）が発足した。貿易の自由化を推進し、世界経済の成長を目指してきたガットをより強固に組織化したものだ。

九月にはイスラエルとPLOがパレスチナの自治拡大で合意し、和解が進むかに見えたが、イスラエル右派がこれに反発し、十一月には宥和を進めてきたラビン・イスラエル首相が暗殺された。

十月には、内戦の激化と停戦を繰り返し、NATO軍に加え、ドイツ軍も戦闘に参加するなど長期化していたボスニア紛争がようやく終結し、十二月にはパリで和平が公式に調印された。

十一月、韓国の盧泰愚前大統領が収賄容疑で逮捕され、十二月には全斗煥元大統領が粛軍クーデターの首謀者だった容疑で逮捕された。


日本は、二つの大事件による脱力の中、時が過ぎたが、この年、社会問題化したのは「いじめ」である。

前年十一月、愛知県西尾市で、中学2年生男子生徒が自殺をした。遺書により、総額100万円を超える金銭を脅し取られたり、川で溺れさせられるなど、いじめと呼ぶには深刻過ぎる実態が明らかになった。この後いじめを苦にした子供の自殺が相次いだため、文部省は緊急調査を行い、1万7788件のいじめが報告された。「いじめ」が社会が一体となって取り組むべき課題と認識されるに至ったのである。

一方でこの頃、歌手の安室奈美恵が女子高校生のアイコンになっていた。日に焼けた顔、ロングの茶髪、ミニスカート、丈の短いTシャツ、厚底ブーツ——安室のファッションを真似する女子高校生が続出し、「アムラー」と呼ばれた。この頃はまた、高校生の間で、昭和に流行していたヤンキースタイルからギャルへと、思春期の自己表現のスタイルが、大きく洗練され始めた。

アムラーの発展型として、高校生がコギャルと呼ばれ、平成日本のサブカルチャーの一派をなしてゆく。

この年加藤典洋の「敗戦後論」が広く論争を呼んだ。湾岸戦争への自衛隊派遣が議論の発端にある。加藤は、『俘虜記』『野火』の著者大岡昇平が平成改元の直前に死去するまで、自身のフィリピンでの戦争体験に固執し、敗北に汚れた自己に固執した事を是とし、左右を問わず戦後の日本人は皆敗北から目を逸らしている事を問い返している。だが今日読むと、外からの脅威を全く度外視した観念的な議論に改めて驚く他はない。敵は外にあり、脅威は現実に存在する。平成七（1995）年は日本の「敗戦後」ではなく、ソ連共産圏の「敗戦後」であり、戦前の日本を全否定して日本の戦後イデオロギーを支配した左派の知的、政治的な「敗戦後」ではなかったのか。その主流左派知識人たちが自分の、今ここにおける「敗戦」を問わずに、日本の戦争の「敗戦後」を、この時点で断罪している異様な知的偽瞞の記念碑として挙げておく。

福田恆存回顧が行われ、福田の戯曲から『堅塁奪取』『明暗』、福田訳のシェイクスピア『テムペスト』が上演された。福田戯曲は日本語の劇的可能性を追求し、古典的に収斂する三島由紀夫の戯曲に対し、シェイクスピア的なバロックな可能性を感じさせる。日本の演劇が能の象徴性、歌舞伎の仕掛けの豪華さ、現代演劇の私小説的な狭隘《きょうあい》を打破し、無数の強靭な言葉のせめぎあいによって再生するには、演劇人は一度福田の業績に立ち返る必要があるのではないか。

兵藤裕己『太平記〈よみ〉の可能性』は、『太平記』を軸とした日本精神史である。『太平記』そのものが『平家物語』からどう異化しているかがまず問われ、『太平記』が中近世、太平記語りにより楠木正成を主役に日本人の精神に深く浸透し、水戸学、幕末の国体論、明治国家の思想的、政治的マグマとなってゆく過程を追う。日本国家における最も重大な問い、近代的天皇とは何かについて、平成年間に生まれた重要な基礎論考の一つと言えよう。

鈴木正男『昭和天皇のおほみうた』は昭和天皇が公表された869首の御製を収め、歌にまつわる懇切な伝記を施したものだ。歴代天皇の思い、志は御製に現れる。本書は、昭和天皇を深く知る上での必読書である。

京極夏彦『魍魎《もうりょう》の匣《はこ》』は、匣の中の美少女、四肢、霊能者……横溝正史ばりのおどろおどろしさと民俗学的なうんちくなどの絢爛たる世界を不思議に無重力な時空の中、展開し、この後京極はミステリーに一時代を画した。

また、ヨースタイン・ゴルデルの『ソフィーの世界』が哲学の入門書として広く読まれる一方、春山茂雄の『脳内革命』がポジティブシンキングによるホルモン分泌を脳理論風に説き、410万部の大ベストセラーになった。教養の崩壊の中で、哲学や思考がハウツー化してゆく世相を示していよう。

また、漫画さとうふみや『金田一少年の事件簿』、青山剛昌『名探偵コナン』が若年層の間で大きなブームとなり、書籍自体がサブカルチャー主体へと急激に転換し始めた。

事実、少年漫画の王道とされる『週刊少年ジャンプ』が歴代最高部数の653万部を記録したのもこの年だ。この頃の連載陣は、原哲夫、北上司、小畑健などを擁し、またこの後、累計発行部数3億2086万6000部の世界記録を有する尾田栄一郎の『ONE PIECE』も連載が開始され、『ジャンプ』全盛期となった。日本の漫画は週刊誌から単行本やアプリへと媒体を移しつつ、平成後期、世界に読者を拡大し続けた。

アニメ『新世紀エヴァンゲリオン』も放送開始された。

アニメ映画『GHOST IN THE SHELL／攻殻機動隊』が公開され、人体の機械化と情報ネットワークが融合した未来世界を精緻に描写しながら、魂の実存を問う深遠なテーマに向かっている。米国映画『マトリックス』（平成十一（1999）年）の発想の元にもなった。

この後、平成を通じ、日本文化の才能ある表現者は、文字媒体からアニメへと移行し続けた。アニメの傑作が多数出た事は評価すべきだが、散文による思想と文芸が空洞化すれば、社会の知的バランスは崩れ、やがて他の表現ジャンルも必ず衰弱する。散文分野が才能ある若者を奪還するのは、日本の急務だ。

平成八年　1996年

御題　苗

山荒れし戦《いくさ》の後《のち》の年々《としどし》に苗木植ゑこし人のしのばる　御製

御題　終戦記念日

海陸《うみくが》のいづへを知らず姿なきあまたのみ霊《みたま》国護《まも》るらむ　御歌

人々が兵隊にとられ、山々が荒れた先の大戦の後、年々苗木を植え、山林を育ててきた人々の努力が偲ばれます。

海陸のどこことも知れず散華し、姿もない多くの英霊が、日本を今、護ってくださっているのでしょう。終戦記念日の今日、改めて感謝の祈りを捧げずにはいられません。

政権	①橋本龍太郎（自民党）	
国内	1・11	橋本龍太郎内閣発足。
	1・19	社会党大会、「社会民主党」と改称。
	2・10	北海道古平町の豊浜トンネルの岩盤崩落、20人死亡。
	2・16	菅直人厚相、エイズ薬害問題で血友病患者に直接謝罪。
	3・21	国土庁、平成8年1月1日の公示地価5年連続下落と発表。
	4・1	東京三菱銀行発足。資金量53兆円は世界一。
	4・12	橋本首相と駐日米大使、沖縄の普天間基地等の整理・統合・縮小について合意。
	4・17	橋本首相とクリントン大統領、極東有事に対し日米安保体制の「広域化」の安保共同宣言。
	4・23	磯崎洋三TBS社長、坂本堤弁護士インタビューのビデオをオウム真理教側に事前に見せたことで国会に参考人喚問。5月に社長辞任。
	6・18	住専法等6法案可決、6850億円の財政支出決定。
	6・25	閣議、**平成9・4・1**から消費税5％への引上げ決定。
	7・29	橋本首相、誕生日を理由に「総理大臣」として靖國神社参拝。
	7・20	堺市の小学校で発生したO157集団中毒6031人に。**7・31**厚生省、伝染病指定。
	8・29	エイズ薬害問題で安部英前帝京大副学長を業務上過失致死容疑で逮捕。
	9・28	新進・社民・さきがけ各党から57人参加し民主党結成。代表菅直人・鳩山由紀夫。
	10・20	第41回総選挙（初の小選挙区比例代表並立制）自民239、新進156、民主52、共産26、社民15、さきがけ2。投票率59・7％と過去最低。
国外	3・23	李登輝、台湾初の総統直接選挙で圧勝。
	5・13	北京―イスタンブールのシルクロード鉄道開通。
	7・12	英チャールズ皇太子とダイアナ妃、離婚に合意。
	8・31	ロシアとチェチェン、独立問題5年間棚上げ合意。
	12・17	ペルーのゲリラ、トゥパク・アマル、日本大使公邸での天皇誕生日祝賀パーティーを襲撃、数百人監禁。**12・20**～断続的に解放、81人越年。
世相	3月	将棋の羽生善治、初の7冠制覇。
		携帯電話急増。
		【流行】アムラー、援助交際、ストーカー、インターネット
		『あなたに逢いたくて』松田聖子、『Don't wanna cry』安室奈美恵、『アジアの純真』PUFFY
		近藤誠『患者よ、がんと闘うな』、ハンコック『神々の指紋』、渡辺純一『失楽園』
		『Shall weダンス？』、『ロングバケーション』、『SMAP×SMAP』
		【物故者】岡本太郎（84）、横山やすし（51）、司馬遼太郎（72）、武満徹（65）、金丸信（81）、宇野千代（98）、フランキー堺（67）、大塚久雄（89）、渥美清（68）、丸山眞男（82）、沢村貞子（87）、藤子F不二雄（62）、遠藤周作（73）
自分史		

年明け早々一月五日、村山首相が退陣を表明した。

関係者の証言によれば、首相の重責に耐え兼ね、度々辞意を周囲に訴えていたという。

村山が退陣した後には、竹下派のプリンスと呼ばれた橋本龍太郎が登板した。自社さ三党連立は維持されたが、多数党である自民党が首班を取り戻したわけである。新進党が野党を結集した以上、衆議院選挙の前には、村山の辞意がなくとも、早晩自民党政権に戻さねば筋が通らなかったろう。平成になり、リベラル派の傀儡総理と小沢政局が続いた中で、橋本政権は竹下以来の本格政権と言えた。

橋本政権によってようやく政治が動き出す。

先鞭をつけたのは菅直人厚生大臣だった。薬害エイズ問題でＨＩＶ訴訟の原告２００名と面会し、国の責任を認め、謝罪したのである。この時の清新に見える対応が、菅の国民的好感度を高め、この後非自民側のリーダーとして頭角を現してゆく事になる。そのイメージが根底から崩れるのは首相時代だ。

一方、橋本自身は、四月、前年の米兵による少女暴行事件で沖縄米軍基地の見直しが懸案となっている中、クリントンに直談判し、普天間基地の返還合意を取り付けた。

だが、県内の合意取り纏めに難航し、とりわけ後の鳩山由紀夫首相が「最低でも県外」と発言した事で交渉の積み重ねを破壊した後、辺野古移設問題は反米闘争に悪用されて、未だに決着を見ない。

さらに、この時の日米首脳会談で、橋本とクリントンは、日米安保体制の広域化を共同宣言した。安保体制を極東からアジア太平洋地域の有事に拡大し、軍事同盟化へと歩を進めた点、先見の明を誇ってよい。

橋本は内政においては六大改革を掲げた。行政改革、財政構造改革、社会保障構造改革、経済構造改革、金融改革、教育改革だ。総花的に見えるかもしれないが、冷戦後、ようやく現れた、日本のあり方を根本的に規定し直す試みと言える。行政改革や経済構造改革、金融改革は小沢の『日本改造計画』を模したとみてよかろう。

このうち、行政改革と社会保障構造改革は翌年法制定に漕ぎ着け、その後の日本の下支えとして大きく機能する事になった。一方、財政構造改革は歳出縮減を目指したものだが、経済の低迷に逆行する完全な失政で、次の小渕政権で法律を停止する事になる。

この年の通常国会は住専処理問題で紛糾した。

「住専」とは住宅金融専門会社の略称で、大手銀行、生命保険会社各社、農林中央金庫などが出資して設立された、個人向け住宅ローンを扱うノンバンクだ。その不良債権処理に6850億円の公的資金を投入する法案が六月、紛糾の末、可決されたのである。破綻した住専7社のうち6社の社長が元大蔵官僚だったことや、大蔵省と農水省の間で農協系を優先的に救済する密約があったことが大きな反発を呼んだ。

資金量が乏しい上、金融機関への直接の公的資金注入を避け、住専のような一般企業に資金を入れて世論の反発を呼んだ事がかえって問題処理を遅らせ、日本の景気低迷を長引かせる事になった。

十一月には、債務超過に陥った阪和銀行に業務停止命令が下りた。戦後、銀行に対する業務停止命令は初めてのことだが、翌年から金融機関や大企業の破綻連鎖が始まるのである。

七月には橋本が、誕生日を理由に、総理大臣として靖國神社に参拝した。現職首相の参拝は昭和六十年の中曽根康弘以来九年振りである。

また、この年の冒頭に掲げた終戦記念日に際しての皇后の御歌は、戦死した英霊の魂が日本の国を護っている事を詠いあげている。

前年の震災、オウム真理教テロ、八月に村山談話が発出された事を顧みれば、いずれも英霊の鎮魂を強く意図したものだったのではあるまいか。

一方、この年、野党側は、来るべき初の小選挙区選挙に向け、党名変更や新党結成に動いていた。

社会党は、社会主義の世界的敗北を受け、党名を社会民主党と変えた。しかし、イデオロギーの清算は全く不十分だった。

だが、一層問題なのは、社会民主党に見切りをつけ離脱した大量の議員たちだ。本来ならば、イデオロギーに殉じて落選し、政界を引退するか、労働組合との関係及びイデオロギーの清算を公式に声明して出直すのが筋だったはずだ。

ところが、彼らは、そうした清算を一切せずに、別の政党に潜り込む事で延命したのである。それが民主党だった。

九月、鳩山由紀夫、鳩山邦夫ら旧自民党のさきがけと、菅直人、前北海道知事の横路孝弘、岡崎トミ子ら左派が中核となり、さきがけ15名と社民党35名らの参加で民主党は結成された。さきがけは保守リベラルを標榜していたが、多数派は、山花貞夫・赤松広隆・輿石東・鉢呂吉雄を初め、南北朝鮮とも関わりの深い社会党左派の労組系議員だった。

鳩山由紀夫の「友愛」も、本来は純粋な動機に発しているのだろうが、結果的には金主として利用され、母屋を旧社会党議員に乗っ取られる事になった。結党時の資金は鳩山家から15億、残り10億を連合から借り入れたという。（wikipedia民主党（日本1996―1998）令和元年五月四日閲覧）党そのものが労組と資金上の関係を持っていれば、保守系議員も徐々に、迎合や変節をせざるを得なくなるのは当然であろう。

こうして、共産を除く野党が、社民党、民主党、新進党へと再編を終えた十月二十日、初の小選挙区比例代表並立制による総選挙が行われた。

結果は、自民が２３９議席を獲得して復調し、新進党は改選議席を維持できず１５６に後退、民主党は52で現状維持、共産党は26と議席増、一方、社会党から党名変更した社民党は15議席に激減した。

社民党を国民ははっきり見放した一方、看板を掛け変え、表の顔にさきがけの鳩山由紀夫と菅直人を並べた民主党は党勢を維持した。

投票率は戦後最低の59・65％だった。

国政が混迷を深めていたこの頃に国民の政治的関心が低調だった事は、経済の低迷が長引く大きな原因となった。マスコミの政治報道が恣意的で、国民の命運にかかわる政策論争の本質を全く突かず政局本位である事と、政治的関心の低さは相関関係にある。その後、平成二十年代、ネット社会となり、マスコミ報道を相対化する政治経済情報が流布された後、若年層の政治的関心や判断が大きな影響力を持ち始め、政治状況は明らかに改善した。


世界は、雪解けが続く。

一月にはアラファトＰＬＯ議長が、パレスチナ自治政府の初代議長に就任した。アラファトは、パレスチナ解放運動及びゲリラ指導者であり、長年強硬派としてイスラエルと対立していたが、その後穏健路線に転じて歴史的な和平協定を果たした。

中国の李鵬《りほう》首相は、三月の全人代で、5か年計画で年平均成長率の目標を8%と表明した。いよいよ中国の高度成長期の到来である。

三月には李登輝《りとうき》が、台湾初の総統国民直接選挙で当選した。台湾は中国とは異なる道を歩み、李登輝の貢献もあって議会制民主主義が成立した。李は、中国大陸への回帰をスローガンとしていた前総統の立場を改め、「台湾中華民国」という呼称のもと、中華民国の本拠地を台湾としつつ、中国との関係の安定化にも貢献した。

五月、北京とイスタンブールを繋ぐ総延長1万200㎞のシルクロード鉄道が開通した。

六月のリヨンサミットでは、「ダーラン米軍関係施設爆破事件」が発生したことを受け、テロ根絶の特別宣言が採択された。

七月、中国は通算45回目の核実験を実施し、今後核実験を凍結すると宣言した。実験の不要な段階に達したという事である。

十一月、アメリカではクリントンが再選され、民主党政権が後4年続く事になった。

国内では一月、公安調査庁が、破壊防止法によるオウム真理教の解散命令を検討したが、結局適用を見送り、後の平成十一年十二月、オウム専用の特措法として団体規制法を制定し、残党団体を公安の監視対象とする策をとった。

四月には坂本弁護士一家殺害事件の前にＴＢＳ取材者がオウム側に坂本弁護士の取材映像を見せていた問題を受け、ＴＢＳの磯崎洋三社長が国会に参考人招致され、後に辞任した。

五月には、前年九月に村山政権で合意が成立した最終解決案が実施され、16年続いていた水俣病訴訟で、被害者とチッソ側の紛争解決のための協定が成立した。

七月、建築家の安藤忠雄が世界文化賞を受賞した。高い精神性を湛える建造物を多数手がけてきた安藤は、後に表参道ヒルズ・東急東横渋谷駅なども手掛ける。

又、堺市の小学校でＯ１５７の集団食中毒が発生し、６０３１人が感染する大きな事件となった。

十二月にはペルーで日本大使公邸の天皇誕生日祝賀パーティーがゲリラ組織の襲撃に遭い、約６００人が監禁された。その後、男性以外全員が解放されたが、特殊部隊の突入までの約４ヶ月間監禁状態が続いた。平成九年冒頭に掲げた御製は、天皇が自身の誕生日祝いの場で監禁された人々を案じる御気持ちを詠まれたものである。

この年には当初高価で普及しなかった携帯電話も普及し始めた。平成改元前後からは無線通信機器のポケットベル（ポケベル）が、平成七年にはＰＨＳ（「ピッチ」）が流行したが、この年、携帯電話会社は価格競争に突入し、平成八年末には携帯電話普及は、２６９０万件に達した。

また、平成七年に、インターネット接続機能が搭載されたWindows 95が発売され、この年にはインターネットプロバイダーのSo-Net、ＯＣＮ、ポータルサイトのYahoo!Japan、Infoseek Japanが開業した。

固定電話とテレビの時代から、携帯電話とインターネットの時代への転換が始まりつつあった。そうしたこの年に、援助交際が社会問題化したのは、何とも淋しい。デフレ不況、生活水準の低下の中で、携帯電話によるプライベートな通話が可能になった途端、未成年の女子たちが事実上の売春に走り始めたのだった。

中年も負けていない。渡辺淳一の『失楽園』が中年の不倫性愛を生々しく描き話題となった。貞操観念の堅固だった高度成長期の良き父、良き母としての中高年層が、バブル崩壊後の不安定な世相の中、ポケベル、携帯電話の普及と共に不倫に走り始めた世相を反映していた。

この年はMr.Chirdrenの「名もなき詩」が２３０万枚でベストセラーとなる一方、安室奈美恵の「Don't wanna cry」が１３８万枚のヒットとなった。安室をプロデュースしたのはシンガーソングライター出身の小室哲哉である。小室はシンセサイザーとリズムパターンが特徴的な小室サウンドで一世を風靡した。小室のプロデュースしたＴＲＦ、安室奈美恵、ｇｌｏｂｅ、華原朋美は次々とミリオンヒットを出し、「小室ファミリー」と呼ばれた。小室がプロデュースしたシングル・アルバムは1億７０００万枚以上を売り上げ、一時代を築く。

テレビドラマは木村拓哉と山口智子の「ロングバケーション」が人気を博した。木村、山口ともに人気が急上昇する中での放映で、放送日の月曜日にはＯＬが街から消えると言われるほど流行した。竹野内豊や松たか子、広末涼子らが共演し、彼らの本格的な演技力によって、この後テレビドラマ全盛期を日本は迎える。

慶応大学の医師近藤誠の『患者よ、がんと闘うな』がベストセラーとなった。癌は死因として急増していたが、手術・放射線・抗癌剤の三大治療法による延命効果はこの頃、現在に比べて低かった。医療による癌治療効果が低い為、アガリスク、ノニをはじめとする健康食品が過剰なブームになるなど、有効な癌治療の決め手がない中、近藤は癌検診の無意味さ、無理な治療による苦痛増加の問題を説いた。現代医療側からの告発だった為、大きな論争を呼んだのである。

論争と言えば、この年、文藝春秋から多数の論客による国家論とデータを揃えた年刊『日本の論点』の刊行が始まった。論客１１２名、８３０頁、中曽根康弘、鳩山由紀夫を筆頭に、西部邁、國弘正雄、江川紹子、森功、福島瑞穂、中西輝政、長谷川三千子、西尾幹二まで、対立する論者を広く採用し、時代の論点をよく代表し得ている。

その後文藝春秋を始め、本来異なる立場の論客を並収すべき論壇・出版界が極端にタコツボ化する言論の自殺が平成最後の10年を覆うに至ったのは何とも残念だ。その事と関係するが、この当時の「論点」の多くが、今も尚、知的緊張感のないまま語られている有様に、日本の知識人の問題解決能力のなさを見ざるを得ない。例えばこの年の『日本の論点』の中で、竹中平蔵は「規制緩和がなければ日本経済はハードランディングする」と言い、佐伯啓思《さえきけいし》は「文化のあり方を考えない自由主義万能は人類を幸福にしない」と論じているが、こうした議論が検証や批判により新しい認識の地平を拓けぬまま、どちらの主張も今日まで延々と繰り返されているのである。

論争に決着を付けず、表層的なスローガンを追い党派化を続けた平成論壇の体質こそは、日本にダイナミズムが生じない根本原因の一つだろう。

この年、学術の上で特筆すべきは、漢文学者白川静個人執筆の漢和辞典『字通』の刊行だ。既に刊行されている『字統』『字訓』に加え、白川の字典3部作の完成とされた。白川は甲骨文字、金文など初期漢字の成立を厖大な古代史料の研究をもとに系統化した。画期的な業績だが、一方で、その字解に全面的に呪術的要素を持ち込んだ点は実証不可能である為、批判もある。

山口昌男『「敗者」の精神史』は、淡島寒月、土田杏村ら変わり者や、三越の変遷などを通じて、一般通史とは違う近代日本を曼荼羅のように描いた。平成の基調となってきた文化人類学の手法による新たな歴史の捉え直しである。

田中明彦『新しい「中世」』は冷戦後の世界を、秩序の解体してゆく「新しい中世」と捉えた。フクヤマ『歴史の終わり』、ハンチントン『文明の衝突』などと共に、冷戦後の世界を構想する極めて質の高い論考だ。田中独自の視点で、世界各国を「新中世圏」「近代圏」「混沌圏」に分類しつつ、日本の安全保障の観点から書かれた本書は、田中が政府委員を歴任してきた事もあり、日本の外交戦略に好影響を与えている。

二月、戦後昭和を代表する歴史小説家の司馬遼太郎が72歳で、八月には『男はつらいよ』の寅さん役渥美清が68歳で亡くなった。司馬遼太郎の戦国時代小説『国盗り物語』、『新史太閤記』、『関ヶ原』、維新小説『竜馬がゆく』、『翔ぶが如く』、『坂の上の雲』は、国民の歴史への関心、思想的な教養、文学的情操、健全な愛国心を喚起した。司馬が、マルクス主義、反日自虐史観全盛期に保守思想の牙城となった事の意義は大きい。

昨今、司馬は、明るい明治時代と軍部によって道を誤った暗黒の昭和戦前を対比する「司馬史観」や、小説中の歴史記述とフィクションの混在を、しばしば批判される。

私はそうした批判を採らない。

司馬の作品は、人間像に大きな魅力がある。空海であれ、竜馬であれ、秋山兄弟であれ、斎藤道三、豊臣秀吉、徳川家康であれ、項羽や劉邦であれ、それは変わらない。これは歴史への想像力であって、空想ではない。人物像そのものでここまで魅せる小説を書けた作家は近代日本に存在しないのである。

文章も素晴らしい。純文学、大衆文学の垣根を払っても、司馬の文章は、川端康成、小林秀雄、石川淳、大岡昇平、幸田文、永井龍男、三島由紀夫ら同時代最高の名文家たちに比肩する。司馬の文章は沸き立つように躍動する。

これだけ品格ある名文の書ける歴史小説家が誕生し、幅広く読まれていた事は、昭和戦後文化の厚みと高さを示して余りある。

一方、渥美清の代表作「寅さん」シリーズは、昭和の大衆の哀歓を代弁する存在だった。寅さんは小学校卒で、結婚もできない渡世人だ。が、その一家が繰り広げる笑いと涙は、善良さと人情の真実味において際立っている。作品の詩情、男女の節度ある愛は、日本近代の大衆のモラルの水準を示している。

奇しくも、昭和の大衆文化を代表し、モラルと藝術的完成度と大衆への圧倒的な浸透を誇った二人がこの年、共に世を去った。

一方、戦後左派論壇の雄だった政治学者丸山眞男（82）と社会学者大塚久雄（89）が相次いでこの年死去したのも興味深い符合である。丸山は昭和二十七（１９５２）年、『日本政治思想史』を発表し、江戸思想の近代的研究を確立したが、寧ろ、左派のオピニオンリーダーとして脚光を浴びた。しかし、戦前の日本を「日本ファシズム」と断罪し、「戦後民主主義の虚妄に賭ける」としたその政治的ポーズは浅薄で、戦後日本のリベラリズムの底の浅さの原因となったと私は考える。むしろ、学究としての主著『文明論之概略を読む』『忠誠と反逆』などに見るべき価値があり、これらは思想研究の古典と言ってよい。大塚はカール・マルクスとマックス・ウェーバーの方法を統合して経済史を構築し「大塚史学」と呼ばれたが、イギリスをモデルにして日本を後進国と見做す大塚史学の枠組みは今日有効性を失っている。

また、世界的な作曲家武満徹（65）もこの年亡くなった。代表作「ノヴェンバー・ステップス」を始め、世界中のコンサートレパートリーに定着した例外的な現代作曲家と言える。『砂の女』（勅使河原《てしがはら》宏監督　昭和三十九（1964）年）『乱』（黒澤明監督　昭和六十（1985）年）など映画音楽にも新境地を開いた。

東京初台のオペラシティに翌平成九年に完成したコンサートホールは、ウィーン楽友協会大ホールを模して最高級の音響を誇るが、タケミツメモリアルホールと命名されている。

平成九年　1997年

御題　在ペルー日本大使公邸占領事件

我が生《あ》れし日の祝ひたる集ひにてとらはれし人未だ帰らず　御製

御題　大震災後三年を経て

嘆かひし後《のち》の眼《まなこ》の冴えざえと澄みゐし人ら何方《いづかた》に住む　御歌

私の誕生日祝いの為に集まってくださった方々が、テロリストたちの人質として囚われたまま、いまだ解放されていない。何と心痛む事でしょうか。

阪神大震災の被災に嘆き通した後、改めて暮らしを再建する意志に奮い立ち、澄んだ強い眼をしていたあの人たちは、今どこに住んでいるのでしょう。

政権　②橋本龍太郎（自民党）

国内

1・30 公安審査委員会、オウム真理教への破防法適用の破棄を決定。
2・24 小和田恒国連大使、「尖閣諸島は日本の領土」とした書簡をアナン国連事務総長に提出。
4・1 消費税、3％から5％に引き上げ施行。
4・25 大蔵省が日産生命保険に業務停止を命令。生保初の経営破綻。
5・6 新進党の西村眞悟代議士や石原慎太郎・元運輸相ら十数人、尖閣諸島上陸。
5・8 アイヌ文化振興を国・地方自治体の責務と明文化したアイヌ新法成立。
6・18 持株会社解禁の改正独占禁止法・金融政策の独立性高揚等の改正日銀法各公布。
5・27 神戸市の中学校正門前で小6男児の切断された頭部を発見。**6・28**殺害容疑で14歳の中学3年男子を逮捕。
6・17 臓器移植法が成立。
8・21 政府、北朝鮮と国交正常化交渉再開に向けた予備会談を5年ぶりに北京にて再開。
9・23 日米政府、有事の対米協力拡大を含む新しい「日米防衛協力のための指針」で合意。
10・1 長野新幹線が開業。
10・10 国内初のオペラ・バレエの専用劇場をもつ新国立劇場が開場。
11・2 日ロ首脳会談、「2000年までに日ロ平和条約を締結するよう全力を尽くす」と合意。クラスノヤルスク合意。
11・16 サッカー日本代表がイランに勝利。初のワールドカップ出場を決める。
11・17 北海道拓殖銀行破綻。**11・22**山一證券破綻。
12・5 財政構造改革法公布。
12・7 介護保険法公布。
12・27 新進党、両院議員総会で解党を決定、6党に分裂。
国内総生産（GDP）が前年度比0・7％減と23年ぶりのマイナス成長。

国外

2・19 中国の最高実力者鄧小平が死去（92）。
4・22 リマの日本大使公邸人質事件、ペルー軍特殊部隊の武力突入で終結。ゲリラ14人全員射殺。
5・1 英総選挙、労働党大勝。**5・2**ブレア党首が首相に。
7・1 香港、英から中国に返還。
7・2 アジア通貨危機。
8・31 ダイアナ元英皇太子妃、パリで交通事故死（36）。
9・18 オスロで対人地雷全面禁止条約を採択。
10・8 北朝鮮、金正日が朝鮮労働党総書記に就任。
12・1 温暖化防止京都会議が開幕。
12・19 韓国大統領選、野党・国民会議の金大中が当選。

世相

4月　JR初乗り料金130円に値上げ。
7月　人気玩具「たまごっち」の出荷総数が1000万個に到達。
8月　文部省、不登校の児童生徒が急増し9万4000人を超すと発表。
10月　酒税改定でウイスキーは値下げ、焼酎は値上げに。
12月　過労自殺が初めて労災に認定。
交通事故死、9年ぶりに1万人を切る。
【流行】失楽園、マイブーム、『うなぎ』、『もののけ姫』、『タイタニック』（米）、『ラブ・ジェネレーション』
【物故者】藤沢周平（70）、勝新太郎（66）、井深大（89）、伊丹十三（64）、三船敏郎（77）、星新一（71）

自分史

金融大破綻の一年だった。

この5年来、株価、地価ともに低迷が続き、不良債権は日々含み損を増大させていた。それがついにこの年、金融危機として炸裂したのである。

三月、野村證券が総会屋親族企業への利益提供を認め、酒巻英雄社長が辞任した。

四月には日産生命保険が倒産した。生保の経営破綻は初めてだ。負債総額は約2兆1000億円である。

七月にはタイ通貨のバーツが暴落し、東南アジア各国の通貨が暴落した。

アジア通貨危機である。先進国による投資と輸出で急成長したタイ経済だったが、アメリカが打ち出した「強いドル政策」に端を発して通貨が暴落し、フィリピン、インドネシア、韓国などに波及したのだ。

日本は、この後合計800億ドルの資金援助を行い、後にアジア版IMFにあたる「アジア通貨基金（AMF）」の設立を提案したが、日本の存在感の増す事を恐れる米中に反対され、構想は実現していない。一方、今や中国がAIIBを創設し、アジア広域経済の盟守になろうとしている。

十一月三日には三洋証券が負債総額3736億円で倒産した。

十一月十七日には北海道拓殖銀行が倒産し、北洋銀行に営業権を譲渡した。都市銀行で初の経営破綻だ。

その1週間後には、四大証券会社の一角、山一證券が自主廃業を決めた。当日の朝まで廃業は社員にも知らされず、社員たちは既に会社がなくなっていることに朝の出社によって気がついたという。記者会見で「私らが悪いんであって社員は悪くありませんから！」と号泣する野澤正平社長の姿が繰り返し報道された。

ところが、金融の大規模な破綻連鎖が生じ始めた丁度この四月一日に、橋本は消費税率の3％から5％への引き上げを断行したのである。歳出削減と並び、橋本最大の失政であろう。橋本自身、後年、自らのブログでこの増税判断を国民に謝罪している。

だが、橋本は外交では結果を出している。十一月、ロシアのエリツィン大統領との首脳会談で「2000年までに領土問題を解決し、平和条約を締結することを目指す」とするクラスノヤルスク合意が発出されたのである。だが、残念なことに、この後エリツィンが退陣し、後任のプーチンは日ソ共同宣言の「領土問題は解決済み」との立場を出ようとしないまま、日ロ交渉は再び膠着状態に戻る。

また、十二月に成立を見た介護保険法は、その後の高齢化社会に対応する基盤となった。昭和三十八（1963）年の老人福祉法では高齢者医療が無償とされたが後に破綻し、医療分野に関しては老人保健法で有償化する事によって切り抜けた。だが、高齢化社会の中、医療とは別に介護を保険の対象とする必要が生じ、ここに公的介護を初めて制度化したのである。

一方、小沢一郎はまたもや政局を仕掛け始めた。十二月二十七日の新進党議員総会で解党を決定し、6党に分裂することになったのである。前年の総選挙での敗北の後内紛が絶えず、盟友羽田孜とも袂を分かち、細川護煕も脱党するなど、この頃小沢の求心力は低下の一途を辿っていた。小沢は『日本改造計画』で目指した政策を橋本が着々と実現している中で、多数派工作から一度手を引き、理念を共有する54人の議員による自由党を立ち上げた。橋本によって安定を取り戻した自民党と連立する為の布石であろう。

平成九（1997）年度の企業倒産は7439件、負債総額は前年度を65％上回る15兆1203億円と戦後最悪となった。国内総生産（GDP）は前年度比で0・7％減（実績値発表時）となる。マイナス成長は23年ぶりの上、0・7％減は年度統計上戦後最悪の数字だった。路上生活者＝ホームレスが急増し、青テントの集落が都心の一角に目立ち始めるはこの頃からだ。

バブル崩壊後すぐに日雇い仕事がなくなってしまったわけではない。不況になれば公共事業が発注され、日雇い労働はむしろ増える。ホームレスの急増は日本企業が安価な労働力を海外に求めるようになったことが主因だった。

荒涼たる経済状況の中、日本の世相は荒廃が進む。

繁栄の夢から覚めた後の奈落である。
五月には神戸市須磨区で小学校6年生の男子生徒の切断された頭部が発見された。女児4人も
この時期に相次いで殺傷されていた。
酒鬼薔薇聖斗なる殺人犯から挑発的な手紙が警察に届いた。

さあゲームの始まりです
愚鈍な警察諸君
ボクを止めてみたまえ
ボクは殺しが愉快でたまらない
人の死が見たくて見たくてしょうがない
汚い野菜共には死の制裁を
積年の大怨に流血の裁きを
（謎のマークの絵）ＳＨＯＯＬＬ　ＫＩＬＬＥＲ
学校殺死の酒鬼薔薇

1ヶ月後、中学3年の男子生徒が逮捕され、日本中に衝撃が走った。

鑑定した精神科医の杉本研士によると、少年は「自分以外は人間ではなく野菜と同じだから切断や破砕をしてもいい、誰も悲しまないと思う」と供述したという。（『未解決―封印された五つの捜査報告―』一橋文哉　新潮社）

平成二十七（2014）年に少年Aの手記『絶歌』が出版されたが、それについて杉本は、6年半かけた更生の全てが台無しになったと語っている。

オウム真理教に高学歴者たちが入信し、大量死を目指すテロが行われた。一方で宮崎勤や酒鬼薔薇聖斗のように、恨みや金絡みの実利も、感情の動揺もなく人を殺《あや》める若者や少年が出現する。人間を人間たらしめてきた「感情」という領域に、重大な欠損が生じ始めていたのではないか。かつて革命運動の中で、集団狂気と化していく浅間山荘事件、連合赤軍による連続殺人事件の永山則夫の死刑執行もこの年である。

しかしオウム真理教、宮崎勤事件や酒鬼薔薇聖斗事件は連合赤軍のような政治イデオロギーへの狂信とは違う。昭和の狂気は信念の狂気だが、平成の狂気は、感情の空白という名の狂気だと言えばいいのだろうか。人権ファシズム、モンスター化、ハラスメント狂騒曲、魔女狩り的な他責・リンチ社会――日本人の感情生活は平成年間、悲しむべき荒廃を変奏し続ける事になる。

十月には長野新幹線が開通し、東京―長野間が最速約1時間40分で結ばれるようになった。

同じく十月、東京初台に、日本初のオペラ・バレエ専用劇場である新国立劇場が開場した。中規模のオペラハウスである為、海外の名門オペラ――ミラノ・スカラ座、ウィーン国立歌劇場、メトロポリタン歌劇場など――の引越公演では引き続きＮＨＫホール、上野の東京文化会館が使用されたが、毎月日本のオーケストラを起用してオペラが上演される事で、日本のオペラは確実に育ち続けている。

十二月には過労自殺が初めて労災に認定された。

この年、文部省は、不登校児が９万４０００人を超し、保健室登校児童も1万人を超えると発表した。

又、この年、ヤマト運輸の宅急便が、小笠原諸島の父島・母島で営業を開始し、離島を含む全国展開が完了した。ヤマト運輸の小倉昌男は、小物の配送が長年郵便小包と鉄道小荷物しかなかった中で、民業としての宅配便の先鞭をつけてきた。郵便による民業圧迫と戦いつつ、今や、宅配便は、ヤマト運輸の宅急便、佐川急便の飛脚宅急便を軸に年間37億超個（平成二十七年）を取り扱い、日本の物流の中核を担うに至っている。

文学では、村上龍『イン・ザ・ミソスープ』が快楽殺人、多重人格など、その後一般化する人間性崩壊を、激しいタッチで描き出し、読売新聞連載中から話題になった。

小島信夫『うるわしき日々』は、80歳を超えた老人が、健忘症を募らせる妻と50歳を過ぎたアルコール中毒の息子に翻弄される日々を描いた。こちらは円熟の筆だが、やはりその後加速する社会現象を先取りし、文学として緊密な世界を展開している。

ドナルド・キーンの『日本文学の歴史』の翻訳刊行が完結した。最も詳しく、読み易い通史として、今に至るまで日本文学への信頼できる道しるべとなっている。キーンは川端康成、吉田健一、三島由紀夫ら昭和の大文学者との交遊の証人であると共に、日本文学最大の海外への紹介者だった。

中西進『源氏物語と白楽天』は万葉学者による源氏物語論である。源氏にしばしば引用される白楽天と紫式部の共鳴を比較文学として描き出している。

中西輝政『大英帝国衰亡史』は世界を制覇したイギリスが、19世紀から20世紀初頭、如何なる原因で衰亡するに至ったかを簡潔だが深みある記述で分析した。だが、こうした世界史理解に基づき日本の衰亡を未然に防ごうとする中西の志は、残念ながら平成の終りに至っても大きな日本の戦略変化を生むには至らなかった。

一方、川勝平太『文明の海洋史観』も、ダーウィン、マルクスの唯物史観を超克し、京都学派の今西生態学、その応用である梅棹忠雄の文明の生態史観を、ウォーラステインの近代世界システムと接合しつつ、文明の海洋史観を提唱し、21世紀日本の国家構想に及んでいる。残念ながら川勝はこの後静岡県知事に転身、学問を通じて平成日本の再建をする重要な担い手が一人知の世界から消える事となった。

鷲田小弥太『昭和の思想家67人』は、左右のイデオロギー的立場に偏せず、昭和初期の大宅壮一、芥川龍之介、宮本顕治から、昭和天皇崩御までを描く。緻密な論考とは言えないが、布置を大きく取り、思想的立場に偏さぬ思想史の類書が殆ど存在しない中で貴重な叙述である。

五月にはカンヌ国際映画祭で今村昌平監督『うなぎ』がグランプリを受賞し、河瀬直美監督の『萌の朱雀』も新人監督賞を受賞した。九月には北野武監督の『HANA-BI』がベネチア映画祭で金獅子賞を獲得、日本人の受賞は、稲垣浩監督、三船敏郎主演の『無法松の一生』以来約40年ぶりの事だ。

一方、三谷幸喜の映画『ラヂオの時間』は、生放送による1本のラジオドラマが、紆余曲折を経ながら進行していく様を笑いと感動を呼ぶ物語に仕上げている。三谷は今日に至るまで『古畑任三郎』、『ザ・マジックアワー』など、多湿的な日本の演劇風土とは無縁の、機知に溢れた笑いをヒューマンな味わいに仕上げ、良質なコメディを提供し続けている。

又、宮崎駿監督のアニメ映画『もののけ姫』が日本映画の歴代興行記録第1位となった。宮崎が長期の構想を経て実現したライフワークであり、人類の営為の中で起こる憎悪や闘争、自然破壊などの問題を、日本の中世を舞台に描いている。極めて魅力的で、鉄、爆弾、山林破壊など人間の文明の宿命を告発する思想性も評価できるが、『風の谷のナウシカ』のような「神話」を、最早宮崎は信じる事ができない。その為、結末では森の神の死、動物界の破壊に対し、人間側には死も悲劇も起きず曖昧なハッピーエンドとなる。宮崎が引退を表明したのはこの作の思想的限界の自覚からだろうが、後に創造力に富む作品を数々生み出し再起した。ただし「神話」は最早語られず、後期宮崎映画は全て「童話」「寓話」となる。

この年はハリウッド映画『タイタニック』も大ヒットし、国内興行収入262億円で歴代2位となる。映画の当たり年だった。

藤沢周平が亡くなり、池波正太郎、司馬遼太郎に続き、時代小説の三巨匠が平成最初の10年で全員鬼籍に入った。池波67歳、司馬72歳、藤沢69歳。いずれも早逝である。極度に濃密な文体によるベストセラー小説の量産は心身に大きな負担となるのである。その後彼らに匹敵する文学的香気高い歴史小説は現在まで出現を見ない。

この年は又、萬屋錦之助(65)、杉村春子(90)、西村晃(74)、勝新太郎(66)、伊丹十三(64)、三船敏郎(77)と、昭和戦後を代表する大俳優や映画監督が相次ぎ亡くなった。眼光鋭い圧倒的な存在感の萬屋、性格女優として文学座の重鎮を長年務め、小津映画の重要な脇役でもあった杉村、不世出の座頭市、タテと強烈なキャラクターで忘れられぬ感銘を残す勝、世界のミフネ……。彼らはいずれも藝の鬼であり、圧倒的な演技力を持つ一方で、芸術表現における倫理的規範でもあり続けた。

こうした昭和の表現者らが次々に鬼籍に入った後、平成日本では、スポーツ等若干の分野を除き、規範となる人間力、人間の倫理的迫力そのものが喪われてゆく。昭和は甚しい混乱と暴力と汚辱が、美と倫理と崇高と、拮抗していた。平成日本は、偽善と魔女狩りで「出る杭」を打ち続け、マーケットの論理が幅を利かせ、新時代を代表する大きな「本物」が育たなかった。

オウム真理教テロ事件、酒鬼薔薇聖斗、金融破綻の無責任連鎖、ブルセラ女子高生の援助交際、大量の不登校児童……。昭和は既に遠い。

平成十年　1998年

御題　英国訪問

戦ひの痛みを越えて親しみの心育てし人々を思ふ　御製

御題　うららか

ことなべて御身《おんみ》ひとつに負ひ給ひうららら陽《ひ》のなか何思すらむ　御歌

先の大戦で日本と戦った痛みを越え、親交を深めてきたイギリスの親日家の皆さんの営々たる努力を偲んでいます。

日本国のあらゆる根本を御身一つに背負いあそばしながら、陛下はうららかな日差しの散策の中、何をお思いになっているのでしょうか。

政権：②橋本龍太郎（自民党）／小渕恵三（自民党）

国内

4・5 明石海峡大橋が開通し、本四連絡橋神戸—鳴門ルート全線開通。
4・27 民主党結成（民主・民政・新党友愛・民主改革連合の4党合同）、代表に菅直人、幹事長に羽田孜。
5・30 社民党、橋本内閣への閣外協力の解消を決定。
6・12 中央省庁等改革基本法公布（平成13年から現22省庁を1府12省庁に再編）。
6・22 金融監督庁が発足（大蔵省の金融検査監督部門を分離）。
7・12 第18回参院選。自民党は改選議席61から45へ惨敗、民主・共産躍進（自民45、民主27、共産15、公明9、自由6、社民5等）。
7・13橋本首相、自民党総裁辞任を表明。
7・21 日本共産党の不破哲三委員長、江沢民中国共産党総書記と会談（両共産党の党首会談は32年ぶり）。
7・25 和歌山市の自治会の祭りでカレー毒物混入事件、4人が死亡、62人が中毒症状に。
7・30 小渕恵三内閣発足。蔵相宮沢喜一、経済企画庁長官に堺屋太一（民間）。
8・7 政府、首相直属の諮問機関として「経済戦略会議」の設置を決定。
9・19 羽田—福岡間にスカイマークエアラインが就航。定期航空への参入は35年ぶり。
10・12 金融再生関連4法案が可決。
10・16 埼玉医大で国内初の性転換手術を実施。
10・23 日本長期信用銀行に初の銀行固有化を適用。
11・12 日ロ首脳会談、「国境画定委員会」の設置などで合意（モスクワ宣言）。
11・15 沖縄県知事選、自民党県連等が推す稲嶺恵一が大田知事を破り初当選、革新県政が敗北。
11・25 中国・江沢民国家主席、初の日本公式訪問。首相、会談で戦争責任の「反省とお詫び」を口頭で表明。
12・1 特定非営利活動促進法（NPO法）施行。

国外

3・19 インド、ヒンズー至上主義の人民党が連立政権樹立。
5・11 インド、24年ぶり核実験。
5・28 パキスタン、初の核実験。
6・27 クリントン米大統領訪中、首脳会談で台湾の独立を支持しない方針を表明。
8・31 北朝鮮「テポドン1号」発射、三陸沖に落下。北朝鮮、人工衛星打ち上げと発表。日米はミサイルとの見解発表。

世相

4月 老年人口が初めて子供人口（15歳未満）を上回る。完全失業率、初の4％台に。
5月 若乃花横綱昇進、弟の貴乃花と初めての兄弟横綱が誕生。
8月 東京23区ホームレス急増、4000人を突破。全国100歳以上の高齢者1万人を突破。
【流行】キレる、環境ホルモン、モラル・ハザード、学級崩壊、ビジュアル系、宮部みゆき『理由』、平野啓一郎『日蝕』、小林よしのり『戦争論』、『HANA-BI』、『踊る大捜査線』
【物故者】石ノ森章太郎（60）、堀田善衛（80）、黒澤明（88）、淀川長治（89）、白洲正子（88）

自分史

前年勃発した金融危機は、当初の予想を遥かに上回る不良債権によるものだったことが判明した。一月十二日、大蔵省は銀行の自己査定による不良債権総額が前年秋の数値で76兆円に及ぶ事を公表したのである。

当時の国家予算1年分に近い途方もない金額である。

関係者が皆で見て見ぬふりをしている内に経済状況の悪化により債権の不良化が促進するという最悪の循環が事をここまで深刻にしたのだ。

橋本政権は、二月には金融機能安定化緊急措置法を成立させ、大手21行に1兆8000億円を投入した。だが、資金量が少なすぎ、効果は薄かった。

連鎖倒産も相次ぎ、完全失業率も初めて4％を超えた。年間自殺者数が前年より8000人以上増加して、この年初めて3万人を超える。特に50代の自殺が急増したのは痛々しい。東京23区のホームレスも4000人を突破した。

禍々しい金融不祥事も絶えない。

一月二十六日には大蔵省の金融証券検査官が収賄容疑で逮捕され、それを受けて三塚博蔵相が辞任した。最高官庁のエリートがノーパンしゃぶしゃぶという如何わしい飲食店で度々接待を受けていたことが憤激を買った。バブルの後始末もつけず、景気対策も打たず、金融危機への対処を政治家に進言もせず、監督すべき金融機関の下品な接待を受けていたわけである。

三月には日本銀行の証券課長が収賄容疑で逮捕され、松下康雄日銀総裁が引責辞任した。後任には日商岩井相談役であった速水優が就任する。この人事は最悪だった。速水は現況を「良いデフレ」とし、消極的な金融政策で不況の長期化を招いたのである。英エコノミスト誌は「世界で最悪の中央銀行総裁」とまで酷評している。(The Economist. Feb 12th 2004)

六月には日本版金融ビッグバンの具体化を図る金融システム改革法が成立した。早い話、証券市場への銀行の参入自由化だが、これまでも銀行は証券会社を持っており、金融不祥事の最中の自由化に、世評は芳しくなかった。

一方、同じ六月には、中央省庁等改革基本法が成立したが、これは外交と並び最も大きな橋本の功績だったと言える。

縦割り行政の弊害を改めるとして22省庁を12省庁に統廃合したことに意義があったかには疑問が残るが、橋本行革の要は首相権限の強化にあった。

法律には基本方針の冒頭に「内閣の機能を強化し、内閣総理大臣の国政運営上の指導性をより明確なものとし、並びに内閣及び内閣総理大臣を補佐し、支援する体制を整備すること」と明記されている。首相に閣議での発議権を与え、内閣官房を直接指導する権限が明確化された。さらに、従来の総理府、経済企画庁、沖縄開発庁を内閣府とし、内閣府に首相の権限で特命の担当相を置く事ができる。この首相権限強化は、後の小泉純一郎と安倍晋三によって最大限に活用され、国政の安定と大胆な外交を展開する上での最大の足場となった。また、特命大臣としては、小泉内閣時代の竹中平蔵経済財政政策担当大臣、中山恭子拉致担当大臣、安倍内閣時代の甘利明経済財政政策担当大臣が目覚ましい成果だったと言える。

六月には厳しく非難された大蔵省を解体し、金融検査監督部門を金融監督庁として独立させた。十月には金融再生関連法が成立、金融再生委員会が十二月から稼働を始めた事も評価に値する。

十月二十三日に、日本長期信用銀行が負債総額2兆4000億円という過去最大の負債規模で倒産し、国有化された。

金融保護と再生への政権の全力の取り組みにもかかわらず、この年、実質GDP成長率はマイナス1・1％と、第一次石油ショック時の昭和四十九（1974）年のマイナス1・2％以来のマイナス成長を記録した。

橋本は、国家方針を明らかにした上で、金融危機への対処、日米関係の再定義、行政改革の三つを断行した。大きな実績と言える。

が、国民の判断は厳しかった。戦後最悪の不景気、金融不安、消費増税、大蔵省や日銀の不祥事が噴出する中で行われた七月の参議院選で自民党は惨敗し、民主党と共産党が議席を伸ばした。

橋本は総裁を辞任、総裁選では小渕恵三と梶山静六、小泉純一郎が名乗りを上げ、小渕が勝ちを制した。七月三十日の発足直後には、ニューヨーク・タイムズから「冷めたピザ」と酷評され、支持率25％の超不人気内閣としてスタートしたが、小渕は、蔵相に宮澤喜一元首相、経済企画庁長官に堺屋太一を迎え、経済再生を至上命題として、猛スピードで政治課題を片付け始める。興味深い事に、小渕政権は、通常のパターンと逆に、就任後に支持率を上げ続け、就任9ヶ月目から30％台、1年目に40％台（調査によっては50％台）に達した。

小渕は政敵や政治評論家などに、誰かれ構わず直接電話をかけて陽気に語りかけた。電話魔だったブッシュ大統領の電話がブッシュホンと言われたのになぞらえブッチホンと言われたものである。「凡人宰相」「ボキャ貧」などと言われても飄々《ひょうひょう》と受け流してみせたが、実際には平成史で特に優れた宰相の一人だったと言える。

八月には経済戦略会議を設置し、宮澤や堺屋を起用して大規模な経済対策の実行に取り掛かる。首相官邸主導の始まりと言える。

また、中小企業への貸し渋り対策として閣議決定により創設された「中小企業金融安定化特別保証制度」は、「1万社の倒産、10万人の失業、2兆円の民間企業の損失を回避」させることができた（中小企業庁）。

九月には、日米間で、戦域ミサイル防衛（ＴＭＤ）構想の共同技術研究の推進で一致した。

十月には早くも金融再生関連4法案を成立、即座に公布した。

十一月には、ロシアのエリツィン大統領と会談し、北方領土問題解決に向けた国境確定委員会の設置他、「モスクワ宣言」を発出して橋本の業績を着実に継承した。

ただし、田中派の悪しき伝統を継ぎ、アジア外交には禍根を残した。金大中韓国大統領が十月に来日した際、小渕は過去の植民地支配の反省とお詫びを表明し、十一月、江沢民国家主席の公式訪問に際しても、首脳会談で小渕は、戦争責任について反省とお詫びを表明し、共同宣言に「侵略」という言葉を明記し、台湾を差し置いて「一つの中国」という中国共産党の立場を容認したのである。これは小渕の失政だった。

一方、前年暮れ、小沢が新生党を解散して少数政党の党首に後退した後、野党の政局は小沢抜きで進んだ。

三月、細川護煕を事実上の世話人として、民主党と、新生党の旧自民党系である民政党、新生党の旧民社党系である新党友愛、労働組合「連合」を母体とする民主改革連合の4党が合流し、新たな民主党の結成を決定した。

四月、新・民主党は所属国会議員１３１人（衆議院議員93人、参議院議員38人）、初代党代表に菅直人が就任し、野党第一党として発足する。

新・民主党は党理念を発表し、官主導の権利構造から脱却し、「生活者」「納税者」「消費者」の立場を代表する党と自己規定した。市場原理の徹底、中央集権型社会から分権社会へ、自立と共生の友愛精神に基づいた国際関係の確立などを政見の軸とし、政権交代を目指すとされている。

だが、生活者を代表する時、同時に市場原理主義の立場に徹する事は不可能である。現代の市場原理は圧倒的な格差を生む。それはこの時点で既に明らかだった筈である。

中央集権と地方分権は役割分担の問題で、二者択一はできない。安全保障と外交には強力な中央政府の存在が不可欠だからである。

友愛による国際関係は望ましいが、具体的に中国、ロシア、北朝鮮とどのような「友愛」関係を構築するつもりだったのか。

言葉が並ぶだけで整合性のある国家の姿が浮かび上がらない。

もし日本でアメリカやイギリスのような政権交代可能な二大政党制を採るには、自民党が、小沢の『日本改造計画』よりも更に右に行き、国権と新自由主義の小さな政府論を採り、対するリベラル政党が、安全保障ではほぼ同じ国益を明確に守りつつ、福祉、教育に投資する大きな政府を目指す他はない。橋本や小渕にせよ、これから見る安倍にせよ、実は外交は日米同盟基軸、集団安全保障に前向きだが、内政は小さな政府とは言い難く、欧米基準ではリベラルだ。そのように自民党政権が、安保強化と大きな政府型で機能している以上、二大政党制の実現は困難なのではあるまいか。

世界はこの年、雪解け状態から、徐々に暗雲が立ち込め始める。

五月、インドが24年振りの核実験を強行し、パキスタンがその対抗措置として初の核実験を行った。

六月、訪中したクリントンは、台湾の独立を支持しない方針を明言した。李登輝による民主化の進展する友好国台湾切り捨ては、信義上も安全保障上も危険なアメリカの変節だった。小渕の台湾切りもそれに呼応したものだったのである。

八月、ケニアの首都ナイロビのアメリカ大使館付近で爆発があり２４７名が死亡した。クリントンはアルカイダ関与の可能性を受け、八月二十日に報復攻撃をテレビ演説で発表し、直後に実行した。明確な証拠もないままでの独断攻撃によって、クリントンは議会から激しく非難され、攻撃されたのは薬品とミルクを製造している工場であることがすぐに露呈した。

八月には、北朝鮮がテポドンミサイルを発射し、日本の三陸沖領海に着弾した。平成五（１９９３）年五月、能登半島沖に着弾したと推定されるノドン発射実験以来のことである。テポドンは津軽海峡付近上空を飛行し、１段目は日本海に、２段目は三陸沖に落下した。前回ノドン発射時、宮澤政権は抗議もしなかったが、小渕政権はただちに抗議した上、海上を捜索、偵察目的の情報収集衛星を導入することを決定した。

九月、その北朝鮮では国家主席を廃止し、国防委員長を国の最高ポストとした。先軍思想を端的に制度化したもので、この後北朝鮮は、飢餓などの民生を放置し、軍事要塞国家化してゆく。

国内はどうだったか。二月には長野で冬季オリンピックが開催された。日本はスキージャンプの船木和喜、モーグルの里谷多英、スピードスケートの清水宏保らが金メダルを獲得し、金5、銀1、銅8と好成績を収めた。

四月には明石海峡大橋が開通した。徳島と本州を陸路で結ぶ世界最長のつり橋だ。流通環境が劇的に改善され、四国経済の拡大に貢献する一方で、日帰りが可能になり徳島の宿泊や商業施設が空洞化する側面も出ている。

五月には若乃花が横綱に昇進し、若貴時代が全盛を迎えた。

七月には和歌山市で自治会の祭りの時のカレーに毒物が混入され、4人が死亡、62人が中毒症状となる和歌山毒入りカレー事件が発生した。犯人とされた女性は無罪を訴えるが平成二十一(2009)年には死刑が確定した。謎の多い事件である。

十月には、埼玉医大で、日本初の性転換手術が行われた。

この年、ショートショートの神様、星新一(71)、仮面ライダーなど700作品で戦後漫画界を牽引した石ノ森章太郎(60)、『広場の孤独』『ゴヤ』などを代表作に持つ作家堀田善衛(80)、世界映画史に輝く映画監督黒澤明(88)、映画解説者として国民に親しまれた淀川長治(89)、随筆家の白洲正子(88)が死去した。

文学では辻原登『翔べ麒麟』が、阿部仲麻呂を唐政府要人として、壮大な構図の中で描いた快作である。

車谷長吉『赤目四十八瀧心中未遂』は遅れてきた私小説作家車谷の、私小説ならざる代表作だ。底辺の人間の業を濃厚な引力のある文体で描く。

平野啓一郎が、擬古文的な小説『日蝕』で芥川賞を受賞し、宮部みゆきが『理由』で直木賞を受賞した。共に平成を代表する作家となるが、両作品は、むしろ新世代の限界を厳しく露呈する水準だったというほかはない。

小林よしのりの漫画『戦争論』が90万部のベストセラーになったことは平成の思潮の変化を象徴している。戦後平和主義の欺瞞を説いたこの漫画は、若い世代の保守回帰の決定的な原動力となった。

一方、「学級崩壊」「モラルハザード」など、いまだに全く解決できていない日本社会の幼稚化や社会の崩れを象徴する語がこの年、早くも流行語となっている。

昭和が遠くなり、平成固有の色がようやく見えてきた年、日本は自殺者とホームレス、そして悪質ないじめが急増し、学級が崩壊し、大蔵省や金融機関の幹部のモラルハザードが世人を呆れさせ、一方で、戦後イデオロギー批判の漫画が若い世代に決定的な影響を与えた。

それから20年――政治・経済を振り返ると今昔の感に堪えないが、時代精神、文化、風俗の面では、この年辺りを基準に、新たな精神史的局面には抜け出ぬまま、平成時代は幕を閉じたと言えるのではないか。

平成十一年　１９９９年

結婚四十周年に当たりて

四十年《よそとせ》をともに過ごしし我が妹《いも》とあゆむ朝《あした》にかいつぶり鳴く　御製

遠白き神代の時に入るごとく伊勢参道を君とゆきし日　御歌

四十年を共に過ごしてきた妻のあなたと共に散策する朝に、水鳥であるかいつぶりが鳴いています。

遠く淡い歴史の彼方の神代に入るように記憶の中に浮かび上がる、伊勢神宮の参道をあなたと歩いたあの日……。

政権	小渕恵三（自民党）

国内

1・14	小渕内閣に自由党の野田毅幹事長が自治相として入閣。自自連立内閣が発足。
1・25	厚生省、性的不能治療薬バイアグラを承認。
2・1	テレビ朝日「ニュースステーション」、埼玉県所沢市の野菜から高濃度のダイオキシンを検出と報道。
2・12	金融再生委員会、15行に総額7兆4500億円規模の公的資金による資本注入を内定へ。
2・28	臓器移植法施行後初の脳死移植を実施。
4・11	東京都知事選、石原慎太郎が自民党推薦候補等を破り当選。
5・25	大手銀行15行の平成11年3月期決算発表、金融再生法に基づく新開示基準での不良債権額は合計19兆9137億円。
8・6	産業活力再生特別措置法・租税特別措置法成立。8・13公布（産業界の競争力強化、企業のリストラ促進）。
8・9	日の丸・君が代を国旗・国歌とする法律可決。
8・12	犯罪捜査のための通信傍受に関する組織犯罪対策3法改正・住民基本台帳法成立。8・18各公布。
9・30	茨城県東海村の民間ウラン加工施設で日本初の臨海事故発生。半径10㎞以内の住民に屋内避難勧告。12・21大量被曝した作業員死亡（日本原子力開発史上初の死者）。
10・4	小渕首相、小沢一郎自由党党首、神崎武法公明党代表が自自公3党の連立政権樹立で合意。
10・27	松竹、経営不振から大船撮影所（昭11年開設）の閉鎖・売却を発表。
11・22	沖縄県、普天間基地移設候補地を名護市辺野古沿岸域に決定。

国外

1・1	欧州連合（EU）の単一通貨「ユーロ」、仏・独等11か国で導入。英は導入せず。
2・12	クリントン米大統領に対する弾劾裁判開始。
3・24	ユーゴ・コソボ紛争をめぐり、NATO軍がユーゴ空爆を開始。6・12ロシア軍・NATO軍、コソボに進駐。
4・6	中国の朱鎔基首相が訪米（公式訪米は15年ぶり）。
12・31	エリツィン・ロシア大統領が突如辞任。
12・31	パナマ運河、米国からパナマに返還。
この年	世界人口、60億を突破。

自分史

世相

5月　宇多田ヒカルのアルバム『First Love』600万枚売り上げ

7月　携帯・PHS加入台数、5000万台突破

【流行】「だんご3兄弟」、乙武洋匡『五体不満足』、週刊金曜日『買ってはいけない』『鉄道員（ぽっぽや）』、『アルマゲドン』、『マトリックス』

【物故者】東山魁夷（90）、江藤淳（66）、辻邦生（73）、盛田昭夫（78）、佐治敬三（80）

小渕政治は速い。

三月には、大手銀行を中心とした15行に、第二次の公的資金7兆4500億円の注入を決定した。

また、日銀はゼロ金利政策で、景気浮揚を図った。政権の指示であろう。異例の政策だが適切だった。

一方、八月には産業活力再生特別措置法を成立させ、産業界の競争力強化を図る。分割・合併などによる企業の再編、他社間での事業譲渡の有効活用、債権放棄への税制支援、研究開発支援などが盛り込まれた。

小渕は、度重なる大規模な財政出動と公的資金投入の大盤振る舞いによって、後世大借金王と非難されるだろうと自嘲したが、寧ろ、宮澤、堺屋を信頼してなした総合的で大胆な経済政策が、日本の体力低下を最小限にとどめたのは間違いない。

小渕時代の平成十二（2000）年三月、株価は2万円越えをした。この後、2万円越えは第二次安倍政権の平成二十七（2015）年まで待たねばならない。

小渕は、一連の経済再生の手を打ちつつ、国家のグランドヴィジョン、特に国際情勢に立ち遅れていた外交・安保政策を、橋本を継ぎ、大きく前進させた。経済では景気対策を優先しつつ、外交・安全保障では明確な国家主権を打ち出す――この政治姿勢は後の安倍と共通する。

一方、田中角栄伝来の、政局センスにもたけていた。幹事長の野中広務が中心となり、参議院でのねじれを解消する為、公明党との連立の模索が続いていたが、自民党はこの数年前、激しい反創価学会キャンペーンを張っている。蝶番《ちょうつがい》として小沢を介する必要があった。そこで、一月、まず、小沢率いる自由党と、国連平和維持軍（ＰＫＦ）への参加で合意し、同党の野田毅幹事長が入閣、自民・自由連立内閣を発足させたのである。

これは、非自民系の理念政党によって政権交代可能な政治を確立するという小沢の理想の敗北だった。明確な理念政党を作れば党勢は60名程度にしかならず、結局政策で合意できるのは自民党だけとなれば、ここまでの小沢政局とは何で、何の為の小選挙区導入だったのか。

が、この自自連立によって、安保政策が前進したのは間違いない。

三月、能登半島付近の日本領海内で不審船が発見されたが、停船命令を無視して逃走、北朝鮮の清津港に逃げ込んだ。北朝鮮の工作船だ。日本上空を通過するミサイル、海から日本に不法上陸しての工作活動に対して、小渕は、矢継ぎ早に動いた。

五月、橋本時代に日米で合意していた日米ガイドラインの関連法として周辺事態法などを制定する。朝鮮半島有事を「周辺事態」とし、物資の輸送や補給など米軍への後方支援を定めたものだ。これが北朝鮮抑止として機能したのは間違いない。

七月には、衆参両院に憲法調査会を設置する改正国会法を成立させた。憲法改正への具体的な国会の動きが、冷戦終結後10年にしてようやく動き出した。この月に成立した国と地方自治体を対等にする一括法も、国が憲法問題、国家安全保障に集中するための政治のスリム化である。

さらに、翌八月には、日の丸・君が代を国旗・国歌とする法律を成立させた。平成元（1989）年、学習指導要領で、入学式や卒業式などにおける国旗掲揚と国歌斉唱が初めて明記されたが、日教組を中心とする反日の丸・君が代の動きはその後も止まなかった。この年の二月には、文部省の方針と反対派の板挟みにあった広島県立高校の校長が卒業式当日に自殺する事件まで起きた。この事件を受けて制定されることになったのが国旗国歌法である。

八月には、捜査機関に電話の傍受を認める通信傍受法を始め、組織犯罪対策三法と、住民票にコード番号をつける改正住民基本台帳法が成立した。不法入国者による外国の工作活動への対処であろう。

十月には公明党が連立に加わった。創価学会アレルギーの強い自民支持者や保守陣営からは野合と非難された。が、今日まで自公連立の枠組みは続いており、その間、国家主権に関する重要な決定で、自民党単独政権の方が望ましいと言える事態は――幸か不幸か――なかった。自公連立は、今日までの実績の上で判断すれば、日本の安定に大きく寄与してきたと評価すべきであろう。

十一月には普天間基地移設先を名護市辺野古沿岸域に決定した。市街地に近接していた普天間基地に対し、辺野古は元々が米軍キャンプ地で、新たな軍施設の為には埋め立てで極力対処するなど、沖縄県民の生活への影響を最小限にとどめながら、米軍機能を維持する最善の選択と言えた。

橋本・小渕政権の評価は、現在埋没しているが、日本の国家としての基盤を、冷戦後最初に確立したのは両政権だった。

驚くべきは十二月、村山富市を団長とする超党派国会議員団が、北朝鮮を訪問し、金日成の銅像に献花した事だ。

テポドン発射、不審な工作船などの実態が明らかになり、国際社会に核開発を公言している国を元首相らが訪問して献花する。明らかに日本の安全を脅かす中国、韓国、北朝鮮系国会議員の活動は、今日まで続いている。平成政治の異様な光景である。

世界は新たな動きに向けて助走を始めた。

一月、イギリス以外のEU各国が単一通貨ユーロを導入した。

二月には、クリントンの弾劾裁判が始まった。大統領執務中に秘書と情事にうつつを抜かしていたとされる愛人疑惑への裁判だ。クリントンは「不適切な関係があった」と事実を認めて国民に謝罪したが、激震は暫く止まらなかった。

三月には、ハンガリー、チェコ、ポーランドがNATOに加盟し、ユーゴスラビア・コソボ自治州の民族紛争を巡り、NATOがユーゴへの空爆を開始した。

攻撃は3ヶ月続き、和平が成立したのは六月である。

NATOの空爆は、「人道的介入」を唱えつつ、国連安保理の承認を得ないまま実施された。作戦を主導した米軍は最先端のハイテク戦を展開し、EU主要国、ロシア、中国らも介入した。国連常任理事国が、国連外で、多極的な軍事介入を展開し始めたのである。冷戦後の新たな国際環境と言ってよい。

「コソボに関する独立国際委員会」の報告書は、ユーゴ空爆を「違法ではあるが正当な介入」だったとしている。

だが、ユーゴ軍のコソボ撤退後も、セルビア系住人との対立、貧困と社会不安は続いている。NATOや米国が紛争初期に、空爆も地上戦も辞さずとの姿勢を明確にしていれば、虐殺は防がれ、空爆もなく和平が可能だったのではないか。北朝鮮や中国の現状を見ても、国際社会が、人道問題に強硬な姿勢で共闘しないと、後になるほど被害は拡大する。国連の限界が露呈し、独裁や暴政をどう抑止するかという難題が残された。

が、ブッシュ・ジュニアのアメリカは、少し後、先制攻撃の正当化で、新秩序を構築しようとして過ちを犯し、挫折した。その後を襲ったオバマのアメリカは、明確な態度表明を保留する事で、中ロの暴走と世界の無秩序化を許してしまう。

四月には、中国の朱鎔基首相が訪米した。中国要人の公式の訪米は15年振りだ。目的は、中国のWTO加盟交渉だった。中国はいよいよ自由貿易体制に食い込み始めたのである。

六月、中国は国内で「法輪功」の活動を禁じた。法輪功は、平成四（1992）年に創始された気功団体で、仏教や道教の要素を加えた宗教団体としての側面もある。その後急速に信者数を伸ばすと、共産党は弾圧を開始した。法輪功自身の報告によれば、平成十八（2006）年までに10万人を超える信者が逮捕され、その多くが拷問などで殺害されたという。中国では黄巾の乱、太平天国など民間宗教が大きな政変のきっかけになる故事が多い。中国共産党の弾圧は歴史に学んだ徹底的なものだったと言えよう。

十二月三十一日、ロシア大統領ボリス・エリツィンが、突然辞任を表明した。エリツィンはロシアの土俗性を体現した指導者で、陰険な謀略と権力闘争を勝ち上がった旧ソ連の指導者とは異なっていた。エリツィンのロシアではアメリカとの関係改善は進み、平成五年にはSTART II（第二次戦略兵器削減条約）に調印している。しかし、急進的な市場経済導入を図ったために、平成四（1992）年には前年比2510％ものハイパーインフレを引き起こし、平成六年のGDP成長率はマイナス12・7％まで落ち込み、その後も事態を収拾できなかった。迷走の末の辞任となった。

翌年後任に選ばれたウラディーミル・プーチンは、ソ連の秘密警察（ＫＧＢ）出身で、ロシアは再び専制的な秘密国家に逆行する。

中国の軍事台頭、北朝鮮の核ミサイル保有、プーチンのロシア——日本近海の冷戦後の雪解けは10年で終りを告げた。日本は依然としてほとんど準備をしていない。論壇も政界も内向きな議論に終始し、小沢一郎の『日本改造計画』後のヴィジョンが再形成される動きはない。しかも小沢の国連信仰は、この間、明らかに破綻しているのである。

この頃、携帯電話とＰＨＳの加入者が急増し、この年両者の加入台数は５０００万台を突破した。二月にNTT docomoが発表した「iMode」は、世界に先駆け、携帯電話でインターネットを利用できるようにしたサービスである。開始当初から爆発的に普及した。

さらに、この年の一月には性的不能の治療薬だったバイアグラが解禁され、六月には経口避妊薬のピルが解禁となった。性の自由化は進むが、少子化の歯止めはかからない。自由な性行為と、結婚、子作り、出産が比例しない社会の到来である。

二月にはテレビ朝日のニュースステーションが、埼玉県所沢市の野菜から高濃度のダイオキシンが検出されたと報道し、翌日から大手スーパーが野菜の取り扱いを中止するなど大きな風評被害が出た。後に、ダイオキシンが検出されたのは野菜ではなく煎茶だったことが判明する。農家が抗議し、キャスターの久米宏が番組内で謝罪したが、訂正放送は行わなかった。

同月、「臓器移植法」施行後初の、脳死での臓器提供と移植が実施された。ここに至るまで「脳死は人の死なのか」という議論が続いてきたが、法制定後も実施数は極めて少ない。平成二十七（2015）年現在、アメリカが100万人あたり28件であるのに対し、日本は0・7件だ。（参考：NHK解説アーカイブス「臓器移植法20年　移植医療の課題」2017.10.09）日本人の死生観になじまぬものがあるという事であろう。

四月には石原慎太郎が東京都知事に当選した。石原は戦後日本を象徴する人物の一人である。『太陽の季節』で昭和三十（1955）年芥川賞を受賞、同世代の大江健三郎が昭和三十三（1958）年『飼育』で芥川賞を受賞し、二人は三島由紀夫後の文壇を牽引した。石原は後に大衆小説にも進出し、弟の石原裕次郎が映画界のスーパースターとなる中で、美貌と歯切れ良い発言によって、文化界の若き偶像となってゆく。六〇年安保を境に、大江が左派・岩波朝日文化人に、石原は保守派の論客になった。昭和四十三（1968）年から国政に転じ、閣僚も歴任したが、平成七（1995）年に国会の堕落を糾弾する演説をして辞職、この年、都知事に転じたのだった。

石原都政は、都職員の給与を削減して財政再建を果たす一方、臨海副都心開発、ディーゼル車排ガス規制、東京都総合防災訓練（ビッグレスキュー）など数々の災害対策、東京マラソン創立、東京オリンピック構想、歌舞伎町浄化作戦による風俗店の一斉撤去、不法移民対策など、多岐にわたる実績がある。他方、「資金調達に悩む中小企業を救済する」ため立ち上げた「新銀行東京」は、開業後3年で1000億円近い赤字を抱え経営破綻し、石原都政最大の汚点となった。

奇しくも石原が都知事に選出された直後の七月二十一日、若き日からの石原の盟友、小林秀雄の後の文芸評論界の頂点だった江藤淳が66歳で自殺した。江藤は、学生時代、夏目漱石論でデビューし、『小林秀雄』『成熟と喪失』などを発表する一方、アメリカGHQによる戦後の占領政策を一次資料に当たって研究し、思想検閲の実態を明らかにして、平成の保守思想の大きな基盤を用意した。この前年、愛妻を亡くしており、遺作となった『妻と私』が自裁後大きな話題となった。

遺書はよく知られている。

心身の不自由が進み、病苦が堪え難し。去る六月十日、脳梗塞の発作に遭いし以来の江藤淳は、形骸に過ぎず、自ら処決して形骸を断ずる所以なり。乞う、諸君よ、これを諒とせられよ。

平成十一年七月二十一日　江藤淳

六月には、ソニーがロボット犬アイボを発売した。

七月、幕張メッセ、東京体育館などを手掛けてきた建築家の槇文彦が世界文化賞を受賞した。九月には、茨城県東海村のウラン加工施設で日本初の臨界事故が発生した。原因は、作業工程のあまりにも杜撰《ずさん》な管理だった。この事故で、半径350m以内の住民は強制避難、半径10km以内の住民に屋内避難勧告が出され、被曝した3人のうち1人は十二月に死亡、一人は翌年四月に死亡した。戦後日本で初めて、被曝による死者を出した事故である。

この年、宇多田ヒカルのアルバム「First Love」がオリコン史上初の600万枚を売り上げた。宇多田は、ハスキーな歌声と繊細なビブラートと共に、それまでの邦楽に見受けられなかった洋楽R＆Bテイストのサウンドなどが日本のリスナーに新鮮に響き、「和製R＆B」の先駆けとなった。

この年初演された野田秀樹作の劇作品「パンドラの鐘」は、古代の日本で「もう一つの太陽」の炸裂から民を救うため自ら犠牲になる女王の姿を通し、暗に先の大戦時の昭和天皇の責任を問うている。野田による抑えた演出は思想宣伝に堕してはいない。先の大戦の敗北と天皇はいかなる立場においても日本の精神史の中核的なテーマであり続けるだろう。

高樹のぶ子『透光の樹』は中年男女の性愛を描き谷崎潤一郎賞を受賞したが、精妙に呼吸する「文体」を失った小説家の世代の始まりを感じさせる。粗筋には官能があっても文体に官能がない。性描写が赤裸々で話題になったが、渡辺淳一の『失楽園』が通俗で、『透光の樹』が純文学とは言えまい。『失楽園』を文学と言う訳にはさすがにゆかないが、64歳で延々たる性交場面を描き続ける渡辺の「業」は、それとして凄まじいものがあるのである。

この年円熟期の河野多恵子『後日の話』が17世紀イタリア、トスカーナでの猟奇的な主題を抑えた文体を用いて描いた。秀作だがどこか貧血症で、文壇文学の枯渇を予感させる。こうして、文体で文学世界を彫琢する作家の営為は、平成後半、急激に沈滞し、読者も又現代作家から離れてゆくのである。「文章」で魅せる力がないのに、わざわざ活字を追う気になるわけがない。本当の文学好き、本当の小説好きを裏切り続けた平成文壇の、日本文学史の栄光への背信の罪は大きい。

一方、この年、昭和の文芸評論家保田與重郎《やすだよじゅうろう》の個人文庫が刊行を開始した。保田は戦時中の文芸思潮、日本浪漫派の代表者で、近代を全否定しつつ、古事記、万葉、後鳥羽院、芭蕉の日本を謳いあげたが、戦後は公職追放のみならず文壇からも追放され、少数の支持者らと共に京都に文苑を形成して、生前その存在はタブー視され名を挙げる事さえ憚られていた。平成に入ってからの復権は著しい。

富岡幸一郎『使徒的人間』は神の啓示の直接性に回帰しようとした20世紀前半ドイツの神学者カール・バルトの評伝である。新保に先立ち内村鑑三を論じていた富岡は、内村と並行現象とも言えるドイツの神秘的神学者を取り上げ、ナチスドイツ、ユダヤ問題を神学的に捉え、日本の西洋受容の盲点を剔出している。

又、「新しい歴史教科書をつくる会」が稼働する中、その理論的な支柱として西尾幹二の『国民の歴史』が出版され、70万部越えのベストセラーとなった。通史ではない。本来独文学者で福田恆存の高弟だった西尾が、最新の日本史の知見を基に自身の歴史観を述べたもので、古墳などに見られる日本文明の壮大さ、魏志倭人伝批判、秀吉の朝鮮出兵の世界史的文脈での解釈、明治維新の再評価、日米戦争の原因論などを、縦横に、また創見豊かに描く力作だ。

秦郁彦《はたいくひこ》『慰安婦と戦場の性』もこの年刊行された。河野談話、朝日新聞報道による慰安婦スキャンダルの流布に対し、秦は、この問題を一次史料から包括的に記述すると共に、戦場の性の比較研究を行い、学的基盤を築いた。

渡辺京二『逝きし世の面影』も刊行された。近代の成立とは、実は「徳川文明」の滅びだった。渡辺は日本が近代化で何を失ったかを、幕末、明治初期に来日した外国人たちの眼を通じて丹念に描き出す。西洋を追いかけ続けた日本、敗戦、経済成長、バブル崩壊、ポストモダニズム……。しかし足元でどんな日本が建設され、どんな日本が消え去ったのか。渡辺の静かな問いは、平成年間を通じて思想史記述に少なからぬ影響を与えたのみならず、江戸ブームや様々な「和」を強調する風俗やビジネスの中で、少しずつ生活の中に根を下ろしてきたと言っても、過大評価にはなるまい。

こうしてこの年、平成保守思想の基盤的な営為が、期せずして同時に形になった。

一方ベストセラーとしては乙武洋匡の『五体不満足』を挙げておく。重度の障害を負った乙武が、五体が不満足でも幸せと人生の充実があるとして希望を語っている。バブル後の人生論が平成五（１９９３）年にヒットした中野孝次『清貧の思想』だったとすれば、本書は、就職氷河期、企業大倒産、大自殺社会という一層厳しい世相に陥っていた希望なき時代の日本人を励ます体験的人生論だった。

週刊金曜日の『買ってはいけない』もこの年のベストセラーである。大手メーカーの食材や日用品の有害性を警告し、その後、テレビ、週刊誌などによる消費財への警告記事のパターンを作った。しかし、化学物質の多用と癌発生率の急上昇の関係など、明らかにすべき事が多いにもかかわらず、この問題についての科学的知見の蓄積は進んでいない。

辻邦生（73）、三浦綾子（77）のような緻密でスケールの大きな作家の死が相次いだ。辻の『背教者ユリアヌス』『西行花伝』などは奇をてらわず、古典な筆致と造形ながら文学としての興趣は深い。クリスチャン作家三浦は代表作に『氷点』『塩狩峠』がある。平成初期、まだ日本文学は昭和の強烈なマグマの余燼《よじん》を残していたが、この頃から既成作家の仕事の質も落ち始める。

ソニーの盛田昭夫（78）、サントリーの佐治敬三（80）もこの年死去した。盛田は技術者出身

平成十一年　1999年

で、大賀典夫と共に、ソニーを文化を創出する企業に育てた。佐治は二代目、サントリーウィスキーを日本独自の気品ある香りを持つ世界的ブランドに育てた。

日本画の巨匠東山魁夷の死もこの年だ。淡い色彩を絶妙に組み合わせた独自の静《せい》謐《ひつ》な画風を確立し、皇居宮殿、唐招提寺壁画などを担当している。今日に至るも人気は衰えを見ない。

平成十二年　２０００年

御題　動

大いなる世界の動き始まりぬ父君のあと継ぎし時しも　御製

御題　香淳皇后御船入の儀

現《うつ》し世にまみゆることの又となき御貌《みかお》美し御船《おふね》の中に　御歌

父昭和天皇の後を継ぎ即位した時は、丁度折しも世界史の巨大な変動期でもあった事でした。

御母香淳皇后様――今生で再びお目にかかる事のもう決してないその亡き御顔は、御棺の中で何と美しい事でしょう。

政権

小渕恵三（自民党）／森喜朗（自民党）／②森喜朗（自民党）

国内

小渕恵三（自民党）

3・8 営団地下鉄日比谷線、中目黒駅付近で脱線衝突、死亡5人、重軽傷64人。

3・31 北海道の有珠山、約23年ぶりに噴火。住民1万6000人が避難。

4・1 自公、自由党との連立を解消。

4・2 小渕首相、脳梗塞で緊急入院。5・14死去。

森喜朗（自民党）

4・5 国会、森喜朗を首相に指名。

4・28 島根県出雲大社の境内で、12世紀の巨大な柱根遺構が出土し、古代の巨大神殿実在の可能性高まる。

5・15 森首相が「日本は天皇中心の神の国」と発言。

6・19 ナスダック・ジャパン取引開始。

6・25 第42回総選挙、自公保は後退するも絶対安定多数を獲得（自民233、民主127、公明31、自由22、共産20、社民19、保守7）。

6・27 雪印乳業大阪工場生産の乳製品で集団食中毒発生し、被害者1万3420人に達する。

②森喜朗（自民党）

7・12 大手百貨店そごう、民事再生法適用を申請。

7・21 第26回主要国首脳会議、沖縄県名護市で開催。共同宣言「沖縄2000」を採択。

7・19 三菱自動車工業、会社ぐるみの長期にわたるリコール隠しが発覚。

9・1 三宅島の火山活動活発化、全島民に避難指示発令。

9・29 国内初の金融持株会社、みずほホールディングス設立。

10・20 生保業界等、企業破綻が相次ぐ

11・4 宮城県上高森遺跡の前期旧石器時代遺構で、石器発掘捏造が発覚。

11・20 共産党大会、綱領から「前衛」「社会主義革命」等の規定削除を決定。委員長に志位和夫。

国外

2・20 イラン総選挙、ハタミ大統領率いる改革派が圧勝。

3・14 英国でクローン豚が誕生。

3・18 台湾総統選、民進党候補陳水扁が当選（初の政権交代）。

3・26 ロシア大統領選、エリツィン後継のプーチンが第2代大統領に当選（5・7就任）

6・13 金大中大統領、北朝鮮訪問（～6・15初の南北元首直接会談）。

6・16 イスラエル軍のレバノン撤退完了。

10・5 ユーゴスラビアのミロシェビッチ政権が崩壊。

10・23 オルブライト米国務長官、米現職閣僚初の訪朝。

11・7 米大統領選、ブッシュ（共和党）・ゴア（民主党）候補大接戦。フロリダ州開票作業をめぐり両陣営が法廷闘争。12・13ゴアが敗北宣言。

世相

7月 二千円札登場

12月 都営大江戸線、全線開通

上半期のパソコン国内出荷台数、563万4000台と過去最高。

【流行】IT革命、ひきこもり、大平光代『だから、あなたも生きぬいて』、柳美里『命』、A&B・ビーズ『話を聞かない男、地図が読めない女』

【物故者】小渕恵三（62）、香淳皇太后（97）、梶山静六（74）、ミヤコ蝶々（80）

自分史

20世紀最後の年だ。

19世紀末には「世紀末」という言葉が表象するように、パリ、ウィーンを中心とした爛熟《らんじゅく》の文化が栄えた。フランス象徴派の詩人、印象派の画家たち、ウィーンには、ブラームス、ブルックナー、マーラー、シェーンベルク、クリムト、フロイト、ハウプトマン…。ルネッサンス以来19世紀前半まで続いた、ヨーロッパの古典的な美意識・モラルが大きくデフォルメされ、解体してゆく一連の芸術、文学、思想運動である。

20世紀末にはそのような巨大な文化現象は生じなかった。

フランス発のポストモダニズムの思想が欧米日の知識人を席巻したが、近代思想や芸術を脱構築するその姿勢は、脱構築の後に何も齎さず、美意識も教養も破壊し、今日に至る文化不毛の原因となった。

20世紀末は、寧ろ、ソ連共産圏の大瓦解と、インターネット、携帯電話を軸とする通信手段の激変期と位置付けられるだろう。

より根源的な変化とも言えるが、政治や情報など「手段」の変化だった点で、文化的・精神的な内実には乏しい。

平成十一（1999）年はノストラダムスが人類滅亡を予言したとされたが、大過なく過ぎた。

1999年から2000年になる瞬間、コンピューターが世界規模で誤作動し、軍事、金融などで危機が発生するのではないかといわれた「2000年問題」も不発だった。

20世紀末の精神的沈滞を象徴するような出来事だった。

そのような中で、着々と次の時代を睨んでいたのが、スティーブ・ジョブズ（Apple）、ビル・ゲイツ（マイクロソフト）ら、パソコン及びOS（オペレーティングシステム）の開発者たちだ。

さらに、ITを戦略的に情報手段として活用して、ニュー・メディアを制したAmazon（ジェフ・ベゾス創業）、Google（ラリー・ペイジとセルゲイ・ブリン創業）、Facebook（マーク・ザッカーバーグ創業）らが続く。

日本車や日本の家電に代表される耐久消費財がビジネスの中核だった時代は終わった。情報ツールそのものが最大のビジネスになる時代が到来し、それを制したのはアメリカの若手起業家たちだったのである。

車や家電が人類の生活を大きく変えた以上に、ITは人間の意識を根源的に変えつつある。

情報が世界を一元化する一方で、イデオロギーや政治信条による人間の極端な分断を生んでもいる。

また、インターネットは、個人と広大な情報空間を直接繋ぐ一方で、文化、道徳、家族や地域共同体などが破壊され、人の意識は自閉的、孤立的な傾向を強めている。

一方、IT市場を制した企業や国家は、富の独占のみならず世界中のIT空間を飛び交うデータを略取・蓄積し、かつての人類が全く想像したことのない情報戦争時代に突入した。

日本では、時代の激浪の中、正しい羅針盤を持ち合わせた首相だった小渕恵三が、四月二日、小沢一郎との長時間の会談で自由党と決別したその夜、脳梗塞で倒れた。緊急入院先には政権幹部だった森喜朗幹事長、亀井静香政調会長、村上正邦参院会長、野中広務幹事長代理、青木幹夫官房長官が集まり、小渕が森を後継に指名したとして、総裁選で森を擁立した。小渕は既に意識不明で、森を後継としたのは集まった5人の判断だった事が後に明らかにされる。この密室での後継者選びは、森の正統性を著しく損ね、森政権は当初から不人気だった。

不人気に乗じ、マスコミにも絶えず叩かれた。

五月に森は神道政治連盟の国会議員懇談会で次の様に挨拶して問題となる。

懇談会は昭和の日の制定や先帝陛下六十年の即位の式典とか、政府側が若干及び腰になるようなことを前面に出して、日本の国はまさに天皇を中心にしている神の国である、ということを国民の皆さんにしっかりと承知していただく、その思いで活動して三十年になった。

森の発言が政治的な次元のものでないのは明白だが、これが「政教分離」に反する発言として叩かれたのである。

野党はマスコミの森叩きに乗じて衆議院に内閣不信任決議案を提出する。これに対し森は衆議院解散で応じ、景気対策や七月に控える沖縄サミット、財政構造改革、社会保障改革、教育改革を争点に戦った。野党民主党が躍進し、自民党は過去最大の議席減となったが、自公保の与党三党は絶対安定多数269議席は確保した。不人気の中では健闘したと言えるだろう。

事実、森は政治を停頓させたわけではない。

三月、ロシアでプーチン政権が誕生すると、森はただちにプーチンと良好な関係を築いた。

一方日本の経済危機は小渕の大規模な緊急経済対策によっても、延焼の輪を広げ続けていた。五月一日には第一火災海上の損失隠しが発覚し、損保会社で初めて破綻した。

七月十二日には全国展開していたデパート大手、そごうグループが負債総額1兆8700億円で倒産した。

森は、宮澤蔵相と堺屋経済企画庁長官を留任させ、財政出動の方針を堅持した。この年十月には10兆円の経済対策を決め、翌年四月にも大型の緊急経済対策を追加している。

ところが、八月、日銀は平成十一（1999）年二月からの「ゼロ金利政策」を解除してしまう。政府・与党側は、ゼロ金利解除に慎重だったが、日銀の速水総裁が「政策判断の自主性」を主張して解除を強行したのである。

日銀のゼロ金利解除を防げなかった事は、森政権の痛恨事だった。景気は再び悪化する。

一方、森が内閣の目玉として打ち出したのがＩＴである。

日本はＩＴで大きく後れをとっていた。アジアでのインターネット普及率は、韓国、シンガポールに次ぎこの頃3位だったのである。

情報と流通の変革は、経済的な停滞を打破する上で不可欠だったが、日本政府はこれまでＩＴを国家戦略と見做したことがなかった。

森は、ソニーの出井伸之会長を議長にＩＴ戦略会議を発足、同会議は十一月にＩＴ国家戦略を発表した。高い通信料金の是正や規制の緩和、電子商取引の規制撤廃、人材育成の強化などが盛り込まれた。５年以内に３０００万世帯が高速インターネットに、１０００万世帯が超高速インターネットに接続できる状況の実現を提言し、急速なインターネット社会化を促進した。

七月には沖縄サミットが開かれた。沖縄開催は小渕がこだわった置き土産である。経済の低迷に加え、少女暴行事件、基地問題による沖縄の疎外感を払拭し、日本としての一体感を打ち出そうとしたものだろう。

また、森政権は、世相の荒廃、新たな性質の犯罪の増加に対応する重要法案を、成立させている。

五月に犯罪被害者保護法とストーカー規制法が公布された。女子大生が元交際相手の男らからのストーカー被害にあった後殺害された「桶川ストーカー殺人事件」が契機となった。

十一月には改正少年法が成立し、刑罰対象年齢を16歳から14歳に引き下げた。この年四月「名古屋中学生5000万円恐喝事件」、五月「豊川市主婦殺人事件」「佐賀高速西鉄バスジャック事件」があり、これらの犯罪が、少年法が甘いことを承知した上でのものであるとの世論が強まったことにより改正に至ったのである。

だが、森内閣の不人気は相変わらずで、十一月には内閣不信任案を民主、共産、自由、社民の野党4党から共同提出された。森政権に反発を強めていた有力な総理候補加藤紘一は、自らのホームページで、この不信任案に賛成すると発信し、ネットで大きな支持を得る。ネットを活用した日本で初めての政局だったが、森政権側の強烈な切り崩しで、加藤に付く自民党議員は殆どおらず、加藤は失脚した。俗に言う「加藤の乱」である。

20世紀最後のこの年、小渕恵三、梶山静六、竹下登が死去した。不思議な巡りあわせである。翌年には、小泉純一郎が橋本龍太郎を総裁選で下し、竹下派の時代は突如終りを告げる事になるのである。

十一月には日本共産党が党大会で、綱領から「前衛」「社会主義革命」などを削除する事を決定し、志位和夫を委員長に選出した。

世界は米ロを始め、国際紛争上重要な幾つかの国で指導者が交代するなど、新たな秩序へと動き始めた。

二月には、イランでハタミ大統領が率いる改革派が圧勝した。ハタミは出版の多様化や女性の社会進出など「自由の拡大」を訴え、緊張した国際政治関係の緩和に努めてきた。

三月には、イギリスでクローン豚が誕生した。世界初である。クローン技術は安全、倫理双方でこの後世界的に充分議論が尽くされぬまま研究と普及が進んでいる。

同じく三月、台湾では総統選で民進党の陳水扁が李登輝を破り、新総統に就任した。民進党は台湾史上初の野党で、結成時の綱領に台湾独立を掲げているが、１９９０年代からはリベラルな主張を前面に出していた。いずれにせよ、李登輝と陳水扁は共に「脱中国化・本土化」を志向している点では共通している。

三月、ロシアで大統領に就任したウラディーミル・プーチンについては既に書いた。

六月、韓国の金大中大統領が北朝鮮を訪問し、史上初の南北首脳会談が実現した。

十月、ユーゴスラビアのミロシェビッチ政権が崩壊した。ミロシェビッチは大統領選で敗れたにもかかわらず、政権維持を画策したため、民衆の暴動となり、東欧最後と呼ばれた独裁政権がこの年崩壊したのである。

翌十一月、アメリカの大統領選では、共和党のジョージ・ブッシュ・ジュニアが、民主党のアール・ゴアを、大接戦の末破った。開票結果に疑義があるとして、ゴアが敗北を認めず、十二月、法廷闘争の末、ゴアが敗北宣言をし、ブッシュの勝利が確定する異例の事態となった。

日本では、連鎖倒産が相次ぐ中、企業不祥事も相次ぎ、大企業を軸に社会が設計されてきた日本は、大きく変容し始めた。

二月には、薬害エイズ裁判で、旧ミドリ十字の歴代3人の社長に実刑判決が下る。

六月には雪印乳業大阪工場で製造された乳製品で集団食中毒が発生し、被害者は1万3420人に達した。

七月には三菱自動車が、長年会社ぐるみでリコール隠しをしていたことが発覚した。

九月、シドニーオリンピックが開催され、柔道48キロ級の田村亮子や、女子マラソンの高橋尚子が金メダルを獲得した他、金5、銀8、銅5のメダルを獲得した。田村はヤワラちゃん、高橋はQちゃんの愛称で、平成中期、国民的な人気を得、高橋尚子には、国民栄誉賞が授与される。

十月、白川英樹筑波大学名誉教授が、導電性プラスチックの開発でノーベル化学賞を受賞した。これ以後、日本人科学者の「ノーベル賞ラッシュ」が続く。18年間で自然科学分野を中心に17人の受賞者を輩出した。現在の、受賞者国別ランキングでは、アメリカ（271）、イギリス（87）、ドイツ（82）、フランス（55）、スウェーデン（29）、日本（26）、ロシア（26）となっている。

ただし、このノーベル賞ラッシュは手放しでは喜べない。これらの受賞対象の多くは、20年以上前の実績に対するものだ。白川の実績も昭和五十二（1977）年のものである。日本の優位が、現時点で維持されているかどうかは多分に疑わしい。日本の強みであった基礎研究分野の実力低下を指摘する声が上がっている。理数系の平均学力は低下している。基礎科学は、軍事大国化を選択しないできた日本にとっては極めて重要な安全保障でもある。徹底的な再強化が望まれる。

十一月、文化界で驚くべき不祥事が発覚した。宮城県の上高森《かみたかもり》遺跡について、藤村新一・東北旧石器文化研究所副理事長が自ら埋めた石器を発掘して、新発見を偽っていた事が発覚したのである。25年にわたり、藤村は日本の前期・中期旧石器遺跡発掘を一手に担い、発掘量の多さと二万年前までしか遡れなかった日本の遺跡が70万年前まで遡れるとした研究成果が驚異とされ、「神の手」と呼ばれてきた。

ところが、この事件を機に、業績のほとんどが捏造と判明する。日本の前期・中期旧石器時代の遺跡は存在しなかった事となり、その間の全研究、論文、教科書記述は無効となった。日本の考古学界への信頼は大きく揺らぐ事になる。

この年、新潮社から決定版三島由紀夫全集が刊行開始となった。自裁直後に全集が編まれた後に発見された作品の他、創作ノートが大量に収録され、研究史において重要な価値を持つ。

福田和也『作家の値うち』が刊行され、現存の著者の作品を鋭い批評で裁断し、話題になった。文学、芸術における「壇」の存在意義は、厳正な価値のヒエラルキーを建設し、共有することにある。その意味で気鋭の批評家による辛口の作品評価は高い意義があるものだったが、文壇は黙殺し、福田自身も以後執筆意欲を落とし、文壇はこの後、急激な衰退期を迎える。

なかにし礼『長崎ぶらぶら節』は、著者の民謡長崎ぶらぶら節への感動から構想され、貧しい芸妓の純粋な愛を描く。高名な作詞家の小説進出が脚光を浴びるのは書き手たちの層が薄くなり始めた事の反映でもあった。

一方100万部のベストセラーとなった大平光代『だから、あなたも生きぬいて』は異例の書物だ。いじめ、割腹自殺未遂、暴力団組長の妻などの激しい人生から弁護士に更生した体験を踏まえ、就職氷河期、大倒産、大企業の崩壊、いじめ、不登校の世相にある人々に、生き抜くための現実的な処方箋を提示した。

この年作曲家中田喜直（76）、日本画家小倉遊亀（105）、理論物理学者武谷三男（84）が死去した。中田は「小さい秋見つけた」「めだかの学校」「夏の思い出」など日本の心の灯火となる名歌の数々を作曲した。武谷は戦前原子爆弾の開発に関わり、素粒子論において湯川秀樹、朝永振一郎らに匹敵する先駆性と業績を持つ。

平成十二年　2000年

六月、昭和天皇の皇后、香淳皇太后が歴代皇后中最長の在位、最長寿の97歳で崩御された。冒頭掲げた皇后の御歌はその皇太后の亡き御顔を詠われている。

一方、冒頭掲げた天皇の御製は世紀の終りに、即位の頃の冷戦終結を振り返られた気宇壮大なものである。

平成十三年　2001年

御題　阪神淡路大震災被災地訪問

六年《むつとせ》の難《かた》きに耐えて人々の築きたる街みどり豊けし　御製

御題　明治神宮御鎮座八十年にあたり

外国《とつくに》の風招きつつ国柱《くにばしら》太しくあれと守り給ひき　御歌

阪神淡路大震災から六年、その間住民の皆さんが苦難に耐えて再建してきた街の緑が豊かに茂るのを見るのは、感無量です。

明治の開国にあたり、明治天皇が広く世界の叡智に学ぶことを奨励されると共に、日本古来の思想や習慣を重んじられ、国の基を大切にお守りになったことへの崇敬をお詠みになった御歌。（宮内庁発表）

政権

②**森喜朗**（自民党）

①**小泉純一郎**（自民党）

国内

1・4	平成10年に経営破綻した日本債券信用銀行が「あおぞら銀行」として再出発。
1・6	中央省庁再編。1府12省庁スタート。
2・9	ハワイ沖で宇和島水産高校実習船「えひめ丸」が米原潜と衝突、沈没。乗員・実習生ら35人中8人死亡、1人行方不明。
4・1	情報公開法施行、情報公開制度スタート。
4・2	「三井住友銀行」発足。
4・3	「新しい歴史教科書をつくる会」の中学歴史・公民教科書が検定合格。
4・13	DV防止法成立。
4・24	自民党総裁選で小泉純一郎圧勝（「自公保」連立継続合意）。**4・26**小泉内閣発足、外相に田中眞紀子。
5・3	北朝鮮の金正日総書記の長男（金正男）を拘束し国外退去処分。
5・11	ハンセン病訴訟。国に賠償金支払いを命じる。**5・23**国が控訴断念。
5・18	能楽がユネスコの世界無形文化遺産の第1回指定対象に。
6・8	大阪府池田市の大教大付属、池田小学校に出刃包丁を持った男が乱入、男児1人、女児7人を刺殺。
7・29	第19回参院選。非拘束名簿式を導入。自民大勝（自民64、公明13、民主26ほか）。
8・13	小泉首相が靖國神社参拝。
9・10	BSE（狂牛病）感染牛、国内初発見。
9・12	平均株価、17年ぶりに1万円割れ。
10・10	野依良治にノーベル化学賞。
10・29	テロ関連3法案が成立（2年の時限立法）。
11・9	海上自衛隊、インド洋へ向け出航。
12・1	雅子妃が敬宮愛子内親王をご出産。
12・22	奄美大島沖の東シナ海で北朝鮮の工作船が自爆・沈没

国外

1・20	ブッシュ、米大統領に就任。
3・28	米「京都議定書」離脱へ。
9・11	米で同時多発テロ。
9・30	高橋尚子、ベルリンマラソンで2時間19分46秒の世界最高記録。
10・7	米、タリバンがビンラディンを匿っているとし、アフガニスタン空爆開始。
11・10	WHO、中国の加盟承認。
この年	米大リーグ・マリナーズ入団のイチロー、MVP・首位打者・盗塁王・新人王に。

世相

11月　JR東日本の新タイプ定期券「Suica」登場。休廃刊誌数170誌、過去最多。200円台牛丼、液晶テレビ、写メールが話題に

【流行】改革の痛み、抵抗勢力、塩爺、S・ジョンソン『チーズはどこへ消えた?』、J・K・ローリング『ハリー・ポッター（1～3）』、R・キヨサキ、S・レクター『金持ち父さん　貧乏父さん』、『陰陽師』、『千と千尋の神隠し』、『HERO』、『救命病棟24時』、『プロジェクトX』

【物故者】團伊玖磨（77）、朝比奈隆（93）

自分史

平成十三年　2001年

平成十三（２００１）年、21世紀の幕開けだ。

まるで暦を図ったかのように、日本、世界共に、新しいステージに一気に転じた。

一月、一府十二省庁制が稼働を始めた。今日の日本の行政と政治の枠組みが21世紀の幕開けと共にスタートした事になる。

一月二十日には、ジョージ・ブッシュ・ジュニアが第43代アメリカ大統領に就任する。民主党のクリントン時代、Japan passingと言われ、日本軽視が続いていたが、伝統的に日米関係が親密になる共和党大統領となったその折に、日本でも小泉政権が誕生し、日米関係安定の時代に入った。

三月、内閣府は月例経済報告の中で、ようやく現状を「緩やかなデフレ」でありＯＥＣＤ諸国で唯一の事例だと認めた。実際のデフレ開始は今日から見れば橋本時代の平成九年四月の消費増税と十一月の「財政構造改革法」による緊縮財政からだと見られる。デフレは深刻な経済の病だが、大蔵省、日銀の認識は甘く、政界、論壇の関心も薄かった。この認定の後、さすがに日銀は量的金融緩和に踏み切ったが、後のアベノミクスに較べ、規模が小さ過ぎた上、小泉時代の平成十八年三月に量的緩和を打ち切り、同年七月にはゼロ金利政策も解除。日本の低迷は更に続く事になった。

四月、支持率が一桁台まで低迷する森が退陣を表明、自民党総裁選で、田中眞紀子の応援を得た小泉純一郎が泡沫候補から爆発的なブームを呼び起こし、本命であった橋本龍太郎元首相を下して圧勝した。

政治的見識や政策ヴィジョンだけなら、橋本の再登板が日本再建には必要だったろう。が、歴史には、合理的な判断では測れない、時の勢いというものがある。

橋本に最早そうした時の勢いを呼び込む力はなく、小泉こそが時の利に乗ったのだった。

小泉の圧勝は、長年の田中派、竹下派支配の終焉でもあった。

福田赳夫の後、後継者の安倍晋太郎が病に倒れ、その間、総裁を一人も出せなかった清和会が、森喜朗、小泉純一郎、福田康夫、安倍晋三と首相を独占する時代が到来した。竹下派の派閥の力学と合議による政治から、一匹狼の政治リーダーによる官邸主導政治に日本政治史は転換したのだ。

いずれにせよ、小泉は時代の風を掴んだ。

小泉の「自民党をぶっ壊す」という台詞は、時代を熱狂させた。

バブル崩壊以後、一度も晴れ渡ったことのない時代の空気を一気に解放したのである。

小泉は、派閥からの推薦を受け付けず、人事を全て独断した。自民党総裁で初めての事だ。

田中眞紀子が外務大臣、塩川正十郎が財務大臣、石原伸晃が規制改革担当大臣に、民間から慶応大学教授の竹中平蔵を経済財政政策担当大臣に起用した。

こうして、小泉は人事において、早速「自民党をぶっ壊」し、四月二十六日小泉内閣が発足したのである。

国民にくすぶる反自民感情に、野党以上に巧みに火をつけ、それを政権維持の燃料にする小泉劇場が始まる。

小選挙区になって以来、議員の政党依存度が極めて高くなっていた。

内閣支持率を高い水準で維持できれば、選挙に勝てる。

選挙に勝てるうちは、総裁としての求心力も落ちない。

この循環に乗れれば、強い総理になり、この循環にうまく乗れなければどんなに見識能力があっても、政権を維持する事はできない。

よくも悪くも海部―小沢が主導した政治改革は、そうした政権構造を生み出した。

橋本・小渕政権は自民党のプロフェッショナルが総力を挙げ、国家の骨組みをじっくりと築き直したが、小泉は世論の力を直接権力の源泉にした。このあと、第二次政権での安倍が、小泉の安定政権運営の秘訣を会得するまで、自民、民主を含め、安倍一次から6内閣が全て1年前後で退陣に追い込まれたのは、この支持率による政権運営の手法を引き継げなかったためだ。

この方法は国民と政権の絆が国民側で明確に感じ取れるという意味では、日本の政治の前進だ。

一方では、与党の政治家が、政権に従順で小粒な人間ばかりになる。この後の小泉チルドレン、民主党の小沢ガールズ、第二次安倍政権の安倍チルドレンは、それを証している。

また、ポピュリズムに陥りやすく、マスコミと政権が組んで国民を洗脳すれば、ヒトラーのような民主主義の破壊も可能になる。もし官邸かマスコミのいずれかが外国勢力に押さえられた時には、政権は容易に外国の傀儡化し得る。

中国の全体主義が台頭し、日本への工作を浸透させている中、民主主義の死守と国権の強化をどう両立させるかは、間違いなく令和日本の最重要課題の一つだ。

小泉政権は、軒並み80%を超える空前の数値を記録した。

小泉のスローガンは「構造改革なくして景気回復なし」だ。

小渕の「経済再生最優先」からの転換である。

道路公団・石油公団・住宅金融公庫・交通営団など特殊法人を民営化して「小さな政府」を目指す「官から民へ」が唱えられ、とりわけ郵政民営化を「改革の本丸」に位置付けた。

「聖域なき構造改革」である。

改革のスローガンを吠える小泉の姿に国民は幻惑された。

また、五月には、ハンセン病患者隔離の違憲性を訴えた国家賠償請求訴訟で、国が敗訴した事を受け、小泉は控訴を断念し、謝罪と政府支援を約束し、大いにテレビの前茶の間を沸かしたのだった。

「自民党をぶっ壊す」「聖域なき構造改革」「ハンセン病控訴断念」で、小泉人気は過熱し、森の不人気は完全に忘れられた。

七月の参院選で、自民党は「自民党をぶっ壊す」と叫ぶ自民党総裁の掛け声と共に圧勝した。

小泉は、終戦の日に靖國神社参拝をすることを、総裁選時に公約としていた。総理の靖國神社参拝は中曽根以後、橋本のみで、中国・韓国の反発に配慮して、長年行われていなかった。小泉は、選挙の大勝を受け、公約の八月十五日ではないものの八月十三日に靖國神社を参拝、以後中国との関係は政冷経熱と言われたが躊躇せず、毎年靖國を参拝し続けた。

平成十三年　2001年

そして運命の九月十一日が来た。

アメリカ中枢において同時多発テロが発生したのである。

イスラム過激派テロ組織アルカイダがアメリカの旅客機4機をハイジャックし、アメリカ時間午前八時四十六分頃、世界貿易センター2棟、アメリカ国防総省ペンタゴンに突入、死者2996人、負傷者6000人以上を数えた。

アルカイダは、イスラム原理主義の国際テロネットワークだ。指導者であったオサマ・ビンラディンは、湾岸戦争をきっかけに反米感情を募らせたとされている。そうした中、平成二年八月、聖地マディーナのあるサウジアラビアに米軍が駐留し、イスラム世界に大きな衝撃が走った。サウジアラビアを脱出したビンラディンは、指導層出身、高学歴の同志たちと、大規模なテロの準備に入った。犯人グループのうち7人が航空機の操縦免許を有し、5年以上前から飛行訓練等の準備をしていたと推定されている。（公安調査庁「国際テロリズム要覧」）

ブッシュは九月十二日、今回のテロは戦争行為であるとする声明を発表し、ＮＡＴＯも集団的自衛権の適用対象とみなすことに合意した。

小泉政権は、十九日、米軍の反テロ戦への自衛隊派遣を決定した。

橋本政権の日米ガイドライン改定以来の日米同盟の深化と、小泉の果断な性格によって、海部時代の湾岸戦争の二の舞を踏まずに済んだのは幸いだった。

十月七日、アメリカが主導する有志諸国連合軍はアルカイダ、タリバンへの軍事行動を開始し、アフガニスタンを空爆した。

小泉政権は法整備を急ぎ、十月二十九日には自衛隊による米軍後方支援を可能にする「テロ対策特別措置法案」などテロ三法を成立させ、十一月九日、海上自衛隊はインド洋に向けて出港した。自衛隊は艦艇への燃料や水の補給活動、海上阻止活動に参加し、世界における評価は高かった。派遣は平成十三（２００１）年十二月二日に始まって、平成二十二（２０１０）年二月六日に終わった。

一方、小泉は十月に訪中、江沢民国家主席らと会談し、日中戦争の被害者に対し「心からのお詫び」を表明し、十五日には訪韓し、金大中大統領と会談、ここでもまた「植民地支配について反省とお詫び」を表明する。こうして小渕に次ぎ、小泉も平成歴代首相の謝罪外交を引き継いだ。

十二月、有志連合軍が勝利してタリバン政権は崩壊、アフガニスタンには暫定行政機構が発足した。

９・11の復讐劇の第一弾は、アメリカによって迅速に敢行されたのだった。

だがその後もテロの根絶からは程遠い状況が続く。世界におけるテロの発生件数、死者数は、この年の時点で約２０００件、死者数が約７７００人だが、ピーク時の平成二十六（２０１４）年には１万６０００件以上、死者数は４万数千人に達したのである。（「Global Terrorism Database」University of Maryland）

テロは非戦闘員の無差別殺人であり、戦争以上の悪だ――勿論、そうは言える。一方で、世界中の信仰と文化を、金融と圧倒的な軍事力で均波に薙ぎ倒してゆく欧米キリスト教圏のパワーは正義なのか。イデオロギーとしての人権と自由、パワーによるその強制は正義なのか。こうした問いは今日に至るまで、正面から全く答えられていない。

小泉旋風と９・11テロという政治の季節の中、日本の景気は失速状態のままだった。

小泉が経済状況の厳しい中で構造改革のような体力の負担のいる政策に踏み込んだ状況を受け、この年、アメリカの格付け会社は揃って日本国債を格下げした。

一月にはダイエーを一代で日本最大のスーパーにした中内功が、業績悪化の中、会長を辞任した。ダイエーは住宅密集地域に店舗を構え、自社の出店効果による地価の値上がりによって資金調達してきたが、地価の下落で資金調達力が一気に低下した。また、価格破壊路線を進めたが、高品質で多様な消費者ニーズが生じる中で、商品の魅力を打ち出せなかった。ダイエーは平成二十（２００８）年には多数の店舗を閉鎖し、平成二十五（２０１３）年イオンに吸収される。

四月には、自虐史観からの脱却を目指して平成九年から活動してきた「新しい歴史教科書をつくる会」の中学校用の歴史・公民の教科書が検定に合格し、その市販本版は76万部を越えるベストセラーになった。同年八月には愛媛県教育委員会が採択、平成十六（２００４）年には東京都教育委員会が採択して注目を集めた。

五月、能楽がユネスコの世界無形文化遺産の第1回指定対象となった。能が世界の認知を受ける事は喜ばしいが、それは今に生きる最も深遠でリアリティに充たされた芸能であって保存の対象ではない。日本人自身がその魅力を知る事が何よりも必要だろう。

六月、大阪府池田市の大教大付属池田小学校に出刃包丁を持った男が乱入し、児童８人を刺殺する事件が起きた。日本でかつて例を見ない凶悪な児童大量殺人だ。この事件の後、学校に監視カメラを設置したり、部外者の立ち入りを原則禁止する傾向が強まる。それまで学校は開放された空間だった。世相の圧迫感は様々な形で平成後半、息苦しさを増してゆく。

七月、明石市の花火大会で歩道橋に見物客が殺到し、11人が圧死、転落死し、129名が重軽傷を負った。

九月には狂牛病の感染牛が国内で初発見された。肉骨粉の製造販売が全面禁止され、国内の全牛を対象とした狂牛病の検査が行われた。

また、同じ九月、総合スーパーのマイカルは負債総額1兆6000億円で倒産した。現在に至るまで日本企業の倒産負債額として最大である。

十月には野依良治が「キラル触媒による不斉反応」の研究（1980年）により、ノーベル化学賞を受賞した。

十一月には、JR東日本に、Suicaが登場する。

この頃、日本人の自分探しビジネスへの関心が強くなった。

小泉の新自由主義路線と経済低迷を放置する政治が、副業や起業への関心を強めたのである。ロバート・キヨサキ『金持ち父さん　貧乏父さん』、スペンサー・ジョンソン『チーズはどこへ消えた？』、ビーズ夫妻『話を聞かない男、地図が読めない女』など、国や大企業に依存しない個人の生き方の魅力を説くベストセラーが相次ぐ。ナポレオン・ヒルに始まる成功哲学本や自己啓発セミナーの全盛期となった。

この年に発表された宮崎駿のアニメ映画『千と千尋の神隠し』も傑作だった。異世界に迷い込んだ少女が無気力から脱して成長してゆく姿に、伝統的日本の風物や、近現代の日本の象徴的描写を織り交ぜる。国内で空前の大ヒットを記録した後、北米で公開され、第75回アカデミー賞で長編アニメ映画賞を受賞した。

一方この年刊行された福田和也『地ひらく　石原莞爾と昭和の夢』は福田の近代日本論中の白眉であろう。歴史を縦横に語る筆の勢いと色艶も尋常ではない。昭和史の最も信頼できる書き手だった児島襄の没後、新たで大きな布置――世界史のダイナミズムと文学・思想状況への理解に基づく福田の近代日本史連作が、この後急速に尻すぼみになったのは残念と言う他はない。中上健次の早逝、柄谷行人の「文学」からの逃避、江藤淳の自裁……平成文学は担うべき主役たちの早過ぎる退場が相次いだ。

一方、この年近代を代表する哲学者和辻哲郎の主著『日本倫理思想史』がようやく岩波文庫に入った。和辻は戦後GHQによる占領下に刊行されたこの著書で、日本の倫理思想の機軸を「尊王」においた。この極めて緻密で重大な思想史上の金字塔は、岩波・朝日・東大による戦後イデオロギーに反するその尊王と保守性の故に、長らく黙殺されてきた。文庫化は多くの読者にこの優れた古典を開放する重要な一歩だったと言える。

さらにこの年には、新潮社から、没後初の『小林秀雄全集』（全14巻、別巻2）も刊行された。小林がベルグソンを論じて中途で挫折した「感想」は、本人が遺言で公刊を禁じていたが、今回収録された。正仮名遣い、正漢字で刊行された平成で例外的な全集でもある。漢字仮名遣いに抵抗ある読者の為に、コンパクトなサイズで注釈付き、現代漢字・仮名遣いの『小林秀雄全作品』も同時刊行された。平成年間には、前年の三島全集を含め、漱石全集、志賀直哉全集、谷崎潤一郎全集らさえ、全て新漢字に変わっている。

この年には、中村歌右衛門（84）、團伊玖磨（77）、山田風太郎（79）、朝比奈隆（93）らが死去した。

歌右衛門は戦後歌舞伎における女形の最高峰で、幽遠《ゆうえん》影の如き美に震える繊細な至芸は空前絶後であろう。最晩年、新国劇の名優島田正吾と共演した『建礼門院』の幻華のように浮かびあがる老女の姿は忘れ難い。團伊玖磨は童謡『ゾウさん』、オペラ『夕鶴』、『TAKERU　建』、合唱曲『筑後川』など、非前衛的で親しみ易いが、通俗に堕さず、戦後を代表する作曲家の一人だった。朝比奈隆はベートーヴェン、ブルックナーなどで、戦前ドイツの巨匠の芸風を継ぎ、カラヤンに代表される華美な演奏スタイルに抗する表現世界を築いた指揮者である。山田風太郎は忍法小説、伝奇小説、推理小説、歴史小説にまたがる鬼才で、博覧強記だが軽妙な文章で読ませる。空前絶後の圧倒的な作家だった。

十二月一日には、皇太子夫妻の間に内親王が誕生し、敬宮《としのみや》愛子と命名された。余りにも多事な平成十三（２００１）年、新世紀の1年目だが、辛うじて我が国は皇室の慶事と共に師走を迎えたのである。

平成十四年　2002年

御題　春

園児らとたいさんぼくを植ゑにけり地震《なゐ》ゆりし島の春ふかみつつ

御製

光返すもの悉《ことごと》くひかりつつ早春の日こそ輝かしけれ

御歌

園児たちと一緒に泰山木を植えました。地震に揺れたこの島も今は春が深まっています。

目に触れる風景、悉く光、光、光に溢れています。早春の今日、何と眩い事でしょう。

政権

①小泉純一郎（自民党）

国内

1・15 UFJ銀行スタート。
1・29 小泉首相、田中眞紀子外相と外務省野上義二事務次官を更迭。
3・14 ウォルマート、西友買収へ。
3・19 ダイエー、産業再生法申請。
4・1 学習指導要領改訂により、「ゆとり教育」スタート。
4・30 鈴木宗男議員秘書ら7人を逮捕（6・19鈴木宗男議員を逮捕）
5・28 「日本経団連」スタート。
5・31 サッカー日韓W杯開幕（～6・30）。
8・5 住民基本台帳ネットワーク（住基ネット）稼働。
9・10 日本初の実用人工衛星を搭載したH2A3号機打ち上げ成功。
9・17 小泉首相、北朝鮮を訪問。平壌で金正日総書記と会談。北朝鮮、13人の拉致（うち8人死亡）を認め、謝罪。「日朝平壌宣言」に署名。
10・8、9 ノーベル賞、ダブル受賞（小柴昌俊に物理学賞、島津製作所の田中耕一に化学賞。）
10・15 地村保志、蓮池薫、曾我ひとみら、北朝鮮拉致被害者5人が帰国。政府は5人を戻さず永住へ。
12・1 東北新幹線、盛岡―八戸間開通。

国外

1・1 EUの共通通貨、ユーロ流通開始。
1・1 台湾がWTO正式加盟。
1・29 ブッシュ米大統領、北朝鮮・イラン・イラクをテロを支援し大量破壊兵器開発を目指す「悪の枢軸」と非難。
2・8～24 ソルトレイクシティオリンピック開催
6・21 チャイコフスキー国際コンクールピアノ部門で上原彩子が日本人初優勝。
7・9 アフリカ連合（AU）が53か国で発足。
10・12 インドネシアのバリ島で爆弾テロ、200人以上死亡。
10・23 モスクワで劇場占拠テロ、人質129人が犠牲に。
11・8 江沢民中国共産党総書記引退。胡錦濤体制が発足。
12・12 北朝鮮「核」開発再開を宣言。
12・19 韓国大統領に盧武鉉、当選。

世相

『相棒』放送開始。
連続ドラマ「北の国から」が「2002遺言」で21年間に幕。
【流行】貸し剝がし、拉致、食肉偽装、齋藤孝『声に出して読みたい日本語』、池田香代子ほか『世界がもし100人の村だったら』、村上春樹『海辺のカフカ』、『渡る世間は鬼ばかり』、『ごくせん』

自分史

小泉政権は、安定した支持率を保ちながら年を越したが、失業率は悪化を続けていた。前年の十一月には、完全失業率5・6%と過去最悪にまで落ち込んでいる。

公園の一角を広く青テントが占拠する光景が、この頃は日本中に広がっていた。八月七日には「ホームレスの自立の支援等に関する特別措置法」が成立している。厚生労働省によると、ホームレスの数は平成十五年の2万5296人がピークだった。

小泉政権と大企業、金融機関は不良債権処理によるバランスシートの回復に全力を注いでいた。処理の進む中で、少なくとも、数字的には最悪の状況が続くこの年から、景気はようやく回復基調に入る。ただしデフレ下、景気浮揚のない状況下で、景気回復の実感からは程遠い。

四月一日には、「ゆとり教育」がスタートした。これは小渕政権下で概要が決まっている。こんなものを容認した小渕の失政と言ってよい。

学習内容の削減は昭和五十五(1980)年度から始まっており、平成四年度(1992)、平成十四年度(2002)と計3段階行われたが、平成十四年度のそれは度を越していた。完全学校週5日制となり、削減された年間授業時間は、小学校で210時間、中学校では385時間に及ぶ。

「総合的な学習の時間」が設置されたが、不毛に終わった。「相対評価」から「絶対評価」になり、順位を付けられなくなった。

戦後の高度成長期を通じて、「学歴社会」「詰め込み教育」「受験戦争」が批判されたが、知育の基本は暗記であり、十代が記憶力のピークである以上、「詰め込み教育」でない教育などあるはずがない。「創造性」や「個性」は教育が作り出すものではない。強い個人の内側から、又圧倒的な知識量から、社会や教育制度による強制や抑圧をはねのけ、突き上げてくるものだ。

「学歴社会」批判を教育内容削減に短絡させる発想は理解し難い。

学歴社会の最大の弊害は、一流大学卒業が、そのまま一流企業、官公庁就職＝終身雇用に繋がり、それ以外の人との間で生涯設計や生涯収入に大きな格差を生む点にある。

多様な生涯設計が可能な社会を目指す事と、基礎教育の簡略化は何ら関係ない。寧ろ、若い世代の基礎学力の低下、読書量・教養の圧倒的な不足は、一人一人の人生の幅を狭めると共に、世界との競争にさらされている今の日本の大きな足枷になってしまった。

この「ゆとり教育」が見直され、再び学習内容の増加に転じるのは、平成十八（２００６）年、第一次安倍政権で新設された「教育再生会議」の議論からである。

小泉政権2年目のこの年は、政治家の失脚が相次いだ。

二月、小泉は、外務官僚――とその背後にあって陰の外相と言われた鈴木宗男衆議院議員――との間で異常な衝突を繰り返し、同時多発テロ後の外務省を機能不全に陥らせていた田中眞紀子外相を更迭した。支持率は70％台から50％に急落した。小泉政権当初の田中眞紀子人気は、今では想像も付かない程高かったのである。

三月十二日には辻元清美衆議院議員が、秘書給与の搾取疑惑で議員を辞職、翌平成十五（2003）年七月には逮捕された。

三月十五日、外務官僚の佐藤優を使ってロシア外交を独自に進めてきた鈴木宗男が、北方四島支援業者選定に関与した疑惑で自民党を離党した。六月十九日には斡旋収賄罪で逮捕される。

四月九日には、有力な総理候補だった加藤紘一も、秘書が脱税で逮捕された事を受け、議員辞職に追い込まれる。

八月九日には田中眞紀子も、公設秘書給与の流用疑惑で議員辞職した。

鈴木は陰の外相、辻元は小泉追及の急先鋒、加藤紘一と田中眞紀子は、この頃、総理の椅子を巡る小泉のライバルである。それらが全てこの年失脚した。

鈴木と共に逮捕され、512日拘留された佐藤優は、自分たちの捜査について、検事から次のように言われたと著書で証言している。

「これは国策捜査なんだから。あなたが捕まった理由は簡単。あなたと鈴木宗男をつなげる事件を作るため。国策捜査は『時代のけじめ』をつけるために必要なんです。時代を転換するために何か象徴的な事件を作り出して、それを断罪するのです。」(『国家の罠─外務省のラスプーチンと呼ばれて』)

この著書は生々しいリアリティに満ちており、佐藤の代表作と言えるだろう。「国策捜査」は流行語になり、佐藤自身も、その後論壇の牽引者の一人となった。が、この証言をどの程度信じるかは難しい。一体鈴木の逮捕がなぜ「時代のけじめ」になるのか。少なくとも鈴木逮捕で、ロシア外交の実権を小泉が奪うなどの変化はなかった。もし佐藤の証言が真実なら、田中眞紀子の更迭を、鈴木の逮捕で相殺して、大きなダメージを受けた小泉人気のトレンドを復調させる為だったという事になるだろうか。

小泉政権になって初めて活用されたのが経済財政諮問会議である。霞が関と竹下派を軸とした自民党族議員による予算配分システムを解体し、官邸が予算の司令塔になった。民主党政権はこのシステムを棄てたが、安倍が再び重用し、今日に至っている。

功罪はどうか。

功としては、経済財政政策の重要事項に関する首相のリーダーシップが強化される。議事録が公開されるため、政策決定過程の透明性が向上する。官僚のペーパーでなく民間有識者が議論の土台を提供するので、霞が関の省益ベースの利益配分予算がある程度解体される。

問題点としては、諮問会議の少数の構成員があまりに大きな決定権を持ち、首相や首相官邸の発言権が強くなりすぎる事、与党の関与が空洞化するなど、権力の偏在が挙げられるであろう。

六月には、この会議で「三位一体の改革」の方針が決まった。

地方自治体の財政を、国が「国庫補助負担金」と「地方交付税」で負担する仕組みを改め、地方に「税源移譲」をして自立を促す、それを同時に行うので「三位一体」と称した。

高度成長期の護送船団方式が、企業、地方と国一体、悪く言えば癒着によって、日本全体を底上げし、累進課税により事実上の社会民主主義的な体質の経済大国を実現した。

それが様々な制度疲労を起こしていたのは事実である。

その構図が、多年竹下派中心の族議員と霞が関利権の癒着となっていたのもまた確かだろう。

だが小泉＝竹中の構造改革は、理にはかなっているが、実態としては、日本の強みを殺す事になりはしなかったか。

事実の問題として、日本の東京一極集中は、この後も続き、地方の疲弊は進み続けている。

長期的に俯瞰すれば、明治になって、江戸時代の地方分権型国家を解体し、強力な中央集権政府を樹立しようと、優れた人材を全て東京に吸い上げて始まったのが近代日本だった。人材の東京偏在は、その後今日まで一貫して変わりはない。限られた国土面積、限られた人口、孤立した国際環境の中で独立を守ろうとすれば、強力な中央政府を維持する他はないからだ。

その中で、戦後日本は、中選挙区制度下、自社両党の有力議員が地方の利害を代表し、それを霞が関が調整して、地方に富やインフラを還元してきた。これは単なる放漫型の「大きな政府」ではなく、国と地方の人材、経済の循環構造だった。

小泉＝竹中構造改革は、小沢の政治改革に続いてこの循環を壊し、しかも小さな政府を実現できなかった。1000万人のエリートを作れる巨大人口国中国と100万人が精々の日本、その日本において抜本的な地方のエネルギーの強化とは何かという問いは、地方創生を掲げる安倍政治においてもお題目に留まり、令和に持ち越された。

一方、小泉政権最大の功績の一つ、小泉訪朝はこの年九月十七日の事だ。

金正日総書記は拉致を認め、謝罪し、日本は植民地支配に対し「痛切な反省と心からのお詫び」を明記して、両首脳は「日朝平壌宣言」に署名した。

北朝鮮の最高指導者による謝罪は口頭とは言え、極めて異例だ。小泉が、悪の枢軸との戦争を辞さないブッシュと蜜月にあったためであろう。

だが、話は拗《こじ》れた。拉致被害者の消息について生存5名、死者8名との予想外の数字が明らかにされ、日本側は大きな衝撃を受けたのである。北朝鮮との事前交渉は、福田康夫官房長官と田中均審議官とで行われ、翌月、5名が北朝鮮から帰国した際も、北朝鮮と福田、田中との間で一時帰国と密約されていた。が、拉致問題をライフワークとしていた安倍晋三官房副長官が、拉致した国に被害者を再び戻すなどあり得ないと強硬に主張し、帰国させなかったのである。拉致を認めれば国交正常化と膨大な賠償を得られると算段していた北朝鮮は、安倍を深く恨むところとなる。(「阿比留瑠比の極言御免」産経新聞2018・6・21)

皇后はこの年の誕生日に際し、次のようなお言葉を発せられている。

小泉総理の北朝鮮訪問により、一連の拉致事件に関し、初めて真相の一部が報道され、驚きと悲しみと共に、無念さを覚えます。何故私たち皆が、自分たち共同社会の出来事として、この人々の不在をもっと強く意識し続けることが出来なかったかとの思いを消すことができません。今回の帰国者と家族との再会の喜びを思うにつけ、今回帰ることのできなかった人々の家族の気持ちは察するにあまりあり、一入の淋しさを思います。

現時点で政府が認定している拉致被害者は17名、また警察庁では「北朝鮮による拉致の可能性を排除できない行方不明者」を883名としている。

安倍は、父の安倍晋太郎秘書時代から拉致問題に取り組んでおり、拉致の解決に政治生命を賭すとしているが、その長期政権においてもついに平成年間解決に至らなかった。

皇后の「無念」とのお言葉が胸に刺さる。

これが本当に「平和」な「大国」なのだろうか。


世界も動の一年だった。

一月二十九日、ブッシュは、一般教書演説で北朝鮮、イラク、イランを「悪の枢軸」と非難した。クリントン時代の宥和外交と訣別し、敵味方を峻別する共和党外交の伝統を、この後のブッシュは過激に推し進める事になる。

五月二十日、東ティモール民主共和国がインドネシアから独立した。日本はPKO協力法に基づき、自衛隊の施設部隊を派遣し、独立を支援する国連のミッションに協力した。

六月、アメリカが弾道弾迎撃ミサイル制限条約から脱退し、条約は失効した。アメリカが、テロとの戦いのために、ミサイル防衛研究に新たに取り組み始めた事が理由である。

七月には、53カ国からなるアフリカ連合（AU）が発足した。EUをモデルにしており、平和・安全保障分野、国連改革、気候変動、各種選挙等で統一の立場を形成している。

その後、中国対日米、インドで、アフリカとの友好関係強化を競っている状況だ。

平成二十四（2012）年一月、中国政府が総工費2億ドル（約153億円）を出資したアフリカ連合（AU）の新本部施設が完成した。ところが、ビルに備えられたコンピューターシステムに、中国のエンジニアたちによって仕掛けがなされ、あらゆる機密情報を入手可能な構造になっていたほか、ビル内の壁や机などから盗聴装置が多数見つかったと、フランスのLe Monde紙が平成三十年一月に報じている。そうした中、後れをとった日米がインドと組んでアフリカの奪還を狙うなど、最後の開発地としても、国連総会の大票田としても、アフリカの重要性は増し続けて今日に至っている。

九月、ブッシュはついに「先制攻撃」の方針を打ち出した。「安全保障戦略」を発表し、国際テロに対しては先制攻撃も辞さずとしたのである。戦争の世紀と言われた20世紀が国際法によって否定してきた先制攻撃を、21世紀初頭、世界の超大国が自ら解禁する事になった。

批判が根強い一方で、テロ組織は国家と違い国際法も人道も踏み躙《にじ》っており、そのような組織の温床となっている「テロ支援国家」を、国際法の枠組みで規制しようとしても意味がないのも確かである。

効果はあった。

この先制攻撃論表明の直後、イラクは核査察受け入れを表明したのである。

その一方で、アメリカの先制攻撃論を嘲笑するように、この直後イスラム過激派によるテロが続発し始めた。

十月にはインドネシアのバリ島でイスラム過激派によるディスコ爆破事件が起き、観光客ら２００人以上が死亡、２００人以上が負傷した。同じく十月、チェチェン武装集団がモスクワの劇場を占拠し、ロシア特殊部隊が突入し、死者が１２８人以上出ている。

テロの多発とフセインの間の相関関係は今日まで証明されていない。だが、ブッシュ政権の中核を担うネオコンサバティブ（新保守主義）と呼ばれる政策集団は、イラクへの強硬姿勢を募らせてゆく。

中国では十一月、16回党大会で江沢民が引退し、胡錦濤《こきんとう》を総書記、温家宝を首相とする新指導部が発足した。この新体制は、冷戦終結から12年目を迎え、中国共産党が崩壊に巻き込まれる危機を脱した状況を受け江沢民による大国路線を引き継いだ。胡錦濤がしばしば「平和的台頭」を唱え、胡錦濤、温家宝の風貌物腰が温厚だった為もあり、アメリカ、ＥＵ、日本が気を許し、その後の習近平時代の超大国化と米中の緊張関係を生む事になる。

十二月には反日・親北の盧武鉉《ノ・ムヒョン》が韓国大統領に当選した。


国内はどうか。

一月、雪印が輸入牛を国産と偽装していたことが発覚し、前年の不祥事の傷の上塗りとなった。「雪印食品」は廃業・解散、「雪印乳業」は他社の支援による事業の分割を経て、平成十九年にようやく雪印ブランドの牛乳を再発売するところまでこぎ着けたが、大きな傷を残した。

五月二十一日、経団連と日経連が統合し、日本経済団体連合会（日本経団連）となり、奥田碩トヨタ自動車会長が初代会長に就任した。

五月にはサッカーのW杯が日韓共催で開催された。日本は決勝トーナメント（ベスト16）進出、一方共催国の韓国は4位となった。共催は史上初である。日本は平成三（１９９１）年に招致委員会を設置し積極的な招致運動を展開していたが、韓国がアジアでの初開催国を目標に後追いし、国際サッカー連盟の内紛や、河野洋平、朝日新聞など日本側親韓派の動きの中で、異例の共催となった。

八月には三井物産でODAを巡る贈賄疑惑が発覚し、同社社長らが引責辞任をした。また、東京電力が原発損傷を隠蔽していたことが発覚し、東電の首脳陣が引責辞任した。

企業不祥事が止まぬ中、企業統合も加速する。九月にはNKKと川崎製鉄の持株会社JFEホールディングスが発足し、十一月には新日本製鐵と住友金属工業、神戸製鋼所が資本提携に入る。国内鉄鋼業界は、二大グループ体制に移行した。

また、十二月には、住友銀行、さくら銀行（旧太陽神戸三井銀行）が合併した「三井住友フィナンシャルグループ」が発足した。

既に、平成十二年九月に、第一勧業銀行、富士銀行、日本興業銀行が統合して「みずほフィナンシャルグループ」が発足、平成十三年四月に、三菱グループ、UFJグループ、三和銀行、東海銀行、東邦信託銀行が統合した「三菱UFJフィナンシャル・グループ」が発足している。三井住友銀行が発足したことで、大手銀行の金融再編は約2年半で終了し、メガバンク時代が到来したのである。

こうして新・経団連の発足、企業・銀行統合で、世界に拮抗する構図となった。しかし、今日に至るまで財界に昭和時代の「野性」や「国士」が再現することはなかった。

昭和時代、財界は、例えばアラビア石油の小林中《あたる》、産経新聞の水野成夫、富士製鐵の永野重雄、日清紡績の櫻田武が財界四天王、日本精工の今里広記が財界官房長官と呼ばれたように、気骨ある財界人が自民党政治を補完して経済大国に上り詰めた。それに比べ平成財界は、企業ガヴァナンス向上の名の下、大胆な政治活動が不可能になった上、企業献金の廃止により政治とのパイプが細くなり、政財界共闘で国を守る気風を失った。更に、コンプライアンス重視や個人情報保護、労働者保護が行き過ぎた結果、サービス過剰、クレーム対応至上主義となり、かえって生産性の低下や社会の失速を招いている。

大胆な企業戦略、大きく国民生活に夢を与え、世界経済を牽引する野趣や創造力が失われたまま、平成後半を推移したと言えるだろう。

二月には宮崎駿の『千と千尋の神隠し』がベルリン国際映画祭最高賞である金熊賞を受賞した。六月にはチャイコフスキーコンクールピアノ部門で上原彩子が日本人として初優勝した。

九月には、日本初の実用人工衛星を搭載したH２A３号機の打ち上げに成功した。

また、同じ九月、北島康介が釜山アジア大会の男子２００m平泳ぎで、２分9秒97の世界新記録で優勝した。米国のマイク・バローマンが持っていた記録を10年ぶりに更新した。

また、この月、昭和五十六（１９８１）年から放映され続けた倉本聡原作、田中邦衛主演の連続テレビドラマ「北の国から」が21年の放映の幕を閉じた。故郷の北海道富良野で新たな暮らしを始めた男の人生と、二人の子供の成長を雄大な自然の中で描く。ドラマの時間軸と子役の成長が一致し、ファンの思い入れは年を追って深まった。

一方、翌月からスタートした連続テレビドラマ「相棒」は現在まで続いている。「北の国から」が北海道の大地に根ざした人間回復のドラマとすれば、「相棒」は、東京を舞台に険しく非人間化する時代相を描いている。主演となる警視庁特命係長役に水谷豊、その相棒役に、寺脇康文、及川光博、成宮寛貴、反町隆史を配した。権力の闇、国家と警察、サイコパス、カルト、新型犯罪などに広く取材し、小泉政権を想定した反権力的イデオロギーを内包しつつ、時代精神をよく洞察し、初期作品を今見ても全く古びていない。

十月、東大名誉教授の小柴昌俊がノーベル物理学賞、島津製作所の田中耕一が同化学賞を受賞し、ダブル受賞となった。小柴は、岐阜県飛騨市神岡町の地下に巨大な粒子検出装置「スーパーカミオカンデ」を建設、遠い宇宙から飛来する素粒子ニュートリノの検出に世界で初めて成功した（１９８７年）。田中はタンパク質の質量分析のための「ソフトレーザー脱離イオン化法」を開発した（１９８７年）。この分析方法は現在、病気の診断や薬の開発に不可欠な技術となっている。

高井有一の小説『時の潮』は昭和天皇崩御から書き起こされ、中年の再婚同士の男女と身辺を熟達した筆致で描く。昭和天皇への戦争体験世代の複雑な思いを描きながら、いかなる立場への加担や断罪もなく、生活と時代相が見事に共鳴する。室内楽の古典のような、平成文学を代表する傑作である。

長部日出雄『桜桃とキリスト　もう一つの太宰治伝』は同郷の津軽人の血で書かれた太宰伝の代表的業績となった。

この年岡崎久彦『外交官とその時代』五部作が完結した。小村壽太郎、陸奥宗光、幣原喜重郎、重光葵・東郷茂徳、吉田茂を主人公に日本近代史そのものを描出する。反日・マルクス史観でもなく日本正当化論とも遠い、外交リアリズムの観点からの日本近代史の記述は貴重である。

日野原重明『生きかた上手』がベストセラーになったのは、社会の高齢化を反映してのことだ。この後、現在に至るまで高齢者対象の「生き方」本は毎年ベストセラー上位に食い込むことになる。

村上春樹『海辺のカフカ』は、平成十七（２００５）年に英訳版が出版され、「ニューヨーク・タイムズ」紙で年間の「ベストブック10冊」及び「世界幻想文学大賞」に選出された。その後、演出家の蜷川幸雄により舞台化もされる。展開は面白く、小説としては極めて上質だが、マンネリズムの気配も漂い始めたようである。

前年、国語学の大家、大野晋の書いた『日本語練習帳』がベストセラーになったのに続き、この年も日本語ブームが続いた。齋藤孝の『声に出して読みたい日本語②』が計２４０万部の大ベストセラーになったのである。が、残念ながらこの日本語ブームは、文学の読者層を殆ど開拓しなかった。

文化では啓蒙も大事だが、啓蒙がその場しのぎのビジネスになると、寧ろ文化を衰弱させる。文化で重要なのは、層を拡大する以上に、ヒエラルキーの頂点を構築する事だ。鷗外、漱石、露伴から三島由紀夫、大江健三郎を読む伝統を保持しさえすればすそ野は逆に広がる。この文化事業の基本に、平成出版界は逆行し続けた。一流の飲食店が味でしのぎを削れば、安価なファストフードの味も向上する。逆にマクドナルドを無限に増やしても、食文化の向上に繋がらず、資本や才能がファストフードにばかり集中すれば、食文化は崩壊する。文壇・論壇では平成を通じてそれが起きた。マクドナルドを増やすのでなく、高み、偉大さを求心力とした共同体を形成すべきだったが、「脱構築」の冷笑主義に飲み込まれ、業界ギルドの安易に流れ、文化事業の逆説を真に理解する者がいなかった。平成日本最大の悲劇である。

平成十五年　２００３年

御題　入院の日々に

入院の我を気遣ひ訪《と》ひくれし思ひうれしく記帳簿を見る　御製

御題　出雲大社に詣でて

國譲《ゆづ》り祀《まつ》られましし大神の奇しき御業《みわざ》を偲びて止まず　御歌

入院する私を気遣って皇居を訪れてくれた国民の思いを嬉しく思いながら記帳簿を見ています。

国つ神大国主命が天つ神に国を譲り、自らは出雲に祀られて、国と人々の安寧を護られている神秘に思いを馳せてお詠みになっている。（宮内庁発表）

政権

①小泉純一郎（自民党）

②小泉純一郎（自民党）

国内

5・1　ヨルダンでイラク帰りの毎日新聞記者の手荷物が爆発、1人死亡。

5・19　国立歴史民俗博物館、弥生時代の始まりを500年早まる新説を発表。

5・23　「個人情報保護関連5法」成立。

6・6　「有事法制関連3法」成立。

7・18　「改正保険業法」成立。

7・23　「少子化対策法」が成立。

7・26　イラク復興支援特別措置法成立。

8・10　沖縄都市モノレール（ゆいレール）開通。

9・28　女子ゴルフの宮里藍。18歳3ヵ月の史上最年少ツアー優勝。

10・10　日本産のトキ絶滅。

11・9　第43回総選挙投開票。自民237、公明34、保守新党4で与党が安定多数確保。民主は40議席増の177。共産9、社民6と後退。11・10保守新党が解党し自民党に合流を決定。

11・13　土井たか子社民党首辞任。後任福島瑞穂。

11・19　第2次小泉内閣が発足。

11・29　イラクで日本大使館員2人殺害。

12・1　地上デジタル放送始まる。

12・23　米でBSEの牛発見。12・24米国産牛肉の輸入を停止。

この年　東京駅が重要文化財に、文楽がユネスコ世界無形文化遺産に。

国外

2・1　米・スペースシャトル「コロンビア」大気圏再突入中に空中分解・搭乗員7人全員死亡。

3・17　米・英軍、イラク先制攻撃開始。

3・23　『千と千尋の神隠し』が米アカデミー長編アニメーション賞に。

4・9　米・英軍、バグダッドを制す。4・14米・英軍、イラク全土を掌握。5・1米大統領、戦闘終結を宣言。

12・13　米軍、フセイン元イラク大統領を拘束。

世相

4月　サラリーマンの医療費が3割負担。六本木ヒルズオープンDVDレコーダー、薄型（プラズマ・液晶）テレビがヒット

【流行】着メロ、なんでだろ～、SMAP『世界に一つだけの花』、養老孟司『バカの壁』、片山恭一『世界の中心で、愛をさけぶ』、『踊る大捜査線、レインボーブリッジを封鎖せよ!』、『座頭市』、『冬のソナタ』（ヨン様ブーム起こる）、『Dr.コトー診療所』

【物故者】宜保愛子（71）

自分史

一月十八日、前立腺癌と診断された天皇は、東大医学部附属病院で前立腺全摘手術を受けられた。天皇の外科手術は、昭和天皇も経験がなく、歴史上初めてだ。天皇の身体は玉体とされ、メスを入れることはタブー視されていたからだ。

掲げた御製はその時のものである。手術は無事終了、天皇は二月十八日には公務に復帰され、手術前よりも一層御務めに励んでゆかれることになる。


三月、イラク戦争が始まった。米軍がイラクの首都バグダッドを攻撃したのである。

湾岸戦争（平成三（１９９１）年）の停戦決議で、イラクには大量破壊兵器の不保持が義務付けられていたが、ブッシュ政権は、イラクが査察に協力的でないことを問題視していた。

一方、９・11テロ事件に際して、イラクは反米姿勢を露わにした。

平成十四年十一月の国連安保理のイラクへの査察では、大量破壊兵器の証拠は見つからなかった。だが、疑惑は残ったとされ、アメリカとイギリスは、国連の対応が定まらぬ中、先制攻撃に踏み切ったのである。

ブッシュは戦争理由に、
○大量破壊兵器（生物・化学兵器等）の保有。
○フセイン大統領の圧政からの市民の解放。

○テロ支援国であるイラクを「民主的な国」に変える。
の3点を挙げた。

三月十七日、先制攻撃となる空爆を行った後、ブッシュは48時間以内のフセインの国外退去を求める最後通告を行った。フセインは、自国に向けた演説では徹底抗戦を主張しながらも、ブッシュ宛書簡で「米政府が政権交代を求めなければ、あらゆる要求に完全に協力する」と訴えたが、アメリカ側はこれを黙殺、二十日、英国などと共にイラクへの侵攻を開始した。

制圧は迅速に進み、四月九日米英軍がイラクの首都バグダッドを制し、フセイン体制は崩壊した。五月一日にはブッシュが戦闘の終結を宣言する。逃亡、潜伏していたフセインは、十二月十三日米軍に拘束された。

しかし米英軍による占領統治は思うに任せず、その後も戦闘やテロ攻撃が続く。

しかも、アメリカが戦争の理由として主張していた大量破壊兵器が見つからない。この事は、翌年から大きな問題となった。ブッシュは後に戦闘終結宣言を撤回せざるを得なくなった。

米軍が完全撤収し、オバマ大統領がイラク戦争の終結を宣言したのは平成二十三（2011）年十二月であった。戦争は、結局8年半続き、米軍の戦死者は九・一一テロの死者をはるかに超える4565名に及んだのである。

アメリカの世界的影響力と権威は著しく傷ついた。

イラク戦争でアメリカが戦闘に勝利し、小泉政権の支持率は安定していたにもかかわらず、日本株は四月二十八日、バブル崩壊後の最安値となる７６０７円88銭まで下がった。四月二十四日に発表されたソニーの業績見通しが振るわなかった為「ソニーショック」とも呼ばれる。が、何よりも小泉政権の景気無策がひど過ぎたのである。

小泉政治はかなり長い政策準備期間を経てこの年ようやく稼働し始めた。

四月には、郵政民営化に向け、日本郵政公社が発足した。

四月九日、バグダッド陥落を受け、小泉は、戦争終結後のイラクに対する最大1億ドルの人道支援を発表し、早期の平和回復を促そうとした。

六月、自己資本不足に陥ったりそなグループに対し、小泉政権は1兆９６００億円にのぼる公的資金の注入を決定した。

平成九年に始まった大規模な経営破綻連鎖への対処が、6年も経た今になってようやく「大手銀行は潰さない」というコンセンサスとして定まり、小泉＝竹中による公的資金投入の断行となった。余りにも遅い。日本の要路の人間は、最も大きな、最も肝心なテーマからはいつも逃げる。この事に関し、竹中という一学者が英断を下した事実は、日本の全政官財界要人の恥辱である。

大量の銀行株の買いや、米国や中国などの経済成長などもあり、この頃ようやく景気は回復基調に入った。しかし小泉は、財政出動はせず、地方や中小企業の冬の時代は続く。失業率の改善が見られないため、雇用不安、低賃金、非正規雇用が増加する。不良債権処理が進み、企業の財務は健全化したが、それが先行投資や雇用に繋がらないという抜本的な問題が、小泉政治には存在した。

六月には、多年の懸案であった有事法制関連三法が成立した。日本の国土に侵略があった時に国民を保護するのが有事法制だが、憲法九条の制約があり、法が整備されていなかった。冷戦後、橋本政権が日米安保条約を、北朝鮮有事を軸に再定義した事は既に述べたが、国土が侵略された場合の対応法はまだ存在していなかったのである。有事三法は、テロの脅威が俄かに高まり、現実に日本国土が危機にさらされる可能性が出てきた為、ようやく成立を見た。

その柱となった武力攻撃事態法は、有事に際し首相権限で地方自治体に住民保護を義務付けるものである。この法案に対しては国会で活発な議論がなされ、与党3党のみならず、菅直人率いる民主党も、小沢の自由党も賛成している。少なくともこの頃は、骨太の国家論では与野党ともに成熟した国会論議を戦わせていたのである。

七月には子育て支援強化のための「次世代支援法」、「少子化対策法」が成立した。いずれも、少子化の解決に向け、仕事との両立を大きな軸とした法整備だが、出生率は向上せず、今日に至っている。

同じ七月、改正保険業法が成立し、生命保険会社が破綻前に運用利回りを引き下げることが可能になった。

またイラク復興支援特措法が成立し、十二月、イラクに自衛隊を派遣し、人道復興支援活動・安全確保支援活動が開始された。陸上自衛隊は平成十八（２００６）年七月に撤収するまでに、「給水量５万３５００t、医療技術指導２７７回、新生児死亡率１／３、総雇用人員48万８００0人」といった成果を残している。（『イラク自衛隊「戦闘記」』佐藤正久）

九月二十四日、菅直人率いる民主党が小沢の自由党と合併の合意に至った。

今回は、小沢政局ではなく、民主党の前代表鳩山由紀夫が政権交代可能な野党結集に動いた結果である。

枝野幸男らは強硬に反対したが、民主党による自由党の吸収合併という形で話は決まった。この合併により民主党は両院合わせて２０４人（衆院１３７・参院67）の勢力となり、十一月の解散総選挙では「政権交代」を打ち出し、改選前を40議席上回る１７７議席を獲得した。

小泉ブームはこの頃失速しており、自民は２３７議席と60議席差まで縮められている。

民主党は今回の選挙でマニフェストを初めて前面に出し、高速道路の原則無料化、年金制度の一元化、衆議院の定数80削減などを掲げた。

旧社会党である社民党は、19から6議席へ減らし、歴史的使命を終えた。土井たか子は党首を辞任し、福島瑞穂が副党首、又市征治が党首を務めている。

民主党と自由党が合併し、社民党が事実上消滅したこの選挙こそは、この後日本の政治を汚染し続ける大きな原因となった。

国民のイデオロギーに対する民意は土井たか子の社民党に退場カードを出した事で明らかであろう。旧社会党の存在、社会主義イデオロギーそのものを国民は峻拒したのである。

ところが、民主党は旧社会党議員とそのイデオロギーを抱えこみながら左派色を隠し、岡田克也、前原誠司ら、保守系の幹部議員が小泉と華々しい国会論戦を演じ続けた。そこに更に小沢が加われば、国民が民主党を「政権交代可能な保守政党」と勘違いするのは当然だ。

マスコミもこの隠蔽に加担し続ける。

しかも、今日その後進である立憲民主党もイデオロギー的出自を相変わらず隠している。共産党や公明党のようにイデオロギーと出自を明確にするのは、政党政治の最低限の作法である。平成政治最大の腐敗要因は非自民新党がいつも決まってその根本をごまかし続けた事にあると断じてよい。

イラク戦争以外の国際社会の動向はどうだったか。

一月には、北朝鮮が核不拡散条約（ＮＰＴ）脱退を宣言した。

二月には、北朝鮮は地対艦ミサイルを日本海に発射している。小泉訪朝により、多額の資金を引き出せる筈だったところが、目算が外れたことへの抗議とみられる。

同じ二月には、アメリカのスペースシャトル「コロンビア」が大気圏再突入中に空中分解し、搭乗員7人全員が死亡した。

八月はヨーロッパが異常な熱波にみまわれ、3000人以上が死亡した。ヨーロッパは元々寒冷で冷房がない。その上、石造りの建造物は遮熱効果が高く、一度室温が上がると、下がらない。高温の室内から逃げる場所もない人々が犠牲になったのである。

八月には北朝鮮の核開発を巡り、六カ国協議が初めて開催された。一見、近隣諸国による北朝鮮包囲網に見えるが、実際には北朝鮮の引き延ばし交渉術に、中ロ韓が裏で関与し、日米は騙され、北朝鮮の核保有を許す結果となった。

言うまでもなく、北朝鮮のみならず、中国、ロシアにとっても、朝鮮半島に米軍が駐留し、アメリカの核の傘下にある現状は、大きな脅威である。半島の安全保障環境は、日米側にとっては現状維持が望ましいが、中ロにとってはアメリカの脅威を少しでも除去できればその方がよい。

一方、韓国も、米ソ冷戦の煽りで分断国家となっているが、特に左派にとっては、朝鮮半島が核保有国として統一する事は望ましい。

北朝鮮の核保有で最大の脅威を受けるのは日本であり、逆に他の4カ国にとっては北朝鮮の核保有は利用可能な条件なのである。日本の歴代政権にはそのリアリズムと危機感があまりにも乏しかった。

十月、中国が神舟5号で、旧ソ連、アメリカに次ぐ有人宇宙飛行を成功させた。中国の宇宙戦構想はこの後急速に進む。

国内では、一月カメラ会社のコニカとミノルタが経営統合した。背景には、デジタルカメラの普及によるフィルムカメラの終焉があった。

カメラの盛衰は急激だった。昭和六十一（1986）年に発売された富士フイルム「写ルンです」に代表される「使い切りカメラ」は、写真撮影を一気に身近にし、平成初期の大ヒット商品だった。一方、デジタルカメラは、平成七（1995）年頃から低価格化が始まり、フィルムカメラを駆逐していく。平成十二年には、携帯電話に初めてカメラ機能が搭載され、今度は写真機が一般家庭から急速に消えてゆくことになった。今や誰もがスマートフォンを持ち歩き、テレビで報道されるスクープ映像も「一般視聴者撮影」が主流となっている。

四月、サラリーマンの医療費が、1割負担から3割負担に上がった。

また、六本木ヒルズが開業し、「ヒルズ族」という言葉が生まれ、セレブの代名詞になった。既成大企業から、ITなどの起業家らの時代へと転換したことを象徴する開業だ。虎ノ門、赤坂、銀座という長きにわたる繁栄と快楽の中心地から、この頃、新たなトレンドの成功者たちは六本木に蝟集《いしゅう》し始めていた。

十月、日本産のトキが絶滅した。

十二月、地上デジタル放送が始まった。それに合わせ、ＤＶＤの普及が高まり、また薄型テレビがヒットした。シャープ亀山工場の世界に誇る「亀山モデル」がブランド化され、しばらく世界の家電を牽引した。

またアメリカで狂牛病の牛が発見され、小泉政権はただちに米国産牛肉の輸入を禁じた。

小泉―竹中が構造改革路線に邁進する中で、佐伯啓思が『成長経済の終焉』を刊行し、豊かさの再定義を試みた。景気の低迷を克服する現実政治の役割は依然として重大だが、「経済成長」という概念を超える社会思想を構想する事は不可欠だ。経済の軸が金融になり、更に仮想通貨が参入し始めた時、一体その通貨によって入手される「豊かさ」とは何なのだろうか。通貨は無限に膨張し、富は無限に蓄積できても、一人の人間が享受できる「豊かさ」は限界がある。新しい金融情報グローバリズムの中で、生の「豊かさ」とは何なのか。佐伯は本書で今日に通用する適切な現状分析を行っているが、まだそれに答えてはいない、そして平成年間を通じて誰も…。
一方、小熊英二『〈民主〉と〈愛国〉』は、少壮のリベラル派社会学者が戦後精神史を描いた大作だ。戦後、敗戦の衝撃と、革命願望、右派・保守派の大敗北の中で、左翼一色の時代となる。本書は「民主」と「愛国」が丸山眞男、共産党らの間で寧ろ親和的概念だったとし、現在のステレオタイプな左右の対立構図を解体しようとする。ただし文壇や保守派の戦後の知的営為への言及はあまりにも乏しい。桶谷秀昭『昭和精神史　戦後篇』と併読すると、戦後思想の凡その構図が浮かび上がるだろう。

山本義隆『磁力と重力の発見』は、古代ギリシャからニュートンまで、遠隔力の認識、魔術と科学が如何に境界域にあって接合しながら、近代が誕生したかを描く科学史記述の大著である。トマス・クーンの『科学革命の構造』（1962）以来、欧米では科学を思想史的文脈で相対化する営みが続くが、日本では人文諸学中でも科学批判の業績に乏しい。本書は平成科学思想の重要な里程標だ。

桐野夏生『グロテスク』は娼婦に身を窶《やつ》していた東電OLが殺された事件やオウム真理教事件を素材に、エリート女子高校出身の姉妹とその友人らを主人公にして描き、話題となった。軽妙で辛辣な筆致で描かれる冒頭は期待を抱かせるが、結局は女子高校生の「童話」を出ない。人間の業を本当に描くには作者も社会も大人でなければならない。現代日本のマスコミ、出版、表現界では、それが何か大変難しい事になってしまったようだ。

一方、養老孟司『バカの壁』が232万部を売り上げ、新書の最多部数を記録した。

この年ミネルヴァ書房による「日本評伝選」の刊行がスタートした。日本の人物伝叢書は吉川弘文館から刊行されてきたが、二本目の柱としてミネルヴァ書房版が出現した事は、研究者のみならず一般読者にも大きな恩沢であった。最新の研究成果を取り入れているのは当然として、執筆者の自由裁量の度合が大きく、中には膨大な第一級の研究書も含まれている。

映画の興行収入1位は、「踊る大捜査線 THE MOVIE2 レインボーブリッジを封鎖せよ！」だった。人気のテレビ刑事ドラマの劇場版第二作である。これが現在に至るまで、日本の実写映画の国内興行収入歴代1位だ。平成年間にあっても邦画には幾多の名作があるのに、それらが興行成績に結びつかぬもどかしさが残る。

この年、SMAPの「世界に一つだけの花」が国民的共感を呼び、210万枚を売り上げた。平成で最も売れたシングル曲である。

SMAPという日本でナンバーワンの人気グループが「ナンバーワンでなくオンリーワンでいい」と呼びかけるのは多分に偽善的だが、一方で、東京大学教授の養老が、他者を理解することの困難さを「バカの壁」と偽悪的に題して、大ベストセラーになった。人は本当に「オンリーワン」に安らげるのか。実は、独善に陥らないだろうか。そして、その独善は、異なる考えを持つ他人を「壁」の向こうにいる「バカ」として互いに拒みあうヘイトの時代を齎す事になったのではなかったか。

最後に特筆しておきたい。

この年は自然科学上の大きな展開があった。四月十四日、国際研究チームによるヒトゲノム解読完了が宣言されたのだ。人間の染色体がもつ30億対の塩基配列を全て読み取ることができたことで、医学・医療やバイオテクノロジー等の飛躍的な進歩が期待されている。

すでに医療分野等で応用も始まっているが、近年急速に発達している人工知能（ＡＩ）により、今後ますます分析が加速されるだろう。

だがこの技術発展は大いなる恩恵とともに、計り知れないリスクをもたらす恐れも孕んでいる。遺伝子組み換えの技術は、すでに一部の農作物で用いられているが、それが人類自身の改造に用いられたら、どうなるだろう。例えばより高い知能、強靭な肉体を持った「新種」の人類が生み出されたとしたら——。

そして又、ＡＩ自身がさらなる高性能ＡＩを開発できるようになると、爆発的な進化が起こるだろう。人間は完全に置いてゆかれるのではないか。

核技術、ＩＴ、ヒトゲノムの技術化、ＡＩ、宇宙空間……。制御不可能な技術の領域に、人類はあまりにも安直に踏み込み続けているのではないか。核を除き、全て冷戦後＝平成年間新規に開拓、普及し始めた領分である。

平成十六年　２００４年

御題　御所にて

台風のつぎつぎ来《きた》り被災せし人思ひつつ夏の日は過ぐ　御製

御題　幸

幸《さき》くませ真幸《まさき》くませと人びとの声渡りゆく御幸《みゆき》の町に　御歌

台風が矢継ぎ早に上陸し被災した人達の身を案じながら夏の日が過ぎてゆきます。

御幸の町を訪れたところ、術後の陛下への、お大事に、お幸せにとの人々の出迎えの声がゆく先々に響き、胸打たれました。

政権	②小泉純一郎（自民党）
国内	1・1 小泉首相、靖國神社参拝。 1・9 陸自先遣隊と空自本隊にイラク派遣命令（1・19先遣隊、サマワ着 2・3本隊が出発）。 2・27 オウム真理教の松本智津夫に死刑判決。 3・13 九州新幹線新八代——鹿児島中央間開業。 4・14 西武鉄道堤義明会長辞任。総会屋への利益供与で。 4・16 三菱ふそう宇佐美隆会長、辞任（5・6逮捕） 5・21 裁判員制度法、成立。 5・27 イラクで2邦人襲撃され死亡。 6・2 道路公団民営化関連4法、成立。 6・5 年金改革関連法、成立。 6・8 小泉首相、多国籍軍への自衛隊参加を表明。 7・7 日本政府、東シナ海でのガス田調査開始。 7・9 北朝鮮拉致被害者の曾我ひとみ一家インドネシアで再会、東京へ。 7・11 第20回参議院選挙で自民不振（1議席減の49議席）、民主躍進（50）。非改選とで自民115、民主82、公明24、共産9、社民5、無所属7。 8・13 米軍ヘリが沖縄国際大学に墜落。 10・23 新潟県中越M6・8地震、一時10万人以上が避難生活。 12・1 日本最古の寺院壁画、法隆寺より出土。 12・15 じん肺訴訟。国が責任認め和解。
国外	3・11 マドリッドで列車爆破テロ、死者191人。 5・28 イラク暫定政権発足。 6・18 EU首脳会議。EU憲法条約を採択。10・29調印 12・26 スマトラ沖M9地震、インド洋で大津波。死者30万人以上。
自分史	
世相	1月 国内で鳥インフルエンザ確認。 2月 吉野家が牛丼販売休止。 11月 20年ぶりに新札発行。1000円札に野口英世、5000円札に樋口一葉。 消費者物価5年連続下落。 【流行】自己責任、サプライズ、負け犬（の遠吠え）＝酒井順子の小説から、綿矢りさ『蹴りたい背中』、金原ひとみ『蛇にピアス』、小川洋子『博士の愛した数式』、ダン・ブラウン『ダ・ヴィンチ・コード』、『ラストサムライ』、『砂の器』、『黒革の手帖』 【物故者】いかりや長介（72）、加山又造（76）、鷺沢萠（35）、横山光輝（69）、竹内均（83）、金田一春彦（91）、中島らも（52）、水上勉（86）

一月一日小泉首相は靖國神社に参拝した。

イラク戦争は戦闘終結こそ宣言されたものの、実際には緊張が続いている。前年十一月にはイラク大使館員2人が殉職している。その中でも敢えて小泉は十二月、自衛隊の先遣隊を派遣した。

一月九日には、陸上自衛隊にイラク派遣命令を出す。

異例と言える元日の靖國参拝は護国の祈りだったのであろう。

名目上、自衛隊派遣は、戦闘終了後の、人道復興支援活動と安全確保支援活動が主な任務だった。活動は「非戦闘地域」に限定され、イラク南部の都市サマワを中心に活動する事になっていた。

だが、この年、イラクでは日本人人質事件・殺害事件が相次ぐ。

その中で四月に2件、五月に1件、十月にも1件、日本人人質が拘束されたが、経緯が極めて如何わしい件が含まれるので特筆しておく。

四月に拘束された三人は郡山総一郎（32）（週刊朝日などのフリーカメラマン）、高遠菜穂子（34）（支援活動家）、今井紀明（18）（「NO!!小型核兵器（DU）サッポロ・プロジェクト」メンバー）だ。人質の家族が犯人の要求通り自衛隊を撤退するよう政府に要請し、日本共産党や日本民主青年同盟、全日本民主医療機関連合会などの左翼団体がこれを強く支持した。政治臭が甚だしい。8日後に釈放されている。

同時期に拘束された安田純平（30）（ジャーナリスト）と渡辺修孝（36）（「米兵・自衛官人権ホットライン」メンバー）は3日間の拘束の後解放されているが、渡辺は憲法違反の自衛隊イラク派遣が原因で不当に不利益を被ったとして、日本政府に500万円の損害賠償を求め提訴している。これ又、拘束そのものがまるで政治活動と化してはいないか。

一方五月には、実際に、日本人ジャーナリスト2人が殺害され、十月には、アルカイダ系組織に拘束された日本人青年が星条旗の上で殺害されているのである。

小泉政権は4年目だが、安定した支持率を誇っている。

前年底を打った株価はやや持ち直したとは言え、1万円～1万1000円とバブル崩壊後最低水準を低迷しており、失業率もまだ戦後最悪を推移している。

「構造改革なくして景気回復なし」という論理性のないスローガンで構造改革のみに突っ走る明らかな経済失政をしていながら、小泉政権の支持率が下がらなかったのはなぜか。

9・11テロ、イラク戦争、国際的なテロ続発の中で自信に満ちた姿を見せ続けた事が第一に挙げられるだろう。小泉は事実上、戦後初の戦時指導者だったのである。

また、改革に立ち向かう首相とのイメージ作りに国民がすっかり飲み込まれていたという事が第二に挙げられる。本音で勝負する。単刀直入に自分の言葉で語る。それでいて、どこか飄々として余裕がある。――こうした小泉の姿は、長らく父性を喪っていた日本人にとって安心できる指導者との久々の邂逅だったのだ。

　伝説の秘書官飯島勲による情報管理も大きい。飯島は、首相官邸の情報収集を集約すると共に、総理番記者らを自由に懇談させ、各社に均等にスクープを割り振るなどして、小泉劇場を演出していた。

　いずれにせよ、この年、小泉構造改革はようやく形を結び始める。

　六月二日、道路公団民営化関連法が成立した。

　法案では、約40兆円の道路公団の債務の返済や、料金引き下げなどのサービス向上を民営化の目標とした。また、東日本、中日本、西日本、首都高速、阪神高速に5分割される事となった。

　だが、この民営化に意味はあったのか。

　中曽根政権が民営化した旧国鉄は膨大な累積赤字が社会問題化していたが、道路公団は違う。高橋洋一によれば、当時、学者やマスコミは保有資産の時価総額を元に、道路公団を赤字としていたが、当時不動産鑑定に採用され始めたより総合的な資産評価法であるDFC法で試算すると2兆円から3兆円の黒字だったという。言うまでもなく道路の時価は不動産売買時の指標に過ぎない。道路は長期に活用され、富や人の移動を生み出す社会資本であって不動産売買の対象ではない。民営化しなければならない積算根拠も理論的な根拠も実はなかったのである。

また、採算の良い路線の収益を、地方の不採算路線に回す「料金プール制」を改めて、競争原理を導入するとしたが、「料金プール制」は民営化によっても改まっていない。実際、採算の悪い道路を封鎖すれば、地域格差と過疎化は拡大するのだから、これは当然だろう。(「道路関係四公団民営化の検証」国土交通委員会調査室　山越伸浩)

一方、六月、年金改革法が成立したが、こちらは評価できる。

保険料負担の上限を固定し、基礎年金の国家負担を2分の1に引き上げ、企業負担に歯止めを掛けた。また、所得・賃金など経済変動や人口の変動に応じて、年金額を調整するマクロ経済スライドの仕組みを導入した。

この年の通常国会は年金国会と言われ、与野党の政治家の国民年金未加入が大きな問題となった。福田康夫官房長官が辞任に追い込まれた一方、3人の閣僚が未納だった事を、この頃の流行歌「だんご3兄弟」になぞらえて「未納3兄弟」と糾弾した民主党菅直人代表、小沢一郎代表代行らも未加入が発覚して辞任、更に政治家の未納を厳しく非難していたニュースキャスターの筑紫哲也も未納だった事が明らかになり番組出演を自粛するなど、連鎖反応が続いた。裏返して言えば、自身の納付状況を多くの人が認識していない事が明らかになったと言える。

こうして年金未納を巡る与野党のドタバタ劇では、民主党も失点を重ねたにもかかわらず、七月の参議院選挙では、自民党が49議席に留まり、民主党が50議席を獲得。獲得議席数において逆転した。小泉人気と、民主党の不祥事があっても、なお両党の議席が逆転したのは何故か。小泉の失言もあったが、景気対策上の無策が根底にあったであろう。

森時代に政府がデフレを認定したにもかかわらず、小泉は手を打っていない。この年、消費者物価は5年連続下落している。

それでも小泉は「構造改革なくして景気回復なし」に固執する。

選挙後、小泉は、長年の自説である郵政民営化に邁進し始めた。ここまで不良債権処理で辣腕を振るった竹中を郵政民営化担当相に任じ、法案整備に向かう事になった。


国際情勢はどうか。

二月には、パキスタンの核開発を成功させたアブドゥル・カディル・カーンが核の闇市場と取引をしたことを認めた。カーンは1970年代以降、核技術の地下ネットワークを構築し、イラン・リビア・北朝鮮などに核兵器製造技術を密売したとされる。米ロを中心とした大国による核管理システムが、内側から蝕まれている実情が浮き彫りになったわけだ。しかし、ソ連崩壊後不要となった大量の核兵器や核技術者らの拡散の真の実態は、いまだに全く明らかではない。

同じ二月、モスクワの地下鉄で爆弾テロが発生し41人が死亡、約150人が重軽傷を負った。

三月にはスペインのマドリッドで、イスラム過激派による列車爆破テロが発生する。スペイン史上最悪のテロ事件で、１９１人が死亡、２０００人以上が負傷した。

五月にはＥＵに旧東欧諸国を含む10カ国が新たに加盟し、25カ国になった。

この年、アメリカ一極支配から多極化への決定的な転換となる出来事があった。

十月、アメリカ政府調査団が、イラクで大量破壊兵器が見つからなかったことを発表したのだ。

ブッシュ政権＝ネオコンによるイラク戦争の正当性が破綻し、アメリカの「大義」に疑問符が付く事になった。

アメリカの諜報力の権威も失墜した。開戦の前年、国務長官コリン・パウエルが、国連安全保障理事会でイラクが大量破壊兵器を開発している証拠を挙げたが、後に、ＣＩＡが虚偽の証言を事実と取り違えた事が明らかになっている。

この後、十一月にブッシュは再選するものの、２期目は低支持率と国際的な信用低下の中で、明確な国際政治のヴィジョンを描けずに時を浪費した。

２期目のブッシュ政権からはネオコンの姿は消える。

その時、同時に、世界政治のヴィジョンを生み出し、担っていく20世紀以来の基軸的大国としてのアメリカが急速に萎んで行くことになった。

イラクで大量破壊兵器が発見されなかった事を受け、十月二十九日にオサマ・ビンラディンがビデオ演説でアメリカの独善を難じつつ、同時多発テロへの関与を認めた。

こうして、アメリカが対イスラムのテロとの戦いで体力と情念を消耗している間、中国は、ひたすら体力を蓄え続けていた。

中国の軍事支出が日本を下回るのは、この年が最後だ。10年後の平成二十六（2014）年には日本の4倍に達する。またGDP成長率はこの年、日本が2・2％、アメリカが3・8％だったのに対し、中国のそれは10・1％だった。

平成十六年　2004年

一月には、山口県で鳥インフルエンザが発生し、鶏3万羽以上を処分した。平成九（1997）年に香港で人間への感染が初めて認められ、18人の感染者を出し、うち幼児6名が死亡している。大きな脅威と言える。

前年末にはBSEによる感染症の国内流入を防ぐ為、米国産牛肉の輸入を禁止している。二月十一日には、米国産牛肉を使用して安価な牛丼を提供していた吉野家が、一時牛丼販売停止に追い込まれ、牛丼に別れを惜しむ人々の長蛇の列ができた。

三月、九州新幹線が新八代―鹿児島中央間で開業した。

四月には西武鉄道の堤義明会長が総会屋への利益供与の発覚を受けて辞任し、翌年三月、証券取引法違反容疑で逮捕、西武王国は瓦解した。

同じ四月、十二年、十六年と相次いで発覚した大量リコール隠し事件の責任を取り、三菱ふそうトラック・バスの宇佐美隆会長が辞任した。宇佐美は翌月、問題発覚の原因となった事故の責任者の一人として逮捕される。

五月には、皇太子が記者会見で「雅子のキャリアや、そのことに基づいた雅子の人格を否定するような動きがあったことも事実です」と異例の発言をされた。

七月には東京都心の観測として史上最高の39・5度を記録し、猛暑40度時代が到来する。昭和まで日本の夏は、30度超えが猛暑の指標だった。32度、33度となれば、異例の暑さと感じられたものだ。近年の日本の夏では、36度、37度が珍しくなくなった。平成年間だけで、猛暑の基準が5度も上がったのである。

また、この八月には米軍ヘリコプターが沖縄国際大学に墜落して反基地輿論が高まった。

十月には、台風23号が列島を縦断し、死者が90名を超えた。3日後、台風の水害が収まらぬ最中、新潟県中越地震が発生し、死者68人、負傷者4805人を数えた上、発生から約2ヶ月の間に、震度5以上の余震が18回も観測された。上越新幹線が新幹線史上初の脱線事故を生じたが、幸い死者、けが人は出なかった。

十一月には、新紙幣が発行された。千円札は夏目漱石から野口英世、五千円札は新渡戸稲造から樋口一葉へと変わった。一万円札の福沢諭吉は変わらなかったが、偽造防止の新技術（見る角度によって模様が変わるホログラムなど）が取り入れられている。

この年、いかりや長介（72）、横山光輝（69）、藤田田（78）、中島らも（52）らが死去した。

いかりやがリーダーを務めたドリフターズによる「8時だョ！全員集合」は昭和五十年代から子供の絶大な人気を呼び、下品なギャグが親の憤激を買いながらも、コントとしての質は概して高かった。ドリフターズの後、日本のお笑いは急激に「芸」を失った。横山は『鉄人28号』『魔法使いサリー』『三国志』などで昭和を牽引した漫画界の巨匠である。藤田田は日本マクドナルドの創始者で、価格破壊を進め、デフレ時代の勝ち組としてマクドナルドに隆盛を齎した。デフレと価格破壊は不可分で功罪は半ばする。中島らもは広告マン出身のマルチタレント、アルコール、大麻などに耽溺しながら破天荒な天才ぶりが際立っていた。

この年、西尾幹二著『ＧＨＱ焚書図書開封』シリーズが刊行を開始した。ＧＨＱが発禁、没収、償却処分した戦前の刊行物は７０００冊を超える。西尾は、それら抹殺された書籍の読み直しを通じて戦前日本の思想状況を明らかにした。国際関係論、英米批判、文明論を始め、戦前の言説には今日でも吟味に値する多くの業績がある。西尾による発掘まで戦前の思想状況そのものが封印されていた。アカデミズムと言論界が総出で、半世紀以上戦前の思想的営みをなかった事にしてきた事は恥知らずの一語に尽きよう。後進による研究の発展を期待したい。

ハリウッドの時代劇映画『ラストサムライ』が滅びゆく武士の最期を描いてヒットしたのもこ

の年である。トム・クルーズ主演で、準主役級の渡辺謙ほか日本人俳優が多数出演している。監督エドワード・ズウィックは、幕末・明治初期の史実をあえて単純化し、「武士道」のエッセンスを現代の観客に響かせることに成功した。

この頃、女優の米倉涼子がヒットドラマの主役を独占し、出世作となった『黒革の手帖』をはじめ、『けものみち』『わるいやつら』など松本清張シリーズを熱演した。

是枝裕和監督の映画『誰も知らない』に主演した、当時14歳の柳楽《やぎら》優弥が、史上最年少でカンヌ国際映画賞最優秀男優賞を受賞した。

20歳の金原ひとみ『蛇にピアス』と、19歳の綿矢りさ『蹴りたい背中』という、2人の若手女性が芥川賞を受賞した。最年少でかつ女性のダブル受賞だが、2人とも今日まで創作活動を維持している。

またこの年、高校生の純愛と若い死を描いた『世界の中心で、愛をさけぶ』（初版平成十三年）が国内作家の小説単行本最多部数239万部を記録し、翌年映画化された。

ただし、この年日本を席巻したのは、これら日本の創作よりも「韓流」だった。前年、NHKBS2で『冬のソナタ』が放送されてヒット、この年、何度も再放送された。韓国が東アジアに仕掛けた文化輸出戦略の一環で、台湾、香港などでもこの韓流ブームは同時に爆発している。『冬のソナタ』は「冬ソナ」、主演俳優ペ・ヨンジュンは「ヨン様」と略称され、中高年の女性が熱狂し、名場面の撮影地を訪ねる韓国ツアーがブームとなった。

『世界の中心で、愛をさけぶ』『冬のソナタ』共に、『失楽園』『高校教師』、また援助交際などに代表される不倫が世を風靡する状況への反動のように、純愛の美しさを正面から描いている。「痛みに耐える」小泉構造改革時代が齎した世相の一面と言えるのかもしれない。

平成十一（1999）年にデビューしたSMAPの次世代男性アイドルグループ嵐も、この頃、人気が本格化し、この年、初の24時間テレビ司会に抜擢された。禍々しさから平明な明るさへ――。平成後半、嵐はSMAPと人気を二分する。

平成十七年　２００５年

御題　歳旦祭

明け初《そ》むる賢所《かしこどころ》の庭の面《も》は雪積む中にかがり火赤し　御製

御題　サイパン島

いまはとて島果ての崖踏みけりしをみなの足裏《あうら》思へばかなし　御歌

年始を祝う祭祀である歳旦祭に臨む新年の朝、空が明るみ始める中、宮中賢所の庭に積もる雪をかがり火が赤々と照らしています。

激戦の挙句、最早これまでとサイパン島の最果てのこの崖を踏みけったその瞬間……。その若い女性たちの最期を偲ぶにつけ、悲しみは無量です。

政権

②小泉純一郎

③小泉純一郎（自民党）

国内

2・8 ライブドア、ニッポン放送株35％取得を発表。4・18ライブドアとフジテレビが和解、資本・業務提携で合意。

2・16 地球温暖化防止の「京都議定書」発効。

3・16 島根県議会、「竹島の日」条例可決。

3・25 愛・地球博、愛知県で開幕し120か国が参加。

4・11 首相官邸の隣に建設の首相公邸、完成披露。

4・25 JR福知山線脱線事故。死者107名

5・15 「みどりの日」を「昭和の日」と改める改正祝日法成立。

6・28 天皇・皇后、サイパンを慰霊訪問。

7・25 内田道雄道路公団副総裁逮捕。

7・23 東京で震度5強の地震。150万人に影響。

8・8 郵政民営化関連法案、参議院で否決。首相、衆議院を解散。（10・14郵政民営化法案成立）

9・30 道路公団、分割民営化。

11・15 紀宮清子、黒田慶樹と挙式。

11・17 マンションやホテルの耐震強度偽装発覚。

11・22 自民党立党50年、新憲法草案を発表。

国外

4・9 小泉首相の靖國参拝に抗議し、北京で1万人規模の反日デモ。中国各地へ波及。

5・23 来日中の中国の呉儀副首相、小泉首相との会談をキャンセルし帰国。

7・7 ロンドンの地下鉄・バスで、同時多発の自爆テロ。

7・21 中国人民元切り上げ、1ドル＝8・28元から8・11元へ。

8・31 米南部でハリケーン「カトリーナ」の被害拡大。

9・19 北朝鮮、核放棄を確約。6カ国協議、初の共同声明。

自分史

世相

2月 生活保護100万世帯突破が判明。中部国際空港「セントレア」開港。

3月 JRダイヤ改正でブルートレイン「さくら」「あさかぜ」廃止。

5月 プロ野球初のセ・パ交流戦開始。

11月 横綱朝青龍。初の7連覇と年6場所優勝を達成。

【流行】想定内（想定外）、小泉劇場、「さくら」ケツメイシ、高橋哲哉『靖国問題』、『電車男』、『ごくせん』、『ドラゴン桜』、『ALWAYS続・三丁目の夕日』、『花より男子2』

【物故者】二子山（貴ノ花）満（55）、杉浦日向子（46）、宮城音弥（97）

郵政解散に象徴される「動」の一年だった。

二月、ライブドアがニッポン放送株を35％取得し、フジテレビの敵対的買収を視野に入れた。IT業界の風雲児だった堀江貴文が一躍時の人となる。堀江は平成八（１９９６）年、有限会社オン・ザ・エッヂを設立し、インターネット事業に成功、積極的な企業買収で利益を伸ばし、平成十四（２００２）年には経営破綻したライブドア社の経営権を引き継ぎ、平成十六（２００４）年四月、最高時価総額９３５３億円に達していた。

四月、ライブドアとフジテレビは和解し、業務提携を結んだ。この買収騒動は、テレビという巨大な既得権益側を、この後著しく警戒させる事になる。

バブル後遺症の中で、昭和の大企業のカリスマ経営者らが失脚してゆく一方で、ホリエモンに象徴される新たな成功者が脚光を浴びる時代が到来した。「ヒルズ族」の時代である。

バブルから平成五年頃まで、日本人の意識は1億総中流だったが、今や「格差社会」と言われるようになった。

日本の社会風景は一変した。

総中流社会の安定感は破壊され、人生の敗者が多く生まれ、それを救済すべき地域社会や親族共同体は消滅している。この二月には生活保護受給が１００万世帯を超えた事が判明した。

新たな成功者たちは、桁違いな豪遊をする一方、商談や記者会見にもＴシャツやジーンズで現れる。不動産取引や金融商品には関心を持っても、国家にも、又文化や骨董・絵画にも興味を持たない。成功者の服飾の嗜好や、文化的指向は、実体経済や風俗、民度に大きく反映する。中流層の人生の質を支えるのは大金ではなく、生活＝文化度だ。5億、10億の金を弄《もてあそ》ぶより、年収500万円でも日々の暮らしの中で味わう生活実感の豊かさこそが人生の幸せだろう。新たな成功者像は、鉢植えの花やささやかな茶器などに代表されるような、生活の中に豊かさを蓄積する日本の文化＝経済循環のシステムそのものを破壊してしまった。経済力が文化や生活の質に投資されるのでなく、金融・不動産のみに再投機され続ければ、社会に循環する資金力が如何に増大しようと、人々の生は貧しくなり続ける。後にアベノミクスが登場するが、破壊された文化的感性はそう簡単には戻りそうにない。

二月には京都議定書が発効した。史上初めてCO_2の排出削減を法的な義務とする国際法に、日本が主体的にコミットしたものだ。大きな意義もあるが、問題点も多い。

京都議定書では、「第一約束期間」である平成二十〜二十四年の間に、先進国全体で温室効果ガスの排出量を、平成二年比で5％減少させることを目標として掲げた。平成二十六（2014）年三月までに、191カ国及びEUが批准している。

ところが、最大の排出国である米国が「経済活動の妨げになる」として批准を拒否し、排出量2位の中国や、5位のインドは、「歴史的に多量の排出をしてきた先進国が先に責任を果たすべき」との理由で削減目標を設けなかった。一方日本はこの時点で既に環境先進国だったが、削減目標6%という困難な課題をどうにか達成している。米中印が批准しない京都議定書の有効性は極めて限定的で、また不公平でもある。模索は後の「パリ協定」にも引き継がれる。

三月、有価証券報告書に虚偽の記載をしたうえ、インサイダー取引をした証券取引法違反容疑で、グループの中核企業であるコクドの堤義明前会長が逮捕され、十月に有罪判決が下った。それより以前の二月十九日コクドの幹部社員と小柳西武鉄道前社長が相次いで自殺している。

堤は鉄道、ホテル、リゾート、宅地開発、球団などの多角経営に成功し、バブル期には世界の長者番付1位だった世界的な資産家である。この堤の失脚、有罪判決により、十二月にはセブン&アイ・ホールディングスがそごう、西武百貨店を統合し、セブンイレブン、そごう、西武が連結された。

この年は更に五月から七月にかけて橋梁談合などで、大手ゼネコンの営業担当者ら14名が一挙に逮捕され、七月に入ると道路公団の元理事、更には現職の内田道雄副総裁までもが幇助《ほうじょ》容疑で逮捕された。

六月にはカネボウが旧経営陣による粉飾決算を理由に上場を廃止され、七月に帆足隆元社長が逮捕された。化粧品の世界的ブランドであった日本生粋の企業であるカネボウはこの事件を機に平成十九（２００７）年に解散した。

日本経済の軸であった大型の量販店、百貨店、大手ゼネコンと道路公団、カネボウのような生粋の日本型企業が、不良債権処理の進行の過程で潰れ、経営陣が軒並み逮捕されてゆく光景は陰惨である。

バブル崩壊後の金融機関の不良債権隠し、歴代政権の不作為、デフレの放置、実体経済の補強なしに構造改革に邁進した小泉＝竹中路線が相まって、戦後日本が積み上げた資産価値を次々に台無しにした罪は重い。

四月、新年度とともに個人情報保護法が施行された。しかし、この法律は、ＩＴベースの個人情報の保護ではなく、紙媒体や口頭に於《お》ける個人情報の保護を規定するだけで、真の意味で個人情報保護に役立っているとは言い難い。むしろ、行政手続きや些細な契約でさえ個人情報として公開が制限された結果、国民生活が煩雑化し、日本社会の生産性を下げる一因となっている。一方で携帯電話、インターネット等を始めとするＩＴ機器を通じた情報漏洩は、野放しのまま、対策は極めて遅れていると言わざるを得ない。

この夏、政府は率先してノーネクタイ、半袖の「クールビズ」をスタートさせた。「クールビズ」は、京都議定書の発効を受け、地球温暖化を防止するため、夏のオフィスの冷房設定温度を28度程度にして「夏の軽装」を推進するものだ。35度越えの猛暑が例年となっている以上、夏の軽装化は適切な判断だった。

八月には政局が大きく動く。

郵政解散である。

小泉の最大の懸案は郵政民営化だった。

小泉は郵政民営化を改革の本丸と位置付け、国民に呼号し続けていたのである。

今となっては、一体何が「改革の本丸」なのかまるで訳の分からない話である。実際、郵政民営化は日本の行政や財政に殆ど影響を与えていない。

既に触れた道路公団民営化もそうだが、郵政事業は優良で、国民に負担を強いて、行政を圧迫するものではなかった。

その意味で政策合理性がそもそもない。

郵貯と簡保合わせて約350兆円の国民の資産が、財政投融資という形に化け、大蔵省が運用していたのは事実である。郵政省ではなく、大蔵省が運用益をせしめ利権化していた構図は確かにおかしいが、その改革は平成十三（2001）年に済んでいる。

郵政民営化は愚行だったという他はない。

郵便局は民間企業では補い難い機能を担ってきた。

地域のネットワーク、特に過疎や高齢化が進む地域における万屋《よろずや》的な役割であり、老人の安心の場所としての機能である。郵便局長会は、自民党の最も重要な支持基盤の一つであり、郵便局長は、地域の名士として町の土台、日本の保守の地盤であった。

単なる行政整理の名目で、これを民営化する事は、間違いなく地域に根差した自民党の地方支部を弱体化させ、地方そのものを弱らせる。

郵政族に限らず、自民党の保守系議員の間で反対が根強かったのも当然であろう。衆議院では37人の造反が出たが、辛うじて可決された。ところが、参議院では、八月八日、自民党議員の造反の結果、郵政民営化法案は否決される。

小泉は激怒した。

国民に大演説をぶち、郵政民営化反対議員を党から追放、解散に打って出た。

約400年前、ガリレオ・ガリレイは、天動説の中で地球は動くという地動説を発表して、有罪判決を受けました。そのとき、ガリレオは、「それでも地球は動く。」と言ったそうです。

今、国会では「郵政民営化は必要ない。」という結論を出しました。「それでも郵政民営化は必要だ。」と私は思います。私はもう一度国民の皆さんに聞いてみたいと思います。本当に郵便局の仕事は公務員でなければできないのか、民間人でやってはいけないのかと。

今読めば滑稽という他ない。

ガリレオどころか、何一つ日本に変化を齎したわけでもない法案で大見得を切っただけだ。

ところが、マスコミは、小泉の喧嘩に乗じて踊り、国民も又沸いたのだった。

小泉は郵政民営化法案に反対した保守系議員の綿貫民輔、平沼赳夫、亀井静香らに刺客候補を放ち、彼らの落選を狙った。日本人離れした身内殺しの選挙を公然と行った事は、日本の精神風土に著しい傷を与えて、今日に至っている。

平成十七年　2005年

大倒産時代、大企業の経営者らの相次ぐ逮捕、失業率5％、株価の低迷、自殺者3万人越え、ホームレスの急増、ＩＴ長者、ヒルズ族、構造改革路線、不要不急の郵政民営化で刺客候補、「勝ち組、負け組」……。小泉政治は、時代の精神的荒廃の構図と鏡像をなしていたのである。

九月十一日の総選挙では、小泉自民が２９６議席を獲得し圧勝し、衛藤晟一、城内実など、造反議員の落選が相次いだ。民主党も大敗し、海江田万里など76人が落選、土井たか子も落選した。

惨敗した民主党菅直人代表は辞任し、代表選では、前原誠司が党代表に選ばれた。

こうして、十月十四日、郵政民営化法案が成立し、その成立を受け、十月十七日小泉は、この年の靖國神社参拝を決行した。

小泉による聖域なき構造改革は最大のイベントを無事終えたが、橋本、小渕、森政権に較べ、小泉政権は日本の課題に正面から取り組んだとは言い難い。

日本国の長期課題は人口激減、中期課題は物作りによる高度成長後の日本の成長軸の設定し直し、短期課題は経済再生だった。人口動態の年間統計も、この年初めて自然減に転じている。

橋本政権は外交・安全保障の再設定を既に済ませており、小渕政権は経済再生を手掛け、森政権はＩＴ戦略を提示した。

小泉の政治的安定、竹中が主導した不良債権処理、良好な日米関係、靖國参拝は評価に値する。だが、経済の無策、聖域なき構造改革は、日本の本来の課題解決からの大きな後退だった。小泉が果断な実行力を、不要な改革に消耗し、企業文化や地域ネットワークを破壊したのは残念と言う他はない。

この年結党50周年を迎えた自民党は、十月二十三日、党として初めて「新憲法草案」を纏《まと》めた。九条一項の戦争放棄条項は維持しながら、二項を削除し、改めて「自衛軍の保持」を明記した。「国民の責務」「政党」「地方自治」「憲法改正の要件」など、従来の憲法では不十分な項目も草案を作成している。

民主党もその直後、「憲法提言」を公表した。「人間の尊厳」の尊重と「共同の責務」の確立、多様性に満ちた分権社会など、リベラル色を明確に出している。憲法裁判所を新設し、違憲立法審査機能の拡充をはかるとしているのは戦後日本の政府と最高裁の憲法解釈におけるなれ合いを脱却する上で必要な措置である。

一方、安全保障では「抑制的な自衛権」の明記を主張している。今や北朝鮮が核保有を宣言し、韓国・中国が反日に舵を切り、テロが世界中で続発している。自衛権を「抑制」の側から説くのは全くの時代錯誤だった。

だが、その後の民主党政権↓民進党↓立憲民主党に較べ、この時期の民主党が、憲法についての党見解を纏め、傾聴に値する提案も含まれていた事は高く評価したい。


この年には、ディープインパクトが無敗の三冠馬になり、横綱朝青龍が史上初の7連覇と年6場所優勝を達成した。

小泉の靖國参拝が続く中、靖國批判派の哲学者高橋哲哉が『靖国問題』を刊行し、靖國神社と別の戦没者追悼施設建設を提唱して論争となった。

前年には小堀桂一郎・江藤淳編『新版靖國論集』が、保守派の議論の集大成として、版を改めて刊行されている。小泉の靖國参拝の中で、精神史的な主題が論壇で活発に論じられていた事は、昨今の、左右共に、反対論への罵倒だらけの悲惨な言論状況とは隔世の感がある。

三浦展《あつし》の『下流社会』が、日本が総中流から急激に下流を基盤とする社会に落ち込んだ事を多くのデータで論じ、ベストセラーとなった。「「下流」とは、単に所得が低いということではない。コミュニケーション能力、生活能力、働く意欲、学ぶ意欲、消費意欲、つまり総じて人生への意欲が低いのである。」という刺激的な断定に反発は大きかったが、今日から見れば概ね妥当な見解だったのではないか。

前年アメリカで出版され、ブッシュ政権のネオコン路線の理論的裏付けとされたナタン・シャランスキー著『なぜ、民主主義を世界に広げるのか』が翻訳刊行された。が、ネオコンの時代は既に終わっている。

評伝に特に優れる作家富岡多恵子の『西鶴の感情』は、伝記のほとんど伝わらぬ江戸時代最大の小説家井原西鶴像を、作品や同時代の交友の中から浮かび上がらせて見事である。

リービ英雄『千々にくだけて』は、アメリカ人の日本文学作家による9・11テロ事件を主題にした小説だ。その当日、ニューヨーク行きの飛行機に乗った主人公がバンクーバーでテロによる禁足を食い、カナダでニューヨークの家族を案じながら、静かに衝撃を反芻してゆく。アメリカとは何か、国家とは何か、日本文学者たることを選んだアメリカ人の複雑な感慨が、激しい情念を美しく濾過した美しい文体で綴られている。アメリカにも帰れない、日本にも帰れない…。

この年封切られた映画『ALWAYS三丁目の夕日』(監督：山崎貴)は、貧しくとも明日への希望と期待があった時代を心暖まるストーリーで描いた。CG技術で再現された昭和三十年代の東京は無限に遠い過去のように見える。

また、この年デザイナーの三宅一生と建築家の谷口吉生が世界文化賞を受賞した。三宅は日本における服飾デザイナーの草分けであるのみならず、世界のファッションシーンをリードし続けてきた。谷口はニューヨーク近代美術館、葛西臨海水族園など、清潔な線で構造を描く作風で卓越する。


世界では、この年も七月のロンドンでの地下鉄、バスのテロ、十月バリ島で同時爆破テロなど、テロが続発する。

一方、キリスト教世界における大きな変動は、四月二日ローマ教皇ヨハネ・パウロ二世が84歳で崩じたことである。在位26年、共産党一党独裁下にあった母国ポーランドを含めた民主化運動の他、他宗教、文化間対話を推進し、平和運動の象徴となっていた。良識ある平和主義者として絶大な権威のあったヨハネ・パウロの死と、その後、欧米の平和運動が左派イデオロギーと結託する度合いを増す事は、関連していよう。

日本の近隣では、北朝鮮の核開発が最終段階を迎え、韓国、中国の反日運動が政府の誘導で激化し、今日に至る東アジア情勢の不安定化がいよいよ始まった。

二月、前々年にNPTから脱退していた北朝鮮が、ついに核保有を宣言した。

ところが九月に国際世論の圧力が強まると北朝鮮は核放棄を確約する。

しかしこれは単なるカモフラージュだった。

翌平成十八年十月九日、北朝鮮は地下核実験を強行し、核保有の事実を内外に誇示するに至ったからである。イラク戦争の傷でブッシュが国際的に無力化し、小泉に北朝鮮の核保有に対する強い危機感がなかった事が大きな災いとなった。

一方、韓国の盧武鉉は三月に島根県議会で竹島の日条例が成立したことを受け、怒涛のような反日攻勢に出た。

島根県条例成立の翌三月十七日、盧は、ただちに新たな対日政策を発表した。

その中で盧は、日本の歴史教科書を「過去の侵略と強権の歴史を賛美する」ものと非難し、さらに日韓基本条約を否定、植民地支配下での被害者に対する補償・賠償はいまだ終わっていないと、従来の韓国政権の立場を覆した。

盧武鉉は、この後八月、慰安婦問題についても請求権協定によって解決されたものと見ることはできず、日本政府の法的責任が残っているとの立場を表明した。

また、盧武鉉は、日本統治時代の「親日派」の子孫を徹底的に排斥、弾圧する法律を平成十六年及び平成十七年に施行した。

平成十七年　2005年

日中貿易・日米貿易の推移

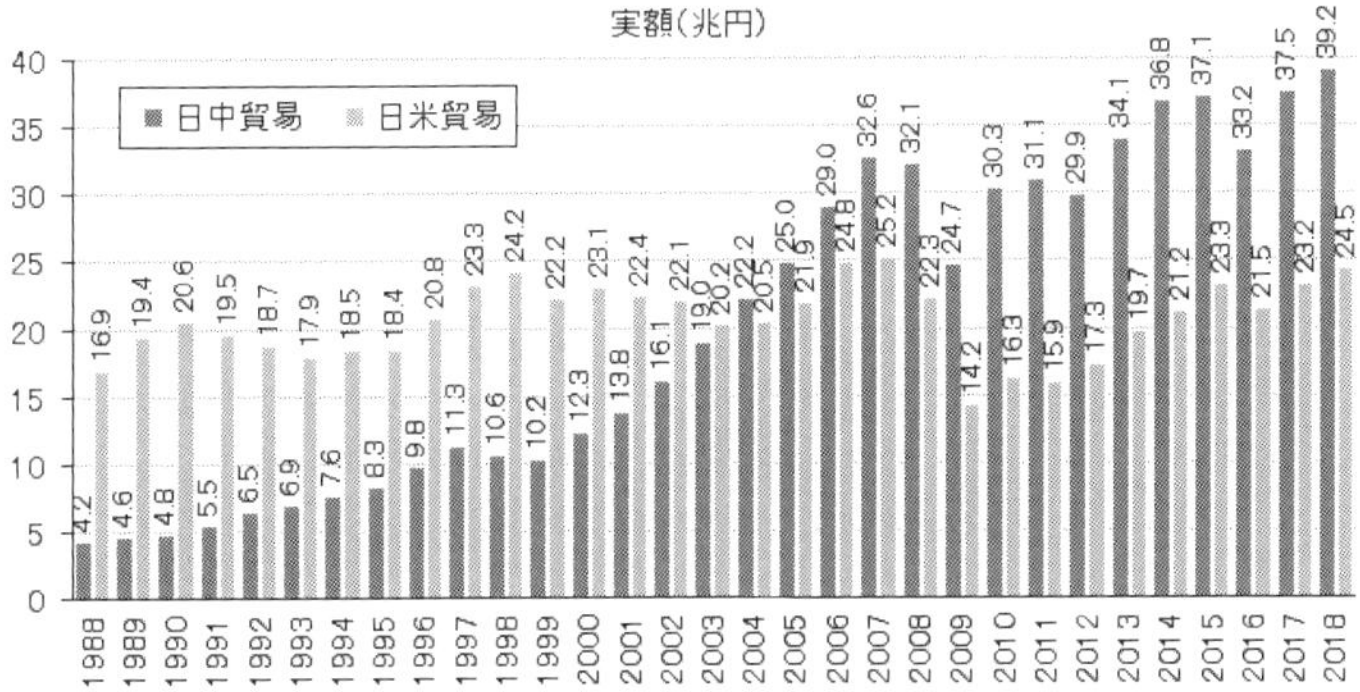

財務省「貿易統計」社会実情データ図録より https://honkawa2.sakura.ne.jp/5050.html

韓国輿論も反日で動いた。「独島は私たちの土地」をテーマに地下鉄の駅構内で開催された中学生のポスター展では、日本列島をウサギの糞にした絵、日の丸を踏みにじっている絵、日本列島にミサイルを撃ち込んでいる絵、「嘘つき民族日本人」を犬小屋で飼っている絵などが展示され、韓流ブーム真っ盛りの日本のネットでも紹介され、驚きをもって迎えられた。

一方、日中関係は、政冷経熱とされ、日中貿易額は前年、日米貿易額を初めて超え、増加傾向にある。

ところが、四月には中国で反日デモが空前規模に拡大した。中国では、大国化の中で、天安門事件の頃の知識人による民主化への衝動は潰え、江沢民、胡錦濤政権はいずれも、大衆ナショナリズムを反日運動へと誘導していた。

平成十六年重慶でのサッカーアジアカップでは、試合中の日本チームへの激しい罵声、君が代演奏の妨害などがあった。

今回のデモは、四月二日、四川省成都で日系のスーパーに対する暴動が発生し、全国に飛び火したものである。

官製デモだ。事態の鎮静化の為に北京入りした町村信孝外相に対して中国当局者は「東シナ海のガス田開発で中国国民を刺激すれば計り知れない結果をもたらす」と恫喝している。日本政府はガス田開発での譲歩を発表し、デモは突如鎮静した。

この反日デモは、小泉の靖國参拝への抗議と説明される事が多いが、小泉の参拝は4年前からで、ここに来ての大規模デモは不自然である。むしろ、日本の国連常任理事国入り阻止が目的だった。三月、国連のアナン事務総長が常任理事国を6カ国増設する考えを示し、日本が最有力国だと言及したのである。デモとほぼ同時期に、日本の国連安保理常任理事国入りに反対する署名運動が、インターネットを通して中国全土に広がっていた。中国政府の意思によるものにちがいない。

こうして、北朝鮮の核保有、中国、韓国の反日の嵐が吹き荒れ、日本政府が中国の暴力的な恫喝に屈した年、天皇皇后は、大東亜戦争で日本軍、民間人が玉砕したサイパン島に慰霊の旅をしたのだった。冒頭に掲げた皇后の御歌は、この玉砕戦で投身の自害を遂げた民間女性たちを悼んだものである。

思うところがあり、ここに再掲する。

平成十七年　2005年

御題　サイパン島

いまはとて島果ての崖踏みけりしをみなの足裏思へばかなし　御歌

平成十八年　２００６年

御題　三宅島

ガス噴出未だ続くもこの島に戻りし人ら喜び語る　御製

御題　帰還

サマワより帰り来まさむふるさとはゆふべ雨間《あめま》にカナカナの鳴く

御歌

三宅島は噴火の後もガス噴出が続いていますが、ようやく帰島できた住民らは喜びを語っています。

サマワから自衛隊の皆さんが帰還される報に接し深く安堵しています。故国日本は今、夕暮れ時の雨間にヒグラシが可憐に鳴く初秋の頃……。

政権	月日	国内
③小泉純一郎（自民党）	1・1	三菱東京UFJ銀行発足。世界最大規模。
	1・18	ライブドア事件で、東証機能麻痺。株式売買全面停止。1・23ライブドアの堀江貴文社長ら、証券取引法違反で逮捕。
	1・23	日本郵政会社発足。
	2・16	衆議院予算委で民主党の永田寿康議員、「堀江送金指示メール」を追及。
	3・9	日銀「金融の量的緩和策」を5年ぶりに解除。
	3・31	「偽メール事件」で民主党の前原誠司代表辞任。4・7新代表に小沢一郎。
	4・26	耐震強度偽装事件で姉歯元建築士らを逮捕。5・17ヒューザー小嶋進社長を逮捕。
	5・1	日米の安全保障協議委員会、在日米軍再編で合意。
	6・5	村上ファンドの村上世彰代表、インサイダー取引容疑で逮捕。
	7・14	日銀、5年4か月ぶりにゼロ金利解除。
	7・31	パロマ湯沸かし器で、21人のCO中毒死判明。8・28回収命令。
	8・11	京大再生医化学研究所、「万能細胞」作製成功を発表。
	8・15	小泉首相、靖國神社参拝。
	9・6	秋篠宮親王紀子妃、男児を出産。9・12悠仁親王と命名。
安倍晋三（自民党）	9・26	第165臨時国会開幕。安倍晋三内閣発足。初の戦後生まれの首相。
	11・18	安倍首相、ハノイで米・中・ロと首脳会談。
	11・10	菅義偉総務相、NHKに「拉致問題重点化」の放送命令書交付。
	12・4	郵政民営化で自民党を離党した12人中、平沼赳夫を除く11人復党。
	12・15	改正教育基本法、防衛省昇格法成立。

月日	国外
4・18	中国の胡錦濤国家主席、初の米国公式訪問。4・20ブッシュ大統領と会談。
6・27	イスラエル軍、パレスチナのガザ地区に侵攻。7・12レバノンにも侵攻。
10・9	北朝鮮、核実験実施を発表。
11・5	フセイン元大統領に死刑判決。12・30死刑執行。

自分史

世相

2月　日本の人口のピークは平成16年12月の1億2783万人。

8月　緊急地震速報、運用開始。全国平均の路線価、バブル崩壊後初の上昇。

10月　携帯電話の番号持ち運び制スタート。

【流行】格差社会、エロカッコイイ、メタボ、ハンカチ王子、藤原正彦『国家の品格』、『ゲド戦記』、『LIMIT OF LOVE 海猿』

【物故者】今村昌平（79）、岩城宏之（73）、橋本龍太郎（68）、阿部謹也（71）、丹波哲郎（84）、白川静（96）、灰谷健次郎（72）、岸田今日子（76）

小泉は念願の郵政民営化を成立させると、急速に政権運営の意欲を失う。どんなに強力な政権であれ、最終局面ではレームダック化するが、小泉の場合、レームダック化したのではなく、郵政解散で最強の権力者となっていながら、国家運営そのものに対する興味を自ら失い、日本はしばし政治空白の中に置かれた。

一月一日、東京三菱銀行とＵＦＪ銀行が合併して、世界最大の銀行が誕生した。こうして、みずほ銀行、三井住友銀行、三菱東京ＵＦＪ銀行によるメガバンク体制が整い、銀行の組織改編はこれで終わる。

ところが年始早々、一月十六日には、風雲児だった堀江貴文の経営するライブドアに東京地検特捜部が強制捜査に入った。証券取引法違反容疑だ。東京証券取引所は、売りが殺到し、株式売買は全面停止となった。

一月二十三日には堀江ら同社幹部が逮捕された。フジテレビの買収騒動に始まり、自民党の公認刺客候補として亀井静香に立ち向かって浴びた脚光も束の間、ホリエモン劇場は、あっけなく終わりを告げた。

スティーブ・ジョブズやビル・ゲイツらは成功者であると同時に、時代精神の深みを体現してもいる。後の成功者であるマーク・ザッカーバーグやジェフ・ベゾス、ラリー・ペイジ、堀江貴文、三木谷浩史らが、既存のインフラであるインターネットを活用してビジネスモデルを作ったのに対し、ジョブズやゲイツはそのインフラを成立させたパソコンおよびOSを開発したところに、「深み」の所以もあったのであろうか。「海軍に入隊するより、海賊でいたいね。」「私は（ひらめいた時に鳴る）『ピンポーン！』を宇宙に響かせたい」というジョブズの言葉は美しい。彼の愛読書はパラマハンサ・ヨガナンダの『あるヨギの自叙伝』だった。曹洞禅に傾倒し、現代日本版画のコレクターでもあったという。ヨガナンダは近代インドを代表する聖者だが、その自叙伝は神秘が最高度の知性と溶け合い人間の霊性の謎へと読者を深く誘う。

ビル・ゲイツはナポレオンとグーテンベルクの研究家でもあり、レオナルド・ダ・ヴィンチの手稿のコレクターでもある。社会の思想空間を一変させる超弩級の天才たちへの深い関心と、彼の世界戦略の成功は切り離せないものだったに違いない。

経済空間を本当に大きく制覇しようとすれば、それは同時に思想空間の新たな創出、人間像の更新を伴わねばならない。

堀江の著書『１００億稼ぐ仕事術』『稼ぐが勝ち』などを並べるまでもなく、アメリカの新時代の実業家たちに較べ、ホリエモンブームは、平成日本の思想的、人間的厚みのなさを象徴している。

日本でも、渋沢栄一、岩崎弥太郎、三井高福《みついたかよし》に始まり、戦後の松下幸之助、本田宗一郎、盛田昭夫らの経済的成功は、何らかの意味で人間学に裏打ちされてきた。

思想・文学を土壌とした、モラリッシュなエネルギーが乏しく、エゴイズムとしての自己表現しかない社会では、永続的な成功者は出ない。

平成においては、文化界、文学・思想界の巨人も出ず、実業界でもモラルリーダーが出なかった。この敗北を胸に、私たちは令和時代の建設に向かわねばならない。

二月十六日、民主党の永田寿康衆議院議員が、ライブドアの社内メールなるものを元に、自民党幹部の資金疑惑を追及したが、2週間後、メールが偽物であることが判明した。三月二日、民主党の野田佳彦国会対策委員長が辞任したが、余波を防ぎきれずに、三十一日には前原誠司代表が辞任するなど、執行部が総退陣した。四月四日には永田自身が議員辞職し、後に自殺する。

偽メールでの国会質疑は確かにお粗末だが、執行部が総退陣すべき政治問題だったとは思えない。こうした些末な事で、魔女狩りじみた過剰な責任追及が発生するのは小泉時代以後、平成後半の特徴で、社会の著しい不健全さを現している。

民主党は、新代表に小沢一郎前副代表を選出した。小沢久々の表舞台への登場だ。

小沢は、早速大胆に動く。長年の主張だった新自由主義の立場を放棄し、小泉構造改革と正面から対決する「国民の生活が第一」をスローガンに掲げたのである。市場競争力強化、行政の大胆な改革から、旧社会党的主張への転換である。政権交替の為には小泉の180度逆側に立たねばならない。それは小沢にとって年来の政治信条の180度逆側に立つことでもある。小沢は年来の主張をあっさり覆した。しかし、政権交替そのものがそこまで自己目的化すれば、政治はニヒリズムの底なし沼に溺れてゆくだろう。

三月十七日、ソフトバンクがボーダフォンを買収した。

昭和五十六（1981）年に孫正義が創業したソフトバンクは、パソコン用パッケージソフトの販売から始まって、平成八（1996）年には国内初の商用検索サイト「Yahoo! JAPAN」を開始するなど、次々と事業を拡大していた。平成十一（1999）年からはブロードバンド総合サービスの「Yahoo! BB」を開始、平成十六（2004）年には日本テレコムを買収して固定電話サービスに参入するなど、通信事業へと版図を広げる。

一方のボーダフォンは、旧国鉄の出資による鉄道通信株式会社がルーツだが、経営母体や社名を幾度も変えながらモバイル通信事業を続けてきた。平成十二（2000）年には「J-PHONE」として日本初のカメラ付き携帯を発売している。平成十三（2001）年からは英国Vodafoneの傘下に入っていたが、今回の買収でソフトバンクの傘下に移り、携帯電話のSoftBankブランドが誕生、孫正義は日本の通信事業の雄となる。

四月二十六日には、前年から世を騒がしていた耐震強度偽装事件で、偽装の設計図を書いていた姉歯《あねは》秀次元建築士他、木村建設社長、イーホームズ社長、マンション販売ヒューザー社長らが相次いで逮捕された。さらに、この月は、ライブドア事件に関連して、堀江の友人だった村上ファンド代表村上世彰《よしあき》がインサイダー取引疑惑で逮捕される。

七月には北朝鮮が「テポドン2」を含むミサイル7発を発射し、日本海に落下した。日本が主導して国連安保理が非難決議を全会一致で採択する。

こうした社会不安の余震が続く中、八月十五日、小泉は中曽根康弘以来21年ぶりに、現職首相として終戦記念日に靖國神社に参拝した。かつて、中曽根以前の首相は、春秋の例大祭への参拝を慣習としていた。天皇の親拝も同様だった。一度の抗議もなかった。靖國参拝は、令和改元を機に、この中曽根以前の例大祭出席に粛々と戻すべきだろう。靖國参拝を巡る平成年間の日本の外交配慮は、単なる愚行でしかなく、断乎やめればその場で片付くものだからである。外国の宗教的追悼施設に誰が参拝しようと、中国や韓国が自国の命運を賭して阻止に動く事などあり得ない。日本政府側が反応するから先方は利用する。それだけの事だ。国の為に戦争に散った先人を天皇と政府が正式な施設で悼《いた》めず、顕彰《けんしょう》できないならばそれは国ではない。国の形骸に過ぎない。

九月二十日、小泉政権は幕を閉じた。

二十六日、総裁選を制した安倍晋三が首相に就任する。初の戦後生まれの首相であり、中曽根康弘、橋本龍太郎らの衣鉢を継ぐ保守派イデオローグでもある。

小泉の「郵政民営化」「聖域なき構造改革」に対し、安倍は「戦後レジームからの脱却」「美しい国、日本」を政権課題として打ち出した。

施政方針演説は、従来の霞が関の作文の集成ではなく、徹頭徹尾安倍自身の政治信条と政治的ロジックに貫かれた画期的なものだ。

安倍は、目指す国家像を「活力とチャンスと優しさに満ちあふれ、自律の精神を大事にする、世界に開かれた、『美しい国、日本』」と規定した。小泉の構造改革路線に決別し、「成長なくして財政再建なし」と経済成長優先の方針を掲示した。吉田松陰の松下村塾が「明治維新胎動の地」となった事を例に、教育再生を打ち出した。拉致問題の解決と日ロにおける領土問題に明確に言及した。

極めて具体的な政治方針の提示である。だが、マスコミは新たな理念型の首相、独自のロジックに貫かれた政治姿勢を全く評価しなかった。

それどころか、「お友達内閣」と揶揄《やゆ》した。

かつて派閥均衡人事を散々非難してきたマスコミが、安倍が、政治信条を共にする政治的同志中心の組閣をすると「お友達内閣」と嘲笑したのである。

確かに官房長官に塩崎恭久《やすひさ》という友人を置いたり、ノンキャリアの井上義行を首相首席秘書官に抜擢したのは失策だった。優秀だが、党や霞が関の重しとなる人選ではなかったからだ。

だが、尾身幸次財務大臣、麻生太郎外務大臣、甘利明経産大臣、菅義偉《すがよしひで》総務大臣、長勢甚遠《ながせじんえん》法

務大臣、伊吹文明文科大臣という主要閣僚の顔ぶれは「お友達」とは言えない。52歳の安倍から見て皆かなりの年長者である。思想信条の近い先輩による重厚な布陣と評すのが公正だろう。

第一次政権での安倍政治は、骨太で大胆だった。

対中強硬派として知られる安倍は、就任後、アメリカを最初に訪問する慣習を破り、最初の訪問国に中国を選び、対中宥和を図る。小泉の靖國参拝で冷却した対中関係改善を意図したのである。謝罪外交から脱却し、胡錦濤と「戦略的互恵関係」を確認したのは、従来に全くない新たな外交戦略だった。第二次政権期も含め、海部に始まる平成の謝罪外交にピリオドを打った安倍の功績は大きい。

十一月、安倍は、郵政解散で小泉に切られた議員らを復党させた。保守系の同志たちである。マスコミ主流は、この復党を厳しく批判した。日中外交の順調さなどにより70%前後まで上昇していた支持率は50%を切る。

しかしそれにもひるまず、安倍は、十二月十五日、59年ぶりの教育基本法改正を断行した。「道徳心」、「勤労を重んずる」、「公共の精神」、「自他の敬愛と協力を重んずる」、「伝統と文化を尊重」、「我が国と郷土を愛する」などが盛り込まれた。リベラリズムという名の共同体破壊イデオロギーへの政治側からの、初めての、国民防衛の反撃と言える。

防衛庁の防衛省昇格法も十二月に成立する。国防は国家の中枢機能だが、驚くべきことに、戦後、防衛庁は内閣府の外局に過ぎなかったのである。
しかし安倍の急激で大胆な保守回帰は、マスコミ主流を占める左派を極度に警戒させた。
この後、安倍叩きは、年を越し、かつての政権でみない激烈な様相を呈する事になるのである。

二月にイタリア・トリノで冬季五輪が開催され、日本では女子フィギュアの荒川静香が金メダルに輝いた。

三月には、中国の全人代で、安定成長路線への転換が決議された。過剰投資と低価格商品の大量輸出に依存した急成長が、国内の環境問題に悪影響を及ぼし、都市と農村の格差拡大に繋がっている事から、国内消費を重視する方針を打ち出したものである。

六月、イスラエル軍がパレスチナのガザ地区に侵攻し、七月にはレバノンにも侵攻した。

十二月三十日、イラクのフセイン元大統領の死刑が執行された。フセインは法廷で、裁判を「戦勝国による茶番劇だ」と言い放った。フセインの功罪は別にして、アメリカに対する不信が世界に広がったのは間違いない。

この年、合計特殊出生率1・26で過去最低を記録した。

藤原正彦の『国家の品格』がベストセラーとなったのは、安倍の保守路線が時代の潮流だった事を示している。

又、竹本忠雄が皇后の秀歌五十三首のフランス語訳『セオト／せせらぎの歌』(*séoto Le chant du gué*) を出版し、皇后が優れた詩人である事を知らしめて国際的に大きな反響を呼んだ。竹本は仏文学者でアンドレ・マルローの随伴・紹介者として知られるが、平成年間、天皇や日本的霊性の研究に成果を残している。

平成四年から刊行が続いていた塩野七生《ななみ》『ローマ人の物語』15巻が、この年完結した。専門分化が進み、歴史家が通史に挑戦しない現代、優れた作家が魅力的な通史を執筆するのは重要な文化事業と言えよう。西洋では古くリウィウスから、マキャベリ、モンテスキュー以後も、ローマの盛衰の原因を探求する歴史記述は、最重要テーマである。本書は現代史学の範疇にある書物というより、そうした国家、民族的な欲求に基づく古典的なローマ史論の系譜にあると見るべきだ。

この年死去した作家久世光彦の『百閒先生　月を踏む』は敬愛する作家をモチーフにして長編小説を書いてきた久世の未完の絶筆となった。内田百閒《うちだひゃっけん》を下敷きにした幻想的空間が、あたかも久世自身の死によって照らされるような言葉の至芸である。

一方、新人西村賢太の小説『どうで死ぬ身の一踊り』は、昭和の破滅型の私小説家を自ら地でゆく新たな私小説の誕生だった。大正期に破滅的生涯を送った私小説作家藤沢清造の没後弟子を目指し、朽ちた墓を再建し、追善供養を買って出、全集を編纂しつつ、出来た女と切った張ったを演じる滅茶苦茶さを見事に客観化し、平成に珍しい清潔な文学世界である。

京都大学の山中伸弥《しんや》教授のグループがマウスの細胞からiPS細胞（人工多能性幹細胞）を作成する事に成功した。多様な体細胞に変化させることが可能なiPS細胞は、機能を失った臓器などを蘇らせる再生医療の実用化を大きく前進させるものだ。

またこの年草間彌生が世界文化賞を受賞した。草間は自らの幻覚をデザイン化、絵画化し、世界美術の先端を歩み続けている。

この年には、久世光彦（70）の他、俳優の岡田真澄（70）、元首相の橋本龍太郎（68）、映画監督の今村昌平（79）、指揮者の岩城宏之（73）、中世史家阿部謹也（71）、俳優藤岡琢也（76）、女優の岸田今日子（76）など、平成年間に円熟期を迎えていた現役の死が相次いだ。

また、漢字学の白川静（96）も最後まで研究を続けながら天寿を全うしている。

大きな慶事もあった。九月六日、秋篠宮紀子妃殿下が親王を出産、悠仁《ひさひと》親王と命名されたのである。男系男子継承を鉄則とする日本の万世一系の天皇伝統が辛うじて守られる見通しとなった。

前年には小泉が首相の私的諮問機関で女性・女系天皇容認の答申を受けている。だが、女性天皇と女系天皇は根本的に異なる。日本の皇室は125代男系で継承されてきた。血統の変更は伝統の威信を傷つける。男子のご誕生で答申は無意味となった。日本の皇統のために、この年最も嘉《よ》みすべきことだったと言って良い。

平成十九年　2007年

御題　ラトビア占領博物館

シベリアの凍てつく土地にとらはれし我が軍人《いくさびと》もかく過しけむ　御製

御題　月

年ごとに月の在《あ》りどを確かむる歳旦祭《さいたんさい》に君を送りて　御歌

先の大戦の後、ソ連によって厳寒のシベリアに抑留された我が皇軍軍人も、このような悲惨な境遇で過ごしたのでありましょう。悲愁限りない事です。

毎年、元日、歳旦祭の御祭祀に向かわれる陛下をお見送りしながら、その年の月の場所を確かめる慣わしとなっています。

政権

安倍晋三（自民党）→ 福田康夫（自民党）

国内

- 1・9 防衛省発足。
- 1・20 関西テレビ、「発掘！あるある大事典Ⅱ」で実験結果捏造発覚。
- 2・16 公的年金保険料納付記録に約5000万件の該当者不明が判明（宙に浮いた年金記録）。
- 3・6 夕張市、財政再建団体に正式移行。
- 3・14 大丸・松坂屋が経営統合を発表。
- 4・11 温家宝中国首相来日。安倍首相と会談、「戦略的互恵関係」の具体的促進で合意。
- 4・17 長崎市の伊藤一長市長が狙撃され、翌日死亡。
- 5・14 憲法改正の手続きを定める国民投票法成立。
- 5・28 光熱水費・事務所費問題で追及されていた松岡利勝農水相が自殺。
- 6・20 教育改革3法案成立。教員免許更新制度を導入。
- 6・28 緒方重威元公安調査庁長官、朝鮮総連中央本部移転登記を巡る詐欺容疑で逮捕。
- 6・30 社会保険庁改革関連法、年金時効撤廃特例法成立。
- 7・16 新潟県中越沖でM6・8の地震。柏崎刈羽原発で放射能漏れと火災発生。**7・22**柏崎刈羽原発へのIAEAの調査受け入れを決定。
- 7・29 第21回参院選、与党惨敗で半数割れ、民主党109、自民83、公明20で民主党第1党に。
- 8・3 派遣業大手フルキャストに事業停止命令。
- 8・23 三越と伊勢丹が経営統合を発表。
- 9・12 安倍首相、辞任表明。
- 9・14 月探査衛星「かぐや」打ち上げ成功。
- 9・26 福田康夫、第91代首相に就任。
- 10・1 郵政民営化スタート。
- 11・1 テロ特措法期限切れ。給油活動の海上自衛隊、インド洋から撤収。
- 12・22 派遣業大手のグッドウィルが業務停止命令の通知を受けたと発表。
- 12・28 福田首相訪中、温家宝首相と会談。東シナ海のガス田開発問題の早期解決などで一致。

国外

- 1・1 ブルガリア、ルーマニアがEUに加盟。
- 1・1 韓国の潘基文が国連事務総長に就任。
- 3・24 安藤美姫、世界フィギュア初優勝。
- 5・6 仏大統領に保守派のサルコジ当選。
- 6・22 米大手証券ベアスターンズでサブプライムローン問題が顕在化。
- 6・27 英首相ブレア辞任、ブラウン就任。
- 11・15 バングラデシュ、サイクロン襲来で死者3000人以上。
- 12・19 韓国大統領選、野党ハンナラ党の李明博初当選。
- 12・27 パキスタンのブット元首相、狙撃され死亡。

世相

- 5月 15歳8か月の石川遼、史上最年少のゴルフツアー優勝。
- 6月 大相撲時津風部屋で17歳力士が暴行死。
- 8月 横綱朝青龍を2場所出場停止に。
- 11月 上田桃子（21歳）、史上最年少で女子ゴルフ賞金王に。

【流行】『千の風になって』秋川雅史、『HERO』、『華麗なる一族』、『ガリレオ』

【物故者】 城山三郎（79）、平岩外四（92）、宮澤喜一（87）、宮本顕治（98）、小田実（75）、瀬島龍三（95）、黒川紀章（73）

自分史

安倍叩きが吹き荒れる一年だった。

一月九日、防衛省が発足し、初代大臣に久間章生《きゅうまふみお》防衛庁長官が横滑りで就任したのもつかの間、一月二十七日、柳澤伯夫厚生労働大臣が「女性は産む機械」と発言したとして、非難の大合唱に晒された。

安倍は自ら信任した閣僚をバッシングによって安易に更迭する事を好まず、柳澤も辞任させなかった。この安倍の姿勢は安倍政権叩きがメディアレイプの様相を呈する中で、かえって政権の首を絞める事になる。

ちなみに柳沢の発言は次のようなものだ。


今の女性が子供を一生の間に沢山、あの、大体、この人口統計学ではですね、女性は15歳から50歳までが、まあ出産をしてくださる年齢なんですが、15歳から50歳の人の数を勘定すると、もう大体分かるわけですね。それ以外産まれようがない。急激に男が産むことはできないわけですから。特に今度我々が考えている2030年ということになりますと、その2030年に、例えば、まあ20歳になる人を考えるとですね、今いくつ(何歳)、もう7、8歳になっていなきゃいけないということなんです。産まれちゃってるんですよ、もう。30年(2030年)のときに20歳で頑張って産むぞってやってくれる人は。そういうことで、後はじゃあ、産む機械っちゃあなんだけど、装置がもう数が決まっちゃったと。機械の数・装置の数っちゃあなんだかもしれないけれども、そういう決まっちゃったということになると、後は1つの、ま、装置って言ってってごめんなさいね。別に、この産む役目の人が一人頭《ひとりあたま》で頑張ってもらうしかないんですよね、皆さん

発言全体は妥当と言う他はない。女性に対する表現となると、比喩一つで狂気のようなバッシングがはびこる異常な社会に突入し、少子化、出産という日本民族の近未来の存亡が係る緊急の主題が、こうしたバッシングで隠蔽される事が、今に至るまで続いている。事の軽重が分からぬ故の、自殺行為なのか。日本民族の消滅を招こうという悪魔的な意図が働いているのか。

こうした安倍叩きの不穏な空気の中、安倍は国家基盤となる法律制定を急ぐ。

四月には海洋基本法を成立させた。東シナ海ガス田開発問題（対中国）や漁業問題（対韓国、中国、台湾、ロシア）に対し、日本の排他的経済水域（EEZ）での権益を守ることを目的としている。海洋立国としての長期課題に取り組む基本的枠組みとなった。

五月には憲法改正国民投票法が成立する。

これまで、保守派を中心に憲法改正の主張は再三あったが、現実に改正する際の国民投票に関する具体的な法律がなかった。改憲は机上の空論だったのである。

一方公務員改革も断行した。

渡辺喜美規制改革担当大臣が、自民党の族議員から袋叩きに遭いながら取り組んだ。能力実績主義の為の人事評価制度や、天下り規制を盛り込んでいる。天下りは、高級官僚の第二、第三の就職先で、彼らの人生設計の根本に関わる。霞が関の大きな反発を招いたが、辛うじて六月に成立を見た。

いずれも橋本政権以後の最も重要な国政改革と言ってよいが、野党とマスコミ報道は安倍叩き一色だった。

もっとも安倍の側の脇も甘かった。

前年十二月には、政府税制調査会の会長、本間正明が、公務員官舎で愛人と同棲していることが判明し、税調会長を辞任している。

また同じ十二月、規制改革担当相佐田玄一郎が、７８００万円の虚偽の政治資金収支報告書を提出していたことが判明して大臣を辞任し、この佐田の件が飛び火し、事務所費問題が吹き荒れる事になるのである。

この後、閣僚や自民党重鎮の事務所費疑惑が次々に大きく報じられ、不正や法的犯罪とは言い難い事例によって、安倍政権そのものが疑惑の巣窟であるかのような騒ぎ方を許す事になった。

一月には文部科学大臣伊吹文明の事務所費が、三月には、松岡農水大臣の５００万円の光熱水費問題が追及された。

二月、社会保険庁改革関連法案の国会審議中に、納付者を特定できない国民年金や厚生年金の納付記録が5000万件以上に上ることが明らかになった。年金記録漏れの主な原因は、手書き原簿からコンピューターに入力する際のミスであったとされる。

「消えた年金」問題は、国民の不安と激しい怒りを呼んだ。

中川秀直自民党幹事長は、公務員改革を標榜する安倍政権を潰す為の役人の自爆テロではないかと語っている。事実、奇怪な事が続発した。社保庁が政権に説明するレクチャー通りに政府側が答弁をすると、嘘だと野党から追及される。実際、野党の持っている数値の方が正しかった。要するに社保庁が野党やマスコミに正確な数字をリークし、政府には虚偽のレクチャーをしていたことになる。

安倍は「戦後レジームからの脱却」という保守路線でリベラルマスコミを敵に回した上、公務員改革で霞が関までも敵にしたということであろう。

小泉時代に政権にすっかり取り込まれていたマスコミにとっても、反動としての人身御供が必要だった。若い安倍は喧嘩で鍛えた小泉に較べ、ひ弱に見えた。恰好の標的にされたのだ。

五月二十八日には事務所の光熱水費問題で追及されてきた松岡利勝農水相が自殺した。政権の印象は決定的に暗いものとなった。

閣僚の失言も続いた。

一方、安倍が経済成長路線を明確に打ち出した事もあって小泉後半からの景気回復の波に乗り、政権叩きのただ中にもかかわらず、株価は久し振りに七月に1万8000円台まで復調している。マスコミの政権叩きがいかに国民の生活を度外視したものかがよく分かる。

景気の復調にもかかわらず七月二十九日の参議院選で与党は惨敗し、参議院では民主党109、自民党83、公明党20と、自民・公明を足しても民主党に及ばず、少数与党となった。政府与党の提出する法案が、衆院で可決されても参議院では否決される「ねじれ国会」時代の到来である。

完膚なき大敗だ。安倍は退陣すると見られたが、続投し、党内外から非難を浴びた。

だが政権はふらふらだった。参議院選の後、松岡の後任だった赤城徳彦農水相がまたもや政治資金問題で辞任する。赤城はスキャンダルが取りざたされる中、顔中に絆創膏を貼って閣議に臨み、絆創膏大臣のあだ名をもって嘲笑された。

八月二十七日には改造内閣が発足し、安倍は社会保険庁改革関連法と年金時効撤廃特例法を成立させた。社保庁の解体を断行し、年金記録が遺漏だらけだった事を受け、年金の時効を取りやめたのである。

ところが、その3日後、赤城の後任だった遠藤武彦に農業共済組合の補助金の不正問題が発覚し、わずか8日間で辞任を余儀なくされる。

その中でも安倍は外遊を決行し、インド、インドネシアを歴訪、ＡＰＥＣにも出席した。日本―インドネシア間のＥＰＡ、民主主義や人権尊重などの価値観外交、日印間のＥＰＡ交渉と防衛協力を謳いあげ、日本のアジアにおける外交的地歩は画期的に前進するかに見えた。

だが、安倍の体力・気力は限界だった。

九月十二日、安倍は臨時国会、冒頭演説を行うはずのその時に突如辞任を表明し、日本中を驚倒させる。憔悴しきった辞任会見は、国民に衝撃を与え、安倍は政権放り出しとの厳しい非難にさらされた。

様々に憶測されたが、後に安倍は持病の潰瘍《かいよう》性大腸炎の極度の悪化が原因で、職務遂行が困難な状況に陥って辞任した事を明らかにした。

後継は、安倍の盟友で外相の麻生太郎になるかと思われたが、麻生が安倍を潰す陰謀を企てていたとする「麻生クーデター」説が出回り、麻生後継の芽は潰された。

その結果、安倍と正反対の政治信条を持つ――親中、護憲――福田康夫が九月二十六日後継首相となった。

ここで、小沢一郎が動いた。与野党のねじれを解消する為の、自民と民主の大連立政権構想である。小沢は読売新聞社主の渡辺恒雄《つねお》を介して福田康夫に持ち掛け、話は十月に纏まりかけたが、民主党の役員会で否決されて潰えた。

大連立構想が潰えた後、小沢は、徹底的な福田政権潰しに転ずる。

福田は十一月、給油活動をしていた海上自衛隊をインド洋から撤収させた。テロ特措法の期限延長に、小沢民主党の協力が得られなかったためだ。海上自衛隊による給油活動は国際社会からの信頼も厚く、日本の多くのタンカーや商船のみならず、世界中の民間船の大きな安心に繋がっていた。日米関係をも国の信用をも毀損する処置だった。

一方、福田は訪中し温家宝首相と会談、年末に東シナ海のガス田開発問題の早期解決で一致する。両者は日中平和友好条約締結から30年を迎える翌年を「日中関係飛躍の年」とし、環境・エネルギー分野で今後3年間に中国人研修生1万人の受け入れ、人民解放軍の若手将校を日本に招き、自衛隊幹部や有識者らとの交流を実施するなどを決めている。福田は昭和61年の中曽根康弘以来の厚遇を受けた。

驚くべき事がある。福田政権になった途端、政権叩きが止んでしまった事だ。事務所費問題は安倍政権とは関係なく、叩けばまだ出てきたであろう。消えた年金問題も同様だ。社保庁は十二月、宙に浮いた約5000万件の年金記録の内、1975万件という巨大なデータの名寄せができない事を発表したのである。この数値に対してさえマスコミは静観の構えを見せた。

海外情勢はイラク戦争後、テロの続発を除けば比較的平穏だった。

国連事務総長に韓国の潘基文《パン・ギムン》が就任した。前任アナン時代、小泉の日米蜜月の中で日本の常任理事国入りが現実味を帯びる中、中国が画策した人事と考えてよかろう。潘は後に、現職の事務総長であるにもかかわらず中国の軍事パレード「抗日戦争・反ファシズム勝利七〇年記念式典」に参列している。存在感の欠如から欧米紙などに「透明人間」と揶揄される一方、中国への肩入れや「自国優先」「縁故主義」の姿勢が批判された。英エコノミストは、潘を「歴代最悪の事務総長の一人」と批判している。

八月、サブプライム・ショックが発生する。低価格の住宅ローンを信用保証なしに組めるシステムの不安が一気に露呈し、世界同時株安に見舞われたのである。次の年、それは世界経済を直撃する猛威となる。

十月にはピョンヤンで7年振り、史上二回目の南北朝鮮首脳会談が行われた。南北の終戦宣言に向けた協力が合意され、新たに軍事的緊張緩和や平和体制への言及が加わった。

だが十二月には韓国の大統領選でハンナラ党の李明博《イ・ミョンバク》が当選、親米保守政権の誕生で、北との距離は再び遠のく。

一月、テレビ番組「発掘！あるある大事典Ⅱ」の捏造が発覚した。論文やデータを根拠に、納豆で痩せる効果があると放送したが、実は根拠がなかったのである。番組は打ち切られた。

二月には携帯・PHSの保有台数が1億台を突破した。国民総携帯電話時代に入ったのである。

五月には15歳のゴルファー石川遼が、史上最年少で全国ツアーに優勝した。前年高校野球で脚光を浴びた斎藤佑樹が「ハンカチ王子」と呼ばれたことから、石川は「ハニカミ王子」の愛称で呼ばれた。

六月、緒方重威《しげたけ》元公安調査庁長官が、朝鮮総連中央本部移転登記を巡る詐欺容疑で逮捕された。朝鮮総連は北朝鮮の日本における在外公館に代わる組織で、実態は北朝鮮の工作機関である。その朝鮮総連と日本の元公安トップが繋がっていたというのは重大な不祥事だ。緒方はオウム真理教事件当時の公安調査庁長官であり、総連の日本側窓口は元日弁連会長の土屋公献だった。日本の司法関係者や情報機関はどうなっているのか。外国の謀略の汚染が浸透していないか、根こそぎ洗い直す必要はないのか。

六月には大相撲時津風部屋で17歳の力士がリンチを受けて死亡した。

七月にはセブンイレブンジャパンがアメリカマクドナルドを抜き、店舗数で世界一となった。

十一月には防衛省の調達を巡る不祥事が発覚し、守屋武昌前防衛次官が収賄容疑で逮捕された。

この年、不二家、ミートホープ、赤福、船場吉兆などで、食品偽装の発覚が相次いだ。ミートホープは廃業し、社長に実刑判決が出る大きな不祥事となり、船場吉兆も廃業に追い込まれた。

文化面では、この年日経能楽鑑賞会が始まった。主要新聞社によるオペラ・演劇の招致は多いが、日本の最も深遠で偉大な演劇である能楽への庇護は概して非常に手薄い。日経新聞社が継続的に能楽上演を主催している事は貴重である。

テノール歌手秋川雅史の「千の風になって」がヒットチャートに入り、この年からアニメ化された『のだめカンタービレ』がベートーヴェンの第七交響曲、ガーシュウィンの「ラプソディー・イン・ブルー」などの名曲を用いて、若きピアニストや指揮者のドラマを描き、クラシックブームをもたらした。あわせて、平成十七年からゴールデンウィークに、東京フォーラムで開催されてきた低価格のクラシック音楽祭「ラ・フォル・ジュルネ・オ・ジャポン『熱狂の日』音楽祭」も拡大され、クラシック音楽のすそ野を広げている。

新海誠監督アニメ映画『秒速5センチメートル』がアジア太平洋映画賞のアニメーション映画賞などを受賞した。日本人の琴線に触れる自然風景の繊細な描写は非常に美しいが、世界観を展開する宮崎のアニメに較べ、私小説的なミニマム化が著しい。

山本淳子『源氏物語の時代』は当時の宮中を伝記的に再現しつつ源氏物語成立の背景を描き、作品世界への格好の入り口となっている。平成年間は、三島由紀夫論と並び、源氏物語の研究・現代語訳に多彩な成果のあった時代である。この作のみを取り上げるのは不公平だが、紙幅の都合で本書に代表させ、ここでご紹介しておく。

松浦理英子『犬身』は犬しか愛せない人間が、自ら犬になって献身的な愛を人間に捧げるという異常な設定で、愛と性を描いた。松浦は、『ナチュラル・ウーマン』でレズビアン、『親指Pの修業時代』で親指が突然ペニスになった女子大生の性遍歴を描いている。文学が低調な自滅を迎える時代に例外的な筆力を持つが、かくも異常な設定で語られる性が辛うじて今の日本文学を支えているのは、不幸な状況と言わねばなるまい。

この年、作家城山三郎（79）、喜劇役者植木等（80）、財界人平岩外四（92）、日本共産党指導者宮本顕治（98）、元首相宮澤喜一（87）、作家で左派活動家小田実（75）、実業家瀬島龍三（95）、作家西村寿行（76）らが死去した。

日本共産党元議長宮本顕治は日本共産党の歴史そのものと言える。昭和初期芥川龍之介を論じた「敗北の文学」が懸賞論文で一席となり文壇にデビューした。次席は小林秀雄の「様々なる意匠」だった。その後活動家としてリンチ殺人を起こす一方、党の組織化に実力を発揮し、作家の中条百合子と結婚、戦後も評論家として活躍しつつ、政治的地歩を固め、昭和三十三（１９５８）年書記長に就任、以来晩年まで日本共産党の最高実力者だった。瀬島は、元陸軍参謀、シベリア抑留から帰国後、実業界に入り、伊藤忠商事の会長を務める一方、財界政治を展開し、中曽根時代のブレインだった。ソ連スパイ説も根強い。小田実は左派の作家、活動家である。「ベトナムに平和を！　市民連合」（ベ平連）を結成した事が最も有名だが、ＫＧＢから資金が流れていたことが後に明らかになっている。辻元清美を左派活動家に育てたのも小田である。ソ連共産党と深い縁のある昭和戦後の大物3人が、同じ年に死去したことになる。

平成二十年　2008年

御題　火

炬火台に火は燃え盛《さか》り彼方《かなた》なる林は秋の色を帯び初《そ》む　御製

御題　北京オリンピック

たはやすく勝利の言葉いでずして「なんもいへぬ」と言ふを肯《うべな》ふ

御歌

国民体育大会の炬火台には火が燃え盛り、彼方の林は紅葉に色づき始め、晴天の中、紅が反響しあっているようです。

優勝の直後、感想を聞かれても言葉が出ず「なんも言えぬ」という北島康介選手の言葉は万感を伝えて余りありました。

政権

福田康夫（自民党） / 麻生太郎（自民党）

国内

1・30 中国製の冷凍餃子から殺虫剤などに使用される有害成分メタミドホスが検出。

2・19 海上自衛隊のイージス艦。東京湾口で漁船に衝突。

3・13 円高で12年ぶりに1ドル100円を突破。

3・14 社保庁、年金記録の特定困難2025万件と発表。9・18厚労省、年金記録改竄の可能性が高いものが6万9000件と発表。11・28組織的改竄があったと認定。

4・9 白川方明副総裁、総裁に昇格。

6・25 グッドウィル廃業。

9・1 福田首相、辞意を表明。

9・5 三笠フーズの「事故米」食用転売を農水省が発表。

9・20 丸大食品がメラミン混入で自主回収。

9・22 野村ホールディングス、リーマン・ブラザーズのアジア太平洋部門を買収。9・23欧州・中東部門も買収。

9・22 三菱UFJフィナンシャル・グループ、米証券大手モルガン・スタンレーに出資。

9・24 麻生太郎内閣発足。

10・1 松下電器産業、社名をパナソニック株式会社に変更。

10・7 ノーベル物理学賞に南部陽一郎・小林誠・益川敏英選出。10・8化学賞に下村脩。

10・27 日経平均終値7162円90銭、26年ぶりの安値。

10・30 政府、27兆円規模の新総合経済対策を発表。

10・31 日銀、7年ぶりに利下げ。

10・31 田母神俊雄航空幕僚長を「政府見解に異なる」意見を主張したとして更迭。

12・5 ホンダ、自動車レースF1からの撤退を発表。

12・9 ソニー、従業員1万6000人削減を発表。

12・30 東証大納会、終値8860円で年初比42％減。

国外

2・17 コソボ自治州、独立宣言。

3・2 ロシア大統領選挙、メドベージェフが当選。5・7プーチン前大統領は首相に。

3・14 チベットで中国政府に対し抗議運動激化。403人逮捕。

3・20 浅田真央、世界フィギュア初優勝。

3・22 台湾総統選挙、国民党の馬英九が当選。

5・12 中国四川省でM8・0の大地震。死者6万9000人以上。

7・11 原油価格高騰。ニューヨーク先物で史上最高の147・27ドルを記録。以後、落下へ。

8・8 北京オリンピック開催。

9・15 米大手証券会社、リーマン・ブラザーズが経営破綻。メリルリンチは身売り。世界金融危機の発端。

11・4 米大統領選、バラク・オバマが当選。初のアフリカ系。

12・27 イスラエル軍、パレスチナ・ガザ地区への空爆開始。

自分史

世相

1月 16歳3か月の石川遼、史上最年少でプロに。11・30獲得賞金1億円突破。

2月 「ロス疑惑」の三浦和義、サイパンで逮捕。10・10ロス市警留置場で自殺。

5月 サザンオールスターズ、無期限活動休止。

6月 東京・秋葉原で無差別殺傷事件。7人死亡、派遣会社社員を逮捕。

11月 音楽プロデューサー小室哲哉、詐欺容疑で逮捕。

【流行】小林多喜二『蟹工船』、アラフォー、ゲリラ豪雨、派遣切り、『崖の上のポニョ』、『篤姫』

【物故者】市川崑（92）、大野晋（88）、赤塚不二夫（72）、緒形拳（71）、筑紫哲也（73）、加藤周一（89）

政治は停滞し、社会的事件の多い一年だった。福田には世界の新しい状況に対応する政治理念がなく、一方、小沢民主党は参院の多数を利用して、徹底的に政権を追い詰める戦術に出ていた。記さねばならない政治的進展は殆どない。

一月三十日には中国製の冷凍餃子から有毒成分メタミドホスが検出される毒入り餃子事件が発覚した。中国側は頑なに否定し、日本の工場で毒物が混入されたかのような主張を繰り返した。会話が成立しない。異常な国と言うほかはない。

二月には海上自衛隊のイージス艦が東京湾口で漁船に衝突した。

1ドル100円を切り、約12年7ヶ月ぶりの円高・ドル安水準となった。日本経済は再び円高不況に陥る。

社保庁の最終的な記録が公表された。年金記録の特定困難事案が実に2025万件あったというのである。更に九月、福田の首相退陣直後、厚労省は年金記録改竄が6万9000件あったと発表し、十一月には組織的改竄の事実を認めた。

三月十二日、日銀総裁人事が民主党の抵抗で空転し、福田政権が推薦した日銀副総裁で元財務次官武藤敏郎が参議院で否決された。異例の事態だ。続いて十八日、政府は田波耕治元財務次官案を出すがこれも否決された。

民主党の反対理由は、事務次官経験者が日銀総裁になれば、財政の責任者が金融をコントロールする旧日銀法時代に逆戻りするというものだが、武藤は現職の日銀副総裁でもある。武藤の安定感は、財界から強く歓迎されており、世界的経済危機の最中の民主党の姿勢は、主要新聞全紙から厳しく批判された（J-cast ニュース三月二日）。民主党は対案を示さず、四月九日、白川方明副総裁が自動的に総裁に昇格することになる。

残念ながら、白川はこの後日本が見舞われたリーマンショックの後処理において、稚拙を極めた。白川は緻密な理論派だが、デフレについて明確な病毒と見做さず、量的緩和に反対する一方、民間の企業努力を求めるなど、中央銀行総裁としては不適切な人物だったと評する他ない。民主党政権も金融政策に定見がなく、白川に強い指示を出せなかった。日本経済は瀕死の状態まで追い込まれてゆく。

四月一日、後期高齢者医療制度がスタートした。

また、同日、三越が伊勢丹に取り込まれる形で、合併した。どちらも呉服系の創業だが、三越は江戸に創業された百貨店の雄であり、一方伊勢丹は明治に創業され、ニューモードをリードする異なった社風だ。両社の合併は、特に三越に代表される上質な和服文化と、それを支える呉服屋―仕立屋―製糸工場などの衰退を象徴する出来事だった。

七月にはアップル社のｉＰｈｏｎｅがソフトバンクから発売され、後にはＫＤＤＩ（ａｕ）、ドコモも販売をはじめた。それまでのモデルは「ガラケー」と称され、今や携帯市場は完全にスマートフォンに牽引されている。

十月、松下電器産業が社名をPanasonicに変更し、NATIONALブランドが消滅した。プラズマテレビの失敗など負の遺産を抱え、翌年二月、1万5000人に及ぶ人員削減を行うことを発表する。松下の特徴とされていた、製品ごとにピラミッドを構成し、各事業部が競い合い業績を伸ばすという経営体制を捨ててしまったことが、業績悪化の最たる原因とされている。平成二十五年度に黒字転換するまで苦闘は続いた。

十二月には、日本の技術革新を牽引してきたソニーが、IT時代に、経営の多角化を図り失敗、従業員1万6000人削減を発表するに至った。

平成二十年　2008年

そうした中、九月一日、福田首相が、前年の安倍に続き、任期1年にして突如辞任した。

安倍は後に、持病の潰瘍性大腸炎の極度の悪化が理由だったことを明らかにしたが、福田が首相を突然辞任した理由ははっきりしない。辞任記者会見で「私には自分が見えている」と発言している事から推測するに、衆院の解散任期の迫る中、自分が顔では選挙を戦えないということであったのか。

こうして、橋本政権から小泉政権までの政治的安定期は終わり、ねじれ国会と短命政権の混乱期に再び日本は舞い戻った。

福田の後継は麻生太郎だった。

麻生の最重要命題は衆議院の解散である。２代続けての政権放り出しの後だ。麻生は就任直後、勢いに乗じて国会冒頭解散する腹づもりだった。

ところが、九月二十四日の政権成立直前、九月十五日にアメリカの大手証券会社リーマン・ブラザーズが経営破綻した。前年のサブプライムショックの結果である。

サブプライムローンは、低所得者（サブプライム層）向けの住宅ローンだ。

アメリカで、好景気、住宅価格の上昇が続く中、低所得者や新しい入国者、クレジットカードの遅滞実績がある人でも気軽に利用できるローンとして大きなブームとなった。極めてリスクの高い商品である。ところが、このローンは証券化され、金融工学に基づき他の安全な銘柄と組み合わせて販売される事で、リスク分散ができると説明された。ローリスク・ハイリターンという典型的な詐欺商法だが、格付け会社が軒並みトリプルAを付け、世界中の投資家や経済の専門家がこの話に引っ掛かったのである。

だが、ローンの支払い不能者は案の定続出し、その状況が明らかになれば、株は暴落せざるを得ない。大手銀行ニュー・センチュリー・ファイナンシャルや投資会社ベアー・スターンズが煽りを受けて破綻し、サブプライム関連株の売りが殺到した為、ローン引き受けの筆頭だった名門リーマン・ブラザーズが、６１３０億ドルの赤字を抱えるに至った。アメリカ政府は既にメリルリンチなど証券会社や銀行への公的資金投入の救済を続けていたが、世論の反発が強く、リーマン・ブラザーズに対しては、救済しない事を決断、リーマンは九月十五日に破綻してしまう。リーマン・ブラザーズは、１８５０年創業、アメリカで第4位の証券会社、投資銀行だ。64兆円の倒産は史上最大である。激震が走り、世界で事業展開していたＡＩＧも破綻が取りざたされる事態となった。アメリカ政府は破綻連鎖を防がざるを得なくなって方針を変え、ＡＩＧを国有化して事態の乗り切りを図る事になる。

世界は同時株安となり、リスクが飛び火した為、九月十八日、世界の主要中央銀行が総額１８００億ドルのドル供給を決定した。

十月二十七日には、日経平均終値が７１６２円90銭と26年ぶりの安値をつける。

解散どころではなくなった。

新首相麻生は経済修復に専念する。

十月三十日には、福田政権が決めていた経済対策に加え、27兆円規模の新総合経済対策を発表した。定額給付金の支給、雇用セーフティネットの強化、消費者庁の創設、出産・子育て支援、金融資本市場の安定、高速道路料金の引き下げ、住宅投資などを盛り込んだ。

十二月には、景気対策の第三弾として37兆円の追加が決定、翌年四月十日にも新たな経済対策として56・８兆円を追加、４次にわたる対策での総事業費は実に１３２兆円に達した。

当時、内閣府は、この一連の対策の効果として「実質GDP成長率を2％程度押上げ、また、需要拡大による40～50万人程度（1年間）の雇用創出が期待される」とした。ただし、その効果が現れるのは平成二十一（２００９）年7—9月期からであると見越している。実際に平成二十二（２０１０）年には実質GDP成長率は前年のマイナス５・４％からプラス４・２％にV字回復、失業率も減少に転じている。鳩山政権時代の事である。

しかし、安倍と同様、麻生も筋金入りの保守派首相としてリベラルメディアから目の敵にされている。高級バー通い、漢字の読み間違いなどを執拗に叩かれ、衆院での政権交代風は強くなる一方だった。

この年、東証の終値は８８６０円で、年初に比べ実に42％減となる。

海外もサブプライムローンと原油価格の高騰に振り回された。

二月、コソボ共和国が独立を宣言した。G７を含む１１１カ国が承認する一方、セルビア、ロシア、中国など85カ国はこの時点で承認を拒否している。

三月、ロシア大統領選では、プーチン子飼いのメドベージェフが当選し、プーチンは首相に退いた。事実上はプーチンの院政に過ぎず、４年後にはプーチンは大統領に返り咲き、ロシアは事実上プーチンの擬似独裁状況が続いている。

　三月にはチベットで、中国政府に対する抗議運動が激化し、チベット亡命政府の発表によると死者140名を数えた。

　同じ三月、台湾では国民党の馬英九《まえいきゅう》が総統選挙を制した。馬英九は「親中派」と言われながらも、就任当初は日本との関係を重視した。ところが平成二十七（2015）年を「抗日戦争勝利70周年」と位置付けて以後、反日的な言動を繰り返し、態度を豹変させる。

　五月、大型サイクロンがミャンマーを直撃し、死者・行方不明者が13万人に上った。

　同月、中国四川省ではマグニチュード8の大地震が発生し、死者6万9000人以上に上った。

　七月に、原油価格が高騰し、ニューヨーク先物取引市場では史上最高の147・27ドルを付けた。最たる原因は中国など新興国の需要拡大、不安定な中東情勢による地政学的リスクの影響、ドル安などが挙げられる。

　八月は北京オリンピックが開催された。日本は女子ソフトボール、平泳ぎの北島康介が男子100mと200m平泳ぎで二冠を制するなど金9、銀6、銅10だった。主催国中国は金51、銀21、銅28で合計100、アメリカの合計110と僅差に縮めた。既に超大国に向けて国力の全てを集中している様がうかがわれる。

　九月にリーマン・ブラザーズが経営破綻した経緯は既に書いた。

十一月、リーマンショックを受け、G20サミットが初めて開催された。G20は、G7にロシア・中国・インド・ブラジル・メキシコ・南アフリカ・オーストラリア・韓国・インドネシア・サウジアラビア・トルコ・アルゼンチンを加えた20カ国で、これらの国で世界のGDPの90%を占める。G20による蔵相・中央銀行総裁会議は平成十一（1999）年以来開催されていたが、今回のリーマンショックで、世界規模の高度な政策調整が必要と判断され、首脳会合としてのサミットが開催される事になったのである。

十一月、経済危機の最中、アメリカ大統領選では民主党のバラク・オバマが当選し、初の黒人大統領が誕生した。「Yes, we can」を合言葉に、エレガントな演説と物腰、そして容姿淡麗なオバマは、ブッシュ前大統領がネオコンを採用して大きく国際的信用を落とした後、「平和志向」と「リベラル」によって時代を変える希望の灯に見えた。

しかし、アメリカはオバマのもとで世界戦略を放棄し、世界の警察官たることをやめ、ヴィジョンを持たぬままに中国の台頭を許す事になる。

ただし、日本の民主党政権とは異なり、オバマは金融政策は誤らなかった。

ブッシュ政権から引き続きオバマ政権でもFRB議長を務めたベン・S・バーナンキは、フリードマン信望者として知られるリフレ派だ。リーマンショック後、相次いで景気対策を打ち続け、雇用の改善が見られた他、経済成長率も平成二十二（2010）年にはプラスに戻した。

しかし、アメリカ経済全体は復調しても、富の独占が進み、中流階級が消滅する下流社会化現象は、オバマ時代にも止まらなかった。8年後にトランプが台頭する所以だ。

平成二十年　2008年

三月、浅田真央がフィギュアスケートの世界選手権で初優勝した。この後平成二十九（2017）年に引退するまで、浅田は高橋尚子、田村亮子らの後、日本のスポーツ界を牽引し、国民の期待と声援を一身に浴びた。

十月にはノーベル物理学賞に南部陽一郎、小林誠、益川敏英が、化学賞に下村脩《おさむ》が選ばれた。南部らは、素粒子の一種、クオークに関する研究で、現在の素粒子物理学の根幹を築いたとされる（1960年代〜）。下村は緑色蛍光タンパク質（GFP）を発見（1962年）し、生命科学に貢献した。

同じ十月、航空幕僚長田母神《たもがみ》俊雄が更迭された。アパホテル第一回懸賞論文の受賞作「日本は侵略国家であったのか」における田母神の侵略戦争史観批判が、政府見解と異なるとの理由だった。論文発表は自衛官に禁じられている政治活動ではない。表現の自由を委縮させる深刻な措置であり、麻生の失政だ。更迭された田母神はその後保守論壇を牽引することになったが、平成二十八（2016）年東京都知事選出馬の際の選挙違反を問われ、以後活発な著述は行っていない。

十一月には、シンガーソングライターで音楽プロデューサーの小室哲哉が詐欺容疑で逮捕された。

一世を風靡していた小室ファミリーも平成十（1998）年頃から陰りを見せ、本格的な歌唱力で勝負する宇多田ヒカル、独特の世界観を持つ椎名林檎、そしてモーニング娘。、SPEEDなどによって時代はとって代わられていた。浜崎あゆみは日本レコード大賞を平成十三（2001）年から十五（2003）年にかけ、史上初の3連覇を成し遂げ、その後も歌謡界を牽引していた。焼けた肌が特徴だったアムラー系ギャルのあと、ヒョウ柄や付けまつげ、大きなサングラス、ネイルアートなど、ファッションリーダーとしても若い女性から絶大な人気を得ている。

小室の逮捕は時代の転換を痛々しい形で象徴する事件だった。

一方、この年ダンス・ボーカルグループEXILEが台頭した。『Ti Amo』で日本レコード大賞の他、15冠を達成している。硬派な男性性の魅力で一世を風靡し、天皇の即位二十年奉祝行事でも演奏を披露している。

前年のサブプライムショック、この年のリーマンショックの中で、派遣社員が職を失い、小林多喜二の『蟹工船《かにこうせん》』がブームになった。文学としては未熟で、今読むに値するとは思えないが、プロレタリアートの追い詰められた心情を現代に重ね、多くの人が共感したのである。

歌舞伎役者の坂田藤十郎が世界文化賞を受賞した。坂田は上方歌舞伎の大立者で、近松門左衛門『曽根崎心中』のお初役の美しさは伝説となっている。

滝田洋二郎監督『おくりびと』が公開された。俳優本木雅弘が、青木新門著『納棺夫日記』を読んで感銘を受け、映画化に向けて奔走、本木主演、広末涼子、山崎努らが共演している。納棺師を描く、異色の着眼だがコミカルな要素を含みつつ、厳粛な人の死との向き合いを抑えた色調で描いて見事である。この映画は翌年米アカデミー賞外国語映画賞を受賞する。

冲方丁《うぶかたとう》『天地明察』は、四代将軍徳川家綱治政下、狂い始めていた暦を改める改暦事業に取り組む渋川春海を主人公に、緻密、膨大な調べを自在にこなし、叙述は当時の数学熱や人間模様に及ぶ。文章に昭和期の大家の潤いはないが、読ませる力は充分ある。大型の歴史小説家の登場と見たい。

植木雅俊訳注『梵漢和対照・現代語訳 法華経』(全2巻)は、法華経を三言語で対照し、旧来の翻訳の誤りを精緻《せいち》に指摘しつつ、原典の精密な理解を期す。漢訳仏典こそは日本人の仏教の受容を決定づけてきたが、中村元、塡谷雄高以後、初期仏典のパーリ語からの原典訳が主流になり、漢訳とパーリ語、サンスクリット語原典との脈絡が見え難くなっている。本書は法華経という日本の精神史上重要な文献でサンスクリット語、漢語、現代日本語の対照を実現した点、画期的な業績と言えよう。

この年、映画監督市川崑(92)、国語学者大野晋(88)、漫画家赤塚不二夫(72)、俳優緒形拳

（71）、ジャーナリスト筑紫哲也（73）、文学者加藤周一（89）が死去している。

市川は芸術指向の大監督を輩出した日本映画界で、寧ろ商業映画やテレビに表現領域を見出した異色の存在だった。『ビルマの竪琴』『野火』『鍵』『東京オリンピック』のような本格的な映画作品の一方で、『木枯し紋次郎』『金田一耕助シリーズ』などを先駆的に手掛けている。赤塚は『おそ松くん』『天才バカボン』などギャグ漫画で人気を博した。大野は国語学の泰斗、日本語の由来、音韻、仮名遣い、助詞など多岐にわたる基礎研究から、魅力的な古典評論までをこなした。奇しくも加藤の代表作も『日本文学史序説』である。岩波・朝日系文化人としての加藤にはここでは敢えて触れないが、この『日本文学史序説』は、文学史と言うよりも思想、宗教、民衆史も含めた精神史としてバランスがよく、総括的な通史として今日でも価値が高い。

平成二十一年　2009年

御題　即位二十年の国民祭典にて

日の暮れし広場に集ふ人と聞く心に染《し》むる「太陽の国」　御製

御題　生

生命《いのち》あるもののかなしさ早春の光のなかに揺《ゆす》り蚊《か》の舞ふ　御歌

即位二十年を祝う国民祭典で音楽集団EXILEが歌う奉祝曲「太陽の国」をお聞きになって詠まれた歌である。「日の暮れた皇居前広場に集う人々と共に聞く『太陽の国』は、まことに心に染みるものでした。」

御所の庭で、早春の陽の光に照らされたユスリカの群――いのちあるものの愛しさ、悲しさが思われます。

政権	国内	国外
麻生太郎（自民党）	1・20 '08百貨店の売上げ、コンビニに抜かれる。 2・16 GDP、年率12%以上の減少（石油ショックの頃以来の大幅減）。 3・4 定額給付金支給に関わる法律が衆院で再議決、即日公布（1人1万2000円が基本）。 3・10 東証、終値が1982年10月以来の安値。 4・5 北朝鮮、人工衛星と称してミサイル発射、日本上空を通過。 4・22 財務省、'08貿易収支が1980年度以来の赤字と発表。 5・11 民主党小沢代表、献金を巡る公設秘書逮捕で代表辞任（後任は鳩山由紀夫）。 6・1 薬事法改正、コンビニで薬販売可能。 8・30 第45回総選挙（民主308、自民119、公明21、共産9、社会7、みんな5他）。 9・1 消費者庁設置。 麻生内閣における経済対策は最終的に45兆円規模に。	1・20 米オバマ大統領就任。 4・5 米オバマ大統領が、プラハで核不拡散の演説を行い「核のない世界」を強調。 7・5 中国・新疆ウイグル自治区で暴動が発生、死者が出る。 8・17 米でクレジット・カード情報を1億3000万人分不正に得た者が起訴される。
鳩山由紀夫（民主党）	9・16 鳩山由紀夫内閣（民主、社民、国民新の連立）。 9・17 政府、八ッ場ダムなどの建設中止を表明。 10・29 日航、経営不振で政府管理下に。 11・27 概算要求からムダを見つける「事業仕分け」終了。 12・15 政府閣僚委員会、普天間基地の移設先再選定を決定。	10・9 米オバマ大統領がノーベル平和賞受賞。 10・10 トルコ・アルメニアが国交正常化。

自分史

世相

2月 『おくりびと』が第81回アカデミー賞外国映画賞受賞。
5月 裁判員制度スタート。
【流行】事業仕分け、ファストファッション、草食男子、歴女、村上春樹『1Q84』、出口宗和『読めそうで読めない間違いやすい漢字』、『JIN—仁—』
【物故者】大原麗子（62）、中川昭一（56）、森繁久彌（96）

リーマンショックは、前年来の大胆な財政出動でも、その余震は留まるところを知らない。三月十日には日経平均がバブル後の安値を更新して、7054円98銭まで落ち込んだ。四月三十日にはアメリカの自動車会社NO2クライスラー社が経営破綻、六月一日にはNO1のGM（ジェネラルモータース）も破産法適用を申請して、国有化による再建を余儀なくされた。五月八日、トヨタ自動車も営業赤字転落を発表する。昭和十二（1937）年創業以来初の赤字計上である。

日本でも大規模な破綻が相次いだ。大和生命保険が既に平成二十年十月に破綻しているが、穴吹工務店（平成二十一年）、日本航空（平成二十二年）、武富士（平成二十二年）、ウィルコム（平成二十二年）と、この後の景気の極度の冷え込みでの大型倒産が続いた。

何よりも、麻生が財政出動で動いても、白川総裁体制の日銀の動きの鈍さが深刻だった。6カ国の中央銀行が前年十月に政策金利の同時引下げに踏み切ったにもかかわらず、日銀のみは、日本の金融市場は欧米と比べ相対的に安定した状態にあるとして協調せず、その後、緊迫する国際金融情勢を受けてようやく利下げに踏み切っている。（内閣府「平成21年度 年次経済財政報告」）

全く信じ難い。日本の株安は、群を抜いて悲惨な状況だった。この時点で株価は7000円台、昭和五十五（1980）年と同じ水準だ。リーマンショック後でさえ、ニューヨークのダウ平均は前年の1万3000ドルから8700ドルに暴落した後、この年1万ドル台までは戻し、その後再び株価の最高値を更新し続けている。日本はこの後、第二次安倍政権まで4年間、株価の氷漬け状態が続くのである。

経済の停滞、国会の停滞、麻生叩きが連動して、麻生政権の支持率は20％を下回るまでに落ち込んだ。

麻生自民党の勝ち目が全くなくなったまま、八月、任期満了目前に解散総選挙が行われる。

民主党の小沢一郎は、小泉の郵政選挙を参考に、小沢ガールズと称される女性候補を多数擁立して、自民党有力議員の選挙区に刺客として立てた。森喜朗《よしろう》、福田康夫、谷垣禎一《さだかず》、太田昭宏らを猛追し、時に落選させた選挙模様は、テレビで完全に劇場化した。

民主党は、マニフェスト選挙を標榜し、大胆な公約を並べた。国の総予算２０７兆円の全面組み換え、衆議院定数を80削減、天下り根絶、議員の世襲禁止、年金月額７万円の最低保障、公立高校授業料無償化、中学卒業まで一人当たり31万２０００円の子ども手当、農業の戸別所得補償制度、高速道路無料化……。

国民に不人気な小さな政府、緊縮財政を、小泉独自の発信力で説いて演出した小泉劇場とは正反対の、ばらまき型福祉政策のオンパレードだが、これらの財源16・８兆円は、霞が関の埋蔵金と無駄の削減で捻出できるとした。

このばらまきマニフェストの主導者は小沢だ。鳩山内閣で経産大臣を務めた直嶋正行によると小沢は「何とかなるって。金なんかいっくらでもあるんだから」と繰り返し言っていたという。菅内閣で官房長官を務めた仙谷由人《せんごくよしと》は「選挙や政局にしか関心のない小沢が財政的観点から見たらできない約束をした」と語っている。（『民主党政権　失敗の検証』中央公論社）

八月三十日の衆議院選挙で、民主党は大勝した。

選挙結果は民主党３０８、自民党１１９、公明党21。自公連立側が民主党に対し、３分の１近くまで議席を減らす歴史的大敗である。自民党の麻生太郎総裁、公明党の太田昭宏代表は辞任し、谷垣禎一総裁、山口那津男《なつお》代表体制になった。

九月十六日、民主党、社民党、国民新党の三党連立による鳩山由紀夫政権が発足する。鳩山内閣の支持率は75％、小泉政権以来の高支持率のスタートだ。

鳩山は所信表明演説で、官僚政治からの決別を謳い、政策決定過程に官僚を介在させず、大臣、副大臣、政務官を政治家側で決定すると「政治主導」を約した。

また、友愛政治を打ち出し、「コンクリートから人へ」の理念に基づき、税金の使い途と予算編成のあり方を徹底的に見直すとした。また、「人間のための経済」を主張した。「人間のための経済」とは「経済合理性や経済成長率に偏った評価軸で経済をとらえるのをやめようということ」だという。その一環として、「地域主権改革」を断行するとも宣言した。

外交においては「緊密かつ対等な日米同盟」を唱える一方で、アジア・太平洋地域の域内協力体制を確立し、東アジア共同体構想を推進していく意欲を表明した。

施政方針演説を、大胆に首相自身の政治理念表明とする点では、理念の方向は異なるものの、安倍の衣鉢を継ぐ。その点はあえて評価したい。

ただし、政権そのものの、政策実現能力が全くなかった。

発足翌日、前原国交相は八ッ場《やんば》ダム建設中止を表明し、岡田克也外相は「核持ち込みの日米密約の調査」を命じた。

いずれも自民党政治を否定するパフォーマンスである。八ッ場ダム建設中止は「コンクリートから人へ」を象徴したが、地元住民、自治体の大反対が起き、迷走した挙句野田政権で建設再開が決まる。

一方、日米密約は、日本の安全保障の中核的な問題と言える。

「核持ち込みの日米密約」が本当に密約であるならば、日米同盟を堅持する以上、政権交代後も秘密保持は継承せねばならない。

そもそも、核持ち込みについては、佐藤栄作政権時代に沖縄返還交渉に当たった若泉敬が、平成六（1994）年に刊行した『他策ナカリシト信ゼムト欲ス』で事実上言及している。既に公然の事と言ってよい。

だが、日本政府が過去の政府の密約を自ら調査、公表するとなれば、同盟の信頼関係は根底から揺らぐ。民間の研究や、現場を離れた人間の回顧録と、政府見解は意味が違う。実際、後に「ウィキリークス」が暴露した米国の秘密公電によると、アメリカ側は「グローバルな米戦略に影響を与え、韓国を含む複数のアジアの隣国の利益にふれる」と「憂慮《ゆうりょ》」を伝えている。（朝日新聞DIGITAL2011.05.07）

九月二十二日、鳩山は国連気候変動首脳会議で、２０２０年までに温室効果ガスを25％削減する国際公約を発表した。麻生政権で国内調整と算定根拠に基づき決定していた15％削減を大きく上回るが、何らの算定根拠も政治的根回しもなかった。この公約は3年後、同じ民主党政権（野田総理大臣）のもとで撤回されることになる。

十月、鳩山は韓国中国寄りの外交姿勢を鮮明にした。

日韓共同記者会見で在日韓国人への地方参政権付与について実現に意欲を示し、日中首脳会談では靖國神社に閣僚が参拝しないことを強調した。「今までややもすると、米国に依存しすぎていた。アジアの一員としてアジアをもっと重視する政策をつくり上げていきたい」と日米関係を軽視するかのような発言と共に、東シナ海を「友愛の海」にしたいと提案し、東シナ海の白樺ガス田で中国が単独開発を進めていることについて、日中協議を先送りし、黙認した。

十一月、オバマ大統領が初来日したが、会談は不調に終わった。

鳩山は、選挙戦で沖縄の普天間《ふてんま》基地移設問題について「最低でも県外移設」と発言し、事実上の選挙公約と受け取られていた。鳩山の発言は、従来の日米交渉を反故《ほご》にするもので、アメリカは鳩山政権成立当初から辺野古移設の確約を強く求めていた。

鳩山は会談で「友愛の船」構想を提案するが、オバマは発言を無視し、逆に、基地問題の対応を鳩山に問うた。鳩山が「できるだけ早く結論を出したい。「Trust me」と発言した事は広く知られている。

ところが、鳩山は、会談後、オバマを日本に残して、深夜にAPEC出席のためシンガポールに出発してしまう。異例の事だ。残されたオバマは、翌日、東京で拉致問題に無頓着な鳩山を暗に批判し「北朝鮮による日本人拉致問題の解決なくして、北朝鮮と近隣国の関係正常化は無理」と発言している。何もかもがあべこべなのである。

その後も鳩山は基地問題を決着させられない。移転先として改めて打診した場所は全て歴代政権が検討して不可だったところばかりだ。一方、連立を組んでいた社民党の福島瑞穂は辺野古移設となれば政権を離脱すると表明している。社民党が政権を離脱すると参院の与党が過半数割れとなり、政権運営に支障が出る。鳩山はオバマに書簡で年内解決を約していたにもかかわらず、問題を翌年に持ち越した。

民主党の失政はこの他でも続く。十月十六日、平成二十一年度補正予算の一部(約2兆9000億円分)の事業を「執行停止」すると閣議決定した。麻生政権で行った大規模経済対策の効果が、この年後半にようやく現れ始めた矢先、民主党政権は自らのマニフェストに記した政策の財源を捻出するため、動き出していた景気対策予算にストップをかけたのだ。

景気は再び失速し始める。

リーマンショック後大幅なマイナスに落ち込んでいた成長率は、麻生の景気浮揚策によりこの年10―12月期に7・4％、翌年1―3月期に6・1％と急激に回復が始まっていたが、鳩山が景気対策を中止した結果、10年10―12月期に0・6％減、11年1―3月期に6・8％減と再びマイナスに転じる。設備投資や消費も大幅に減少した。

民主党政権は、円高に対しても有効な策を打てなかった。この年、1ドル約94円だった円相場が、翌年には約88円、平成二十三（2011）年にはついに年平均80円を割り込む。輸出は前年比33％減と過去最大の失速を来す。

かつて液晶テレビにおける技術的優位を誇っていたシャープが、韓国サムスン、LGなどとの競合に敗れ、のちにテレビ事業から撤退することとなる。半導体の日本の占有率は70～80％から15％に落ち込んだ。

円高の放置はそのまま株価低迷に繋がる。円高不況と超株安で日本経済は壊死寸前となった。

一方で、鳩山政権の国会軽視は尋常ではない。十月二十六日、ようやく臨時国会が召集されたが国会会期は40日に過ぎず、直近の安倍―85日、福田―112日、麻生―93日の半分以下だった。

鳩山は党首討論も行わなかった。党首討論の制度導入後初めてのことだ。

政権交代後、CO_2排出25％削減、八ッ場ダム中止、基地移設見直し、日米密約の暴露、日米首脳会談の不調、麻生政権で決定していた事業の停止……根本的な政策変更が続く中、国会の開催を2ヶ月先延ばしにしたのは、左派独裁の手法そのものではないか。

十一月に始まった「事業仕分け」も又、独裁そのものだった。

平成二十二（2010）年度予算に関して、行政刷新担当大臣に任じられた蓮舫が中心となり、テレビ画面の前で役人に事業内容を説明させ、予算の要不要を素人の政治家たちがその場で即断してゆく。この時、蓮舫が、スーパーコンピューター開発において「2位じゃだめなんですか？」と役人にやり返した場面は有名になった。スーパーコンピューターでの国際競争力を保持する事は、日本の経済力の保持や、安全保障の根幹である。

事業仕分けは、7000億円の歳出を削減したが、当初の捻出目標は17兆円だったはずだ。また、この削減を通じて、少額で組み込まれている様々な文化、福祉、就職支援等、弱者救済の現場的な措置に該当する予算が優先して削られた。経済合理性がないからこそ付される予算を、友愛政治を標榜する鳩山政権が削減したのは皮肉な結果である。

しかしテレビの前で役人をこき下ろす事業仕分けは当初国民的な支持を受け、各種世論調査では70％から80％の高評価を得た。これ自体病理である。国民が、実態に気付き始めるのは翌年からだ。

その一方で、小沢は予算の陳情を自身の民主党幹事長室に一元化した。これも又、前代未聞の権力の私物化である。

十一月には、子ども手当などのマニフェストの財源を捻出するため、防衛予算を削減する方針を決定している。

十二月には、1兆円規模の減税だった麻生政権の大綱から一変し、扶養控除や特定扶養控除の廃止・縮減などを実施し、9800億円の増税改正となった。

同じ十二月、総理官邸の指導により、地理歴史科の高校新学習指導要領から竹島に関する記述が外され、千葉景子法相が選択的夫婦別姓制度導入のための民法改正案について、翌年度の国会で成立させることを表明した。

この親中左翼革命的に雪崩を打つ有様は一体どういうことなのか？

穏健な保守政党間での政権交代だったはずではないのか？

答えは、十二月十五日、天皇に対する中国の副国家主席習近平の謁見のプロセスにあると言えよう。

習は、前任者胡錦濤に倣い、副国家主席時代に天皇に謁見《えっけん》する事を強く希望していた。しかし、習の訪日日程が伝えられたのは十一月二十三日で、宮内庁は天皇の謁見申請を一ヶ月以上前とする「一ヶ月ルール」に鑑みて謁見を断わった。中国側は鳩山を初め様々な政治ルートにも働きかけたが、宮内庁、外務省の態度は固かった。天皇の意向があったと見るべきだろう。

ところがここに出てきたのが小沢一郎である。小沢は鳩山に直接電話を入れ、「会見はやらないとだめだ」「何をやっとるのか」「ゴチャゴチャやっとらんで早くせい」と恫喝し、習の謁見を強行させたという。かつて反対の大合唱の中で天皇の訪中を鶴の一声で強引に決めた金丸信が連想される。こうして実現した「ごり押し謁見」について、宮内庁の羽毛田《はけた》信吾長官は会見で「大きく言えば政治利用ということ」「(こうした特例は)二度とあってほしくない」と異例の政権批判を述べている。(「『悪しき前例』天皇陛下面会の一カ月ルールを逸脱した官邸のごり押し」産経新聞2009・12・11/週刊新潮 平成二十一年十二月二十四日号)

小沢は十二月十日に民主党国会議員約140名を含む総勢600名を引き連れ訪中、胡錦濤と会談し、胡は殆どの議員とのツーショット写真に応じる異例のサービスをした。小沢は会談で「こちらのお国(中国)にたとえれば、解放の戦いはまだ済んでいない。来年7月に最後の決戦がある。私は人民解放軍の野戦軍司令官として頑張っている」と語っている。(原川貴郎(二〇〇九年十二月十日産経新聞)

習の謁見が発表されたのはその翌日だ。小沢は、その後の記者会見で「陛下の体調がすぐれないなら優位性の低い行事はお休みになればいいことだ」とまで言い放っている。

新自由主義、日米同盟、小さな政府や政権交代を基軸にした新保守主義者小沢一郎は、実はとうに死んでおり、中国の属僚《ぞくりょう》となっていた――左派独裁的手法の数々、日米同盟の破壊、中国への媚態は、その事を示す一連の政治過程だったと見做すべきだろう。

発足直後の支持率75％は、朝日新聞十二月の世論調査で48％に下降した。

ここで、重大なそもそも論を指摘しておかねばならない。

鳩山政権が発足当初から巨額の政治資金疑惑の渦中にあった事だ。

マスコミが報道を手控えたため、事なきを得たが、鳩山の政治資金の不正は尋常ではない。選挙後に東京地検特捜部が捜査したところ、平成二十（２００８）年度分の収支報告書に記載する寄付者70人中55人が虚偽記載だった。政権発足から1月後の十月二十五日には匿名献金の大半が鳩山家から出ていることが判明する。十一月二日鳩山が株を売って得た７２２６万円の所得を税務申告していないことも発覚し、十一月二十五日には、鳩山の実母が5年間で約9億円に上る資金提供をしていたことが判明した。個人としては平成史上最大級の脱税である。

ところがマスコミはスキャンダルにせず、鳩山の秘書らが在宅、略式起訴されて事は済んだ。

一方幹事長の小沢も、政権発足直後の十一月、政治資金団体「陸山会」の土地購入の際に収支報告書に虚偽記載したとして政治資金規正法違反容疑で告発された。翌年一月、元秘書の石川知裕衆議院議員や現職秘書ら三人が逮捕され、起訴容疑はこれ又20億円を超す過去最大の虚偽記載である。

安倍政権を、閣僚の事務所費疑惑や絆創膏大臣で叩きのめし、麻生を漢字や高級バーで嵐のようにバッシングしたテレビメディアは、媚中反米左派政権の総理と幹事長の10億、20億の疑惑は、ほとんど無風でやり過ごした。

民主党政権は、マスコミが極度に恣意《しい》的な情報操作によって国民を洗脳している実態を明らかにし、その後のネットによるマスコミへの激烈な不信と怒りを決定づける事になった。

海外はどうか。

一月、バラク・オバマがアメリカ大統領に就任した。

同じ一月、北朝鮮が韓国親米保守政権李明博の対北朝鮮政策を非難し、南北合意を破棄した。

二月、発足直後のオバマ政権は、公共事業を中心に80兆円規模の景気対策を組んだ。規模も含め、麻生と同質の政策判断である。

四月五日、オバマはプラハで長期的に核兵器のない世界を目指す演説をした。ところがその同じ日、北朝鮮はミサイルの発射実験を行い、ミサイルは日本上空を通過している。核軍縮問題は単純ではない。世界覇権への野心を持つ中国の総合的な国力を見極めない核軍縮は危険である。

その上、核保有国は拡大している。少なくともインド、パキスタン、イスラエル、北朝鮮は既に核保有国であり、それ以外にも核開発疑惑国、さらには国家の枠を超えた密かな流出も進んでいる可能性が高い。

実際にオバマ時代、核の脅威は抑止されるどころか、北朝鮮の核ミサイル保有を許す事になった。

四月にはタイで暴動が起き、ASEAN首脳会議が中止に追い込まれた。

一方胡錦濤はオバマに急接近し、米中二超大国（G2）論を喧伝し始めた。

六月、マイケル・ジャクソンが50歳で死去した。昭和四十三年（1968）年にデビューして以来、歌と踊りの切れ味で、「KING OF POP」として世界的カリスマとなった。一方で、スキャンダル、美容整形、孤独で謎めいた私生活など、暗い影が差し続けた後半生だった。平成九（1997）年のダイアナ妃の悲劇とマイケル・ジャクソンの若い死は、マリリン・モンローやジェームズ・ディーンの早逝とは違う陰惨な影を帯びている。世界の時代相そのものが暗いのである。

七月五日には中国新疆《しんきょう》ウイグル自治区でデモが暴徒化する。中国の内政の不安定状態は密かに激化の様相を呈していた。ウイグルやチベットのような被占領地域に限らない。平成二十二（2010）年には18万件もの抗議活動や暴動が発生しており、10年前の4倍増との調査もある。（「中国、好景気の中でくすぶる社会情勢不安」2011.09.26 JIJI.com）

同じ七月、北朝鮮が日本海に向けて弾道ミサイル7発を連射した。

十月、バグダッドで爆弾テロがあった。またアフガニスタンではタリバンが国連施設を襲撃した。

政権交代の一年、日本社会はどう推移したか。

三月、WBC（ワールド・ベースボール・クラシック）で日本が王貞治監督の下、2大会連続優勝した。

五月、裁判員制度がスタートした。一般国民の司法参加により、市民が持つ常識を裁判に反映し、司法に対する国民の理解の増進と、信頼の向上を図ることが目的とされている。参加が強制される（拒否権がない）、国民の感覚に従えば量刑が恣意的になり、法的安定性を損ねるなどの問題が指摘されている一方、経験者のうち「よい経験」「非常によい経験」だったと考えている人は実に96・7％に上るとのデータもある。

五月には、『放浪記』の上演2000回を数える女優森光子に国民栄誉賞が授与された。

七月、写真家の杉本博司が世界文化賞を受賞した。杉本はジオラマ、蝋人形、あるいは時間など、本来藝術写真の対象とされていなかった被写体から、独自の静謐な世界を築き真実とは何かを問うている。

七月、脳死は人の死とする改正臓器移植法が成立した。この改正以後、それまで年に数件だった移植が数十件に増加したが、それでも諸外国に比すると僅かである。生死を一如と感じる日本人の深層心理における死生観が現れていよう。

九月、イチローが２０００本安打を達成し、十一月には松井秀喜がアメリカ大リーグワールドシリーズでＭＶＰに輝いた。

九月に消費者庁が発足した。行政の縦割り構造による、こんにゃくゼリー窒息事故、中国製冷凍餃子中毒事件、パロマ湯沸器死亡事故などへの対応の遅れが社会問題となり、創設に至った。

十一月に鳩山政権がデフレを宣言した。日銀は殆ど反応せず、対策は翌年から講じられたが微弱で効果はなかった。

十一月にはモントリオール国際映画賞で『ヴィヨンの妻』の根岸吉太郎監督が最優秀監督賞を受賞した。

同じ十一月、玄界灘原子力発電所でプルサーマル発電の試運転が開始された。プルサーマル発電は核燃料のリサイクル方式で、天然ウランを1～2割節約でき、放射性廃棄物の量を三分の一以下に減らせるなどのメリットがある。が、プルトニウムが核兵器に転用可能であることや、プルサーマル自体の安全性などを問題視する反対運動が、日本共産党を中心に根強い。

十二月、プロゴルファーの石川遼が史上最年少の賞金王となった。

この年、「草食男子」が流行語となった。「肉食女子」も抱き合わせだったが、男子が「草食」で、女子が「肉食」と比喩される若者の生態は、生物としての根本的な狂いというべきだろう。言うまでもなく男性の「性」はペニスに象徴されるように能動性と攻撃性を基幹としており、女性の「性」はヴァギナの受容に象徴される。これは性差の根幹であって平準化し得ない。草食系のペニスと肉食系のヴァギナでは意味をなさない。フェミニズムが男性性毀損《きそん》として悪質に機能してきた上、文明が男性の生命力を著しく損傷しているという事であろう。出生率もこの頃、1・37まで落ち込んでいる。

またこの年は、村上春樹『1Q84』が日本・世界同時発売となり、発売前の書店に行列ができるなど、世界的な話題作となった。題名はジョージ・オーウェルの『1984』のパロディだが、残念ながら前作までの緊張は大きく失われている。村上はノーベル賞候補と目されながら、平成年間の受賞はなかった。だが、大江健三郎、安部公房、石原慎太郎、遠藤周作、山崎豊子らの世代の後、平成日本で世界に通用する数少ない「文学」の書き手である事に間違いはない。

リベラリズムの最重要な理論書の一つジョン・ロールズの『正義論』が翻訳された。原著は昭和四十六（1971）年刊行である。ヨーロッパ思想に較べ、アメリカ思想の受容は、現状でも極めて乏しい。

期せずしてこの年には、小堀桂一郎による『日本人の「自由」の歴史』も刊行された。帯に「紫式部も『自由』を知っていた」とあるが、西洋近代より遥か以前から「自由」が思想として明示されてきた事をオーソドックスな思想史的方法で描出している。ロールズと小堀――比較思想の試みとして日本の論壇が取り上げるべき主題だったが、論争は起きなかった。

石川九楊《きゅうよう》『近代書史』は、独特の言語観、書観を持つ書家石川による、『中國書史』『日本書史』に続く、書史三部作の完結編となる。石川は、書芸術が西洋芸術に類似範疇がなく、また、近代に入り活字の普及によって書の教養が急速に薄れゆく中、書の意義を根源から問う歴史記述に挑んできた。本書はその集大成である。

この年、古橋広之進（80）、森繁久彌（96）が死去した。古橋はオリンピックへの出場が認められていなかった昭和二十四年、全米選手権に出場して世界新記録を樹立、米新聞に「フジヤマのトビウオ」（The Flying Fish of Fujiyama）と称賛された戦後日本の一番星である。日本の演劇界の実力者だった森繁も、戦後、喜劇役者として『駅前旅館』『社長シリーズ』などで、国民に明るい希望を与えた。後に芸風を広げ大俳優として円熟している。

昭和は、益々記憶の彼方に遠ざかる。

平成二十二年　２０１０年

御題　虫捕りに来し悠仁に会ひて

遠くより我妹《わぎも》の姿目にしたるうまごの声の高く聞こえ来《く》　御製

御題　光

君とゆく道の果たての遠白《とほしろ》く夕暮れてなほ光あるらし　御歌

遠くから皇后の姿を見つけ、孫の悠仁の歓声を上げるのが聴こえます。

陛下と共に散策する道の果てに、日が暮れた後に、なお遠く白む残照が射しています。陛下と歩み来た五十年の歳月もまた、そのような残照の美しい今を迎えたかのようです。

政権	鳩山由紀夫（民主党）	菅直人（民主党）

国内

- 1・1 日本年金機構発足。
- 1・2 '09年交通事故死亡者1952年以来5千人下回る。
- 1・15 小沢一郎民主党幹事長の資金管理団体の土地購入問題で、元秘書の衆院議員ら逮捕（2・4小沢不起訴）。
- 1・31 日中歴史共同委員会、報告書を発表。
- 3・23 日韓歴史共同研究委員会（第2期）が報告書。
- 3・31 「平成の大合併」終結
- 4・1 子ども手当（'10は1人月1万3000円）、高校授業料無償化実施。
- 4・22 鳩山首相の資金管理団体への偽装献金、元秘書が有罪（東京地裁、翌月確定）。
- 4・27 殺人の時効を廃止する改正刑訴法など成立、即日施行。
- 5・28 鳩山首相、普天間移設先を辺野古と表明。
- 6・2 鳩山首相退陣。
- 6・8 菅直人内閣誕生（民主、国民連立）。
- 7・11 第22回参議院選挙。
- 8・10 菅首相、1910年韓国併合について「痛切な反省」の首相談話。
- 8・27 宮崎県での口蹄疫、知事の収束宣言。
- 9・7 尖閣諸島周辺の領海で、中国漁船が海上保安庁巡視船に衝突。
- 9・23 米国務長官が尖閣諸島に保安条約適用と発言。
- 10・6 根岸英一・鈴木章がノーベル化学賞受賞。
- 10・31 羽田空港、国外定期便運航。
- 11・4 尖閣諸島の漁船衝突事件の画像が動画サイトに。
- 12・17 「防衛計画の大綱」を閣議決定（中国の国防費増大などを懸念）。
- 12・4 東北新幹線全線開通（東京—新青森）。

国外

- 1・3 ペルーのフジモリ元大統領、民間人殺害で禁錮刑。
- 1・12 ハイチでM7・0の地震、22万人以上の死者。
- 3・21 米下院、医療制度改革法案（オバマケア）を可決、「国民皆保険」実現へ。
- 3・29 モスクワ地下鉄でテロ。
- 4・8 米ロが新核軍縮条約（新START）署名。
- 7・11 キャメロン政権成立。
- 8・31 米オバマ大統領、イラクの駐留米軍の戦闘任務終了を宣言。
- 10・8 中国で獄中にある民主活動家の劉暁波、ノーベル平和賞受賞。
- 10・22 「ウィキリークス」で、内部告発により米軍機密情報が公開。
- 11・13 ミャンマー、民主化運動指導者スーチーが自宅軟禁から解放。
- 11・23 北朝鮮、韓国の延坪島に砲撃、韓国軍が応戦。

自分史

世相

2月 東京都墨田区の電波塔「スカイツリー」高さ634mで日本一高い建築物に。

6月 小惑星イトカワ着陸の探査機「はやぶさ」7年ぶりに日本へ帰還。

12月 東北新幹線、新青森まで開通。

【流行】ウィキリークス、レアアース、B級グルメ、岩崎夏海『もし高校野球の女子マネージャーがドラッカーの「マネジメント」を読んだら』、白取春彦『超訳ニーチェの言葉』、『体脂肪計タニタの社員食堂』、『ゲゲゲの女房』

【物故者】つかこうへい（62）、小林桂樹（86）、高峰秀子（86）

民主党政権の2年目である。

一月一日、社会保険庁が廃止され、日本年金機構が発足した。失われた年金問題の決着がようやく付き、この後年金が社会問題化することはなくなった。

一月には日本航空が倒産した。

日航は、昭和二十五（1950）年、半官半民体制で設立されたナショナルフラッグキャリアだ。昭和六十二（1987）年に完全民営化されたが、この年ついに経営が破綻した。破綻の原因は、相次ぐ吸収合併の中で生じた大型機材の非合理な保有やホテル事業の失敗の他、親方日の丸的体質によるとされ、厳しく批判された。破綻後は稲盛和夫（京セラ創業者）を会長に招いて社員の意識改革に努め、業績はV字回復、平成二十四（1949）年に再上場を果たした。

一月二十一日にはトヨタ車がアクセルの不具合により、アメリカで1000万台をリコールとなり、豊田章男社長は、アメリカの公聴会で謝罪に追い込まれた。

一月十二日、赤松広隆農水相が韓国民団の新年パーティーで、参政権を条件に民団から組織的な選挙支援を受けたことに謝意を示し、外国人参政権付与の実現を約した。鳩山自身、首相になった後にも、参政権付与に前向きな発言を繰り返している。

三月には、鳩山が固執した子ども手当法と、公立高校の授業料無償化と高等学校等就学支援金制度がスタートした。約1兆円の増税と防衛費の削減を代償としたものである。

三月四日、鳩山は米軍基地問題についてオバマに対して「三月中に政府案をまとめる」と改めて約束したが、三月末になっても政府案は表明されなかった。

四月十三日、核安全保障サミットに出席した鳩山は、オバマとの10分間の非公式会談で不信感を直接ぶつけられ、五月末までの決着を約した。ワシントン・ポストは鳩山を「ルーピー首相」と痛罵した。

五月四日の沖縄訪問時、鳩山はようやく「沖縄の皆さんに負担をお願いしなければならない」と発言を修正する。その際、鳩山は記者団に対して「昨年の衆院選当時は、海兵隊が抑止力として沖縄に存在しなければならないとは思っていなかった。学べば学ぶほど（海兵隊の各部隊が）連携し抑止力を維持していることが分かった」と発言し、改めて世間を驚倒させたのだった。五月二十八日、迷走した普天間移設問題は、結局、当初通り辺野古移設を日米両政府が確認する事で決着する。

鳩山内閣の支持率は急降下し続け、五月の世論調査では、各社とも20％を割った。

六月二日、鳩山は普天間問題の迷走と自身の政治資金問題を理由に、辞意を表明し、鳩山政権は8ヶ月で潰《つい》えた。

だがその直前、鳩山は伊藤忠商事の会長丹羽宇一郎を中国大使に任じている。初の民間人出身の駐中国大使だが、丹羽は確信的な中華派だった。

作家の深田祐介は伊藤忠役員時代の丹羽にインタビューした時のことを次のように紹介している。

中国熱に浮かされ、ほとんど発狂に近い陶酔状態にあった。丹羽氏は私に向かい、「将来は大中華圏の時代が到来します」と言い切ったのだ。

「すると日本の立場はどうなりますか」と私は反問した。「日本は中国の属国として生きていけばいいのです」。丹羽氏は自信に満ちてそう明言したのだ。（月刊ＷｉＬＬ平成二十四年七月号）

十二月、丹羽は中国への政府開発援助（ＯＤＡ）を増額するよう、外務省に意見具申した。当時、中国はＧＤＰで日本を抜いて世界第二位の経済大国となることが確実と見られていたのである。こうなれば最早大中華圏崇拝者と言うより、単なる売国者と呼ぶべきであろう。

六月四日民主党代表選で菅直人《かんなおと》が選ばれ、菅内閣が成立した。

菅は、小沢色を排し、反小沢の枝野を幹事長、仙谷由人を官房長官に起用した。鳩山政権の素人政治、場当たり発言に呆れ続けた国民は、国会論争などで鋭い質問力を示してきた菅の就任を期待を持って迎え、支持率も約60％と高いスタートだった。

菅は、就任記者会見で「政治の役割は国民、世界の人が不幸になる要素をいかに少なくする

『最小不幸社会』を作る事だ」と述べた。経済の低迷、派遣切り、就職氷河期に、よりによって「最小」と「不幸」を並べるとは、全く魅力に欠けたスローガンだが、菅としては鳩山の空想的な美辞麗句の否定を狙ったのであろう。

さらに菅は、消費増税と、アメリカから参加を要請されていたTPP（環太平洋戦略的経済連携協定）を前面に出し、鳩山の空想政治との差異を打ち出そうとした。

現実主義的な政治に戻そうとしたのは評価できる。

だが、参議院選挙を前に増税を持ち出した為、党内から批判を浴び、すぐに発言を翻すなど早くも統治能力に不安を見せた。七月の選挙では案の定、民主党は現有54議席を大きく下回る44議席と敗北する。政権奪還10ヶ月で早くも衆参のねじれ状態になったのである。

八月には韓国併合百年を期した首相談話で、菅は植民地支配に対して、「改めて痛切な反省と心からのお詫びの気持ち」を表明した。

平成年間、既に見た通り、自民党政権においても、小泉に至るまで、安直な謝罪外交が続いていたが、民主党は韓国の民団の選挙協力を受けている。その政権による謝罪談話は自立した外交的判断とは言えない。完全な売国行為である。

国民の間で、菅への期待が失望に変わるのは九月、尖閣諸島沖で中国の漁船が海上保安庁の巡視船に攻撃意図を持ち衝突を繰り返した事件への対処だった。

海上保安庁は船員全員を逮捕していたが、九月十三日、菅政権は船長以外の釈放と送還を決めた。官房長官の仙谷は「14人と船がお帰りになれば、違った状況が開けてくるのではないか」と発言、中国側の軟化を期待した。船長のみの起訴で妥協しようとしたのである。ところが中国各地では船長の釈放を求める抗議デモが始まる。九月十九日、船長を起訴する日本政府の方針が明確になると、中国政府は、中国に滞在中のフジタの社員4人の身柄を拘束、さらに、電子機器の製造に不可欠なレアアースの輸出手続きも停止した。

菅政権は圧力に屈し、船長を釈放する。

九月二十五日、中国に帰国した船長は英雄扱いされ、中国政府は日本側に謝罪を要求し始めた。九月三十日、衆議院予算委員会が、事件時に撮影されたビデオの公開を政府に求める。国民の強い要求にもかかわらず菅政権は衝突ビデオを一切公表して来なかったのである。国会の要求にさえ菅政権は公開に難色を示し、一ヶ月も後の十一月一日に、ようやく2時間のビデオを6分50秒に編集して、衆参両院の委員長や理事ら30人のみに限定して公開した。

映像を見た福島瑞穂は「車が道路でちょっとコツンとぶつかるような、あてて逃げるという映像だ。(略) 国民に公開することは慎重であるべきだ」と発言し、小林興起も「向こうが逃げまどって、当たっちゃったということだ。」と述べている。(iza2010・11・1)

国民が釈然としないでいる最中、驚くべき事が起きた。十一月四日、YouTube上に

「sengoku38」というアカウント名で計44分の映像がアップロードされ、中国漁船による悪質で危険な衝突が繰り返されていた事が明らかになったのである。

日本の輿論は激昂した。

中国船に対して、また中国政府の日本を馬鹿にしきった態度に対して、そして何よりも、状況を国民に隠蔽して中国に媚び続けた菅政権に対してだ。

ところが、仙谷は「(映像が)流出だとすれば、相当大きなメスを入れる改革が、あらゆるところで必要だ」と情報統制の強化を示唆して開き直った。さらに、中国政府から「関心と憂慮」が伝えられると「事実関係が調査できればしかるべく説明を申し上げることになる」と述べたのである。

ちなみに、朝日新聞の社説も「仮に非公開の方針に批判的な捜査機関の何者かが流出させたのだとしたら、政府や国会の意思に反する行為であり、許されない」と強い口調で情報統制を支持している。

後に、海上保安官一色正春《いっしき》が政府の対応に憤慨して映像を流出させたことを認め、依願退職となった。

一色ならずとも憤《いきどお》らずにはいられまい。

戦闘行為に等しい激突を繰り返した中国船の挑発を、政府は国民に隠蔽し、中国には卑屈の限りを尽くし、動画が流出すると日本の公務員を恫喝する発言を繰り返し、中国船の危険な挑発を難じもしない。

十一月には、ロシアのメドベージェフ大統領が、この有様を見越して国後島に上陸した。近隣国からの侮りはこの後民主党政権時代を通じて続く事になる。

日本が混乱の極みにある中、世界は、アメリカ民主党政権初期に共通する凪状態になっていた。非干渉主義の為、表だった事変は生じないが、その間に、秩序への挑戦者が力を付け、民主党政権後半に世界が不安定化するというパターンを、オバマ政権は、ＩＳＩＬ、北朝鮮、中国の三軸において、冷戦後最も危険な水準で示す事になる。

一月、ペルーのフジモリ元大統領が在職中の民間人殺害の廉《かど》で、禁固刑の判決を受けた。

同じ一月、ハイチでマグニチュード7の大地震が発生し死者22万人以上の大惨事となった。日本は陸上自衛隊および航空自衛隊から成る「ハイチ派遣国際救援隊」を派遣し、ハイチの復興・安定化のための国連ミッションに協力した。

三月にはＥＵにおいて財政危機のギリシャ支援が合意に達し、ギリシャの財政再建を条件に、3年間で１１００億ユーロの融資を決めた。

またアメリカでは、国民皆保険制度を実現するいわゆるオバマケアが可決された。アメリカは自由の国で、公的な保険制度はなく、保険制度は民間に託されてきたが、この頃格差の拡大の中で無保険者が増大していた。オバマは政府の補助が付いた新たな医療保険を導入し、貧困層も含め、全国民の加入を義務付けたが、財政に大きな負担が出るほか、中間所得層で保険料が割高になるなど、不満が高まり、トランプ政権ではこの制度の廃止を目指している。

三月には、モスクワで地下鉄テロが発生した。

四月には米ロ首脳が新核軍縮条約（新START）に署名した。

八月、オバマは、イラク駐留米軍の戦闘任務終了を宣言した。アメリカはイラクから撤退を開始する。

十月、中国で獄中にある民主活動家の劉暁《りゅうぎょう》波《は》にノーベル平和賞授賞が発表された。

同じ十月、内部告発サイト「ウィキリークス」に、米軍の機密情報が大量に掲載された。

十一月には北朝鮮が韓国延坪《ヨンピョン》島を砲撃した。昭和二十八年の朝鮮戦争休戦以来、北朝鮮軍が韓国領土を直接砲撃したのは初めてのことだ。延坪島は海上の軍事境界線ＮＬＬを挟んで北朝鮮から南へ数十キロに位置する。韓国軍人の2名が死亡、16人が負傷、民間人も2名が死亡、３名が負傷する事件となった。李明博《イ・ミョンパク》は「断固とした措置を取る」としたが、北朝鮮の１７０発の砲撃に対して80発の応戦に留まるなどしたことから、口先だけの弱腰な姿勢を批判された。

国内では一月、沖縄名護市長に普天間基地移設反対派の稲嶺《いなみね》進が当選した。

四月には宮崎県で口蹄疫《こうていえき》の牛が確認され、宮崎県知事東国原《ひがしこくばる》英夫が非常事態宣言を発出した。八月二十九日に終息宣言が出されるまでの間に、宮崎県の家畜の2割に及ぶ29万7808頭が殺処分された。畜産関連の損失額は1400億円、関連損失は950億円に上った。

六月には小惑星イトカワ着陸の探査機はやぶさが7年振りに地球に帰還した。小惑星の岩石サンプルの採取は予定通りにできなかったが、微細な粉末を持ち帰ることができた。数々のトラブルを克服して帰還に成功したエピソードは感動を呼び、同一の題材で三本の劇映画が制作されている。

七月、横浜「風の塔」、せんだいメディアテークなど実験的で大胆な作品を手掛けてきた建築家の伊東豊雄が世界文化賞を受賞した。

この夏は観測開始以来130年間で、最も暑い夏となった。

九月、厚労省文書偽造事件で、起訴されていた元局長木村厚子が無罪となった。大阪地検特捜部の検事による証拠改竄が明らかになり、司法の信頼が著しく損なわれた。

十月には鈴木章、根岸英一がノーベル化学賞を受賞する。金属のパラジウムを触媒として、炭素同士を効率よくつなげる画期的な合成法を編み出し、プラスチックや医薬品といった様々な有機化合物の製造を可能にした業績である（1976~7年／1979年）。

十二月、東北新幹線が新青森まで全線開通した。

元NHK子供ニュース解説者の池上彰が、民放各局のニュース解説者として脚光を浴び始めるのもこの頃からだ。池上は国内外の情勢が複雑化する中で、情報を分かり易く提供するスタイルをとるが、専門的な奥行きがない上、リベラルの立場を隠し持つ。池上の登場によりテレビが国民を政治洗脳する傾向が強まった。同じくリベラル基調でもアメリカでは様々な立場の論客が対論する番組が多く存在するが、日本においては、専門性の高い論客による対論番組がこの頃を境に逆に急激に退潮し、自由の砦だった文春・新潮論壇も閉鎖的な左傾化に進む。

この年から、刊行が開始された池澤夏樹個人編集『世界文学全集』(全30巻)は、日本での受容の遅れている20世紀の世界文学を池澤個人が選定し、纏めたもので、18世紀から20世紀前半までのヨーロッパ文学の大家たちを集めた昭和時代の世界文学全集と異なる。日本の世界文学受容の固定化が半世紀も続く中、累計40万部を売り上げ大きな文化的意義があった。

山城むつみ『ドストエフスキー』は、米川正雄の個人全訳、小林秀雄の一連の論考以来傑作の多い日本のドストエフスキー論に、新たな一頁を加えた。「ドストエフスキーは小説家ではない、いわんや哲学者、思想家、宗教家などではさらさらにない、では、いったい何なのか。」――山城はこの問いに、原文の細密な読み、膨大な先行研究の消化を通じて挑む。私自身は、小林秀雄の「キリスト教がどうしても分らないから、ドストエフスキー研究は挫折した」という感慨に我が身を重ねざるを得ないが、山城が実存的な問いを引き受ける真摯さには敬意を表したい。

岩崎夏海《なつみ》『もし高校野球の女子マネージャーがドラッカーの「マネジメント」を読んだら』がベストセラーとなり、出版界はドラッカーブームになった。「もしドラ」の愛称でブーム化し、漫画、テレビアニメ、映画にもなった。池澤の世界文学全集、山城のドストエフスキー論、もしドラ……言葉を商品化して売るという行為における多様性は、今や同じ時代現象として理解できる限界を超えている。

この年は昭和の名優の死が続いた。二月藤田まこと(76)、五月佐藤慶(81)、九月小林桂樹(86)、九月池内淳子(76)、十月池部良(94)、長岡輝子(102)、十二月高峰秀子(86)。昭和が去り既に20年、時代を代表する顔が映画俳優だという時代そのものが過ぎてゆく事を象徴する多くの死であった。

平成二十三年　２０１１年

御題　東日本大震災の津波の映像を見て

黒き水うねり広がり進み行く仙台平野をいたみつつ見る　御製

御題　手紙

「生きてるといいねママお元気ですか」文《ふみ》に項傾《うなかぶ》し幼な児眠る　御歌

津波の濁流がうねり広がりながら浸水してゆく仙台平野がテレビに映る様を、胸の張り裂けるような思いで見ています。

津波に両親と妹をさらわれた四歳の少女が、母親に宛てて手紙を書きながら寝入っている写真を拝見しての、万感の歌である。

政権	月日	国内
菅直人（民主党）	2・14	内閣府の発表、'10年の名目GDPが中国に抜かれ世界第3位に。
	3・9	三陸沖でM7・3の地震。
	3・11	東日本大震災発生M9・0、大津波で宮城・岩手・福島県など甚大な被害（'12・3・8緊急災害対策本部のまとめ、死者1万5895人、行方不明者2539人、負傷者6152人、全壊12万1803戸など）東京電力福島第1原発で事故が発生、原子力緊急事態宣言。
	3・12	九州新幹線全線開業。
	3・14	東電が「計画停電」開始。
	3・15	静岡県東部M6・4の地震。
	4・1	日本相撲協会、八百長関与で親方・力士を処分。
	5・1	福島第1原発の冷却、水冷式から空冷式へ。
	5・6	中部電力浜岡原発停止を首相が要請（5・15停止）。
	6・3	児童虐待防止のための親権停止など、改正民法等公布。
	7・1	夏の電力消費に向けて電力使用制限令発動（1974年以来）。
野田佳彦（民主党）	9・2	野田佳彦内閣成立。
	11・11	野田首相が環太平洋経済連携協定（TPP）交渉に参加表明。
	11・27	大阪維新の会の橋下徹が大阪市長、松井一郎が大阪府知事当選。
	12・4	福島第1原発、汚染水45トン漏れる。

政権	月日	国外
菅直人（民主党）	2・11	エジプトのムバラク政権が崩壊。
	5・1	アルカイダ指導者、オサマ・ビンラディンを米特殊部隊が殺害。
	6・30	ギリシア緊縮法案可決（デフォルト回避）。
野田佳彦（民主党）	10・29	タイで大洪水。
	12・14	米オバマ大統領がイラク戦争終結宣言。
	12・17	北朝鮮、最高指導者の金正日が死去。

自分史

世相

7月 サッカーなでしこジャパンがW杯優勝。

テレビ放送が地上波デジタルに移行。

9月 東京で脱原発集会。

【流行】除染、計画停電、絆、AKB48、スマホ、曽野綾子『老いの才覚』、東川篤哉『謎解きはディナーのあとで』、長谷部誠『心を整える』

【物故者】小松左京（80）、北杜夫（84）

三月十一日、午後二時四十六分、東日本大震災が発生した。

三陸沖でマグニチュード９・０の日本で観測史上最大の大型地震だった。地震によって発生した大津波が岩手、宮城、福島三県の沿岸部を襲い、壊滅的な打撃を与えた。映像が捉えた大津波の有様は、目を覆う無惨さだった。

震源地から離れた首都圏東京も最大震度５強、地震発生当日午後九時の時点で東北・関東で３８０万世帯、うち東京都で10万件以上、神奈川で１２０万件以上が停電となり、交通機能は全面麻痺した。夕方からは帰宅困難者の波が都心から郊外まで延々と続くかつて例を見ない異様な光景が繰り広げられた。

一方、福島では、東京電力福島第一原子力発電所の冷却システムが停止し、原子炉が冷却不能状況に陥った。政府はただちに原子力非常事態を宣言する。

地震発生の翌日には1号機で爆発が生じた。世界に中継され、９・11テロ並みの衝撃を与えた。「日本の終り」が世界中に信じられた瞬間であろう。

多量の放射性物質が拡散し、不安は日本中に広がった。

さらに爆発が続くのか、施設の爆発だけで済むのか、核爆発は起きないのか。

放射能汚染と核爆発の恐怖から東京の首都機能は麻痺し、各国大使館員や多くの国民が西日本に避難、天皇皇后は極秘で大災害時に歴代天皇が祈りを捧げる石清水八幡宮に参拝して神事を執り行ったとされる。

菅内閣はかつてない事態にパニックに陥った。

有事や非常事態を想定する自民党政権のあらゆる政策に反対してきた左翼活動家出身の菅の政権下、日本が戦後最大の有事に見舞われたのは、社会党主班の村山時代に阪神・淡路大震災とオウム真理教テロ事件を迎えた以上の国民的悲劇だった。

震災翌日の十二日、菅は陸上自衛隊のヘリコプターで福島第一原発を訪れる。政府のトップが原子力災害現場に視察に入るなど、危険極まる判断だった。

十五日に事故対策統合本部が設けられ、「東電社員が福島第一原発から全面撤退する」との情報を得た菅は、東電本社に乗り込み怒鳴り散らした。テレビ会議でこの様子を見ていた福島第一原発の吉田昌郎所長は「(菅氏が)何かわめいていらっしゃるうちに、この事象(4号機で水素爆発)になってしまった」と証言している。

高速道路は寸断され、現地の被災地には救援物資も届かず、医療機関も機能を停止し、二次被害もとどまるところを知らぬ有様だった。

その間も、福島第一原発の1~3号機の炉心溶融(メルトダウン)と見做される危機的な状況が続く。

自衛隊は10万人の自衛官を動員し、被災者救出や避難者支援、交通復旧等に努め、アメリカ軍も2万4000人の将兵が参加する「トモダチ作戦」と名付けた救援活動を展開した。

また三月十六日には、天皇が極めて異例となるビデオメッセージを国民に発出された。

ところが菅政権は、緊急事態法に則った緊急事態宣言を発令しない。

その結果、行政の対応は、縦割り行政、通常行政のまま、救助、緊急対応の復旧さえ遅々として進まない。

菅は、自民党の谷垣総裁に、副総理兼震災復興担当相としての入閣を打診した。政権が今なすべき唯一の主題である災害復興の最高責任者を野党に押し付けてどうするのか。災害復興担当相に谷垣一人が任じられたとして、実際の命令系統はどうなるのか。谷垣と菅の災害復旧の責任はどう分担されるのか。谷垣は野党としての全面協力を約して、入閣は拒否した。

菅政権の震災後対応の致命的な誤りは電力の応急処置、支援物資、医療機関の保護が、全て後手に回った事である。

阪神・淡路大震災のあと、耐震構造が全国的に強化された結果、ビルの倒壊などは最小限で済んだ。東日本大震災における最大の被災原因は、大型の津波だった。高速道路は倒壊せず、被災地の至近距離まで通行可能だった。ところが、一般時の基準で交通規制をかけた為、通行許可が必要とされた。国土交通省、消防庁、警察庁、地方自治体の権限が複雑で、殺到するボランティアらを捌けず、安全な高速道路は空のまま、現地に物資は一向に入らない。

電力をはじめライフラインの復旧の目処が立たない中、負傷者や避難民の受け入れで多くの病院が混乱に陥り、対処困難な状況が多発した。

全国の原発が使用停止となり、都心の夜は暗闇に包まれた。

首都圏でも三月十五日から会社、学校は再開したものの、放射能汚染の実態が分からぬまま、不安が続く。

夜の東京に灯火が戻ってくるのに、四月一杯かかった。

靖國神社の桜祭りは中止され、「東日本大震災に鑑み、花見の宴はご遠慮願います」との立て看板で参拝客の個人的な宴も禁止し、千鳥ヶ淵のライトアップもなかった。

東京電力では地域を区切った計画停電を三月十五日〜十八日、二十二日〜二十五日、二十八日に実施し、天皇もこうした状況を受けて皇居の「自主停電」を四月三十日まで実施されている。

菅は首相をトップとする委員会を次々に立ち上げた。

・福島原子力発電所事故対策統合本部（東電内に設置）（H23・3 設置根拠なし）
・原子力被災者生活支援チーム（H23・3 原子力災害対策本部長決定）
・被災者生活支援チーム（H23・3 緊急災害対策本部長決定）
・被災者生活支援各府省連絡会議（H23・3 設置根拠なし）

・電力需給に関する検討会合（H23・3　総理大臣決裁）
・原子力発電所事故による経済被害対応本部（H23・4　総理大臣決裁）
・政府・東京電力統合対策室（H23・5　原子力災害対策本部の下に設置）
・原発事故経済被害対応チーム（H23・5　総理大臣決裁）
・エネルギー・環境会議（H23・6　新成長戦略実現会議決定）
・電力改革及び東京電力に関する閣僚会合（H23・11　設置根拠なし）
・除染及び特定廃棄物処理に関する関係閣僚会合（H23・11　設置根拠なし）

権限が錯綜し、ほとんど機能しなかった。

復興は遅々として進まない。

第一次補正予算の成立が阪神・淡路大震災では地震発生から38日目だったのに対し、今回は49日目、復興基本法の成立は阪神・淡路の際が32日目だったのに対して、東日本大震災では91日目と、対応は遅れた。

ガレキ処理も、六月二十一日の段階で仮置場への処理率が27・6％に留まった。

その上、震災復興増税を導入した。大災害の後の増税は、「いかなる経済学の教科書にも書いていない愚策」だった。（竹中平蔵『平成の教訓』）

地震の被害は、死者1万5895人、行方不明者2539人（平成三十（2018）年三月一日現在）という、平成最大の大災害となった。

菅政権の拙劣な震災対応は、国民の激しい怒りを買い、五月には、民主党の中からも、菅の退陣を求める動きが強まった。支持率は10％台を低迷し、国政は機能不全に陥る。

六月一日、自・公は大災害対応中に異例の内閣不信任案を提出した。小沢らを始め民主党内でも造反者が続出し、不信任案は可決される可能性が高まる。

菅はただちに動いた。翌二日、鳩山と会談し、次の3項目を確認したのである。

1、民主党を壊さないこと
2、自民党政権に逆戻りさせないこと
3、大震災の復興並びに被災者の救済に責任を持つこと

書き写していてさえ腹が立つ。震災対応そのものが人災として国民総出の批判を受けている最中に、首相と前首相が会談して、自党を壊さない事を確認しているのである。

壊してはならなかったのは日本国であり、国民生活ではなかったのか。

菅は、この確認を取り付けたうえで、民主党議員総会で「大震災への取り組みに一定の目途が

付いた段階で、若い世代に責任を引き継いでいただきたい」と語った。党内外では、遅ればせながら、ようやくの退陣表明だと受け止めたが、菅は辞めないのである。

菅政権は、ようやく六月九日に復興基本法を提出、二十日に成立させ、復興庁の新設を決めた。辞任のタイミングだと思われた。

だが、そこでも菅は辞めない。

六月二十四日には内閣府が原発事故を除外した被害総額を16兆９０００億円と試算した。ところが、菅政権は消費増税を軸とした社会保障と税の一体改革案を六月三十日に決定したのである。復興増税に加え、消費増税である。

この改革案の決定をもってしても、菅は辞めない。

七月、猛暑の夏に向けて、原発が停止した状態での電力使用量の制限が必要と考えられたため、東日本で電力使用制限令が発動する。

暑い夏だった。

民主党内でも菅降ろしが吹き荒れる中、菅はようやく八月二十六日辞任する。

これほど退陣を望まれ、能力不足が明らかなのに粘り続けた首相は他に存在しない。

竹下登や森喜朗は低支持率だったが政策判断の誤りは少なく、引き際は早かった。村山富市は非常事態に対応できない事を素直に認め、被害の拡大を最小限に食い止めた。鳩山もひどい首相だったが、国民的信任を失った事を悟るとあっさりと辞任した。国民的リコールの中で辞職を渋る菅は全くの例外だった。

九月二日には民主党代表選に勝利した野田佳彦政権が発足したが、同日、台風12号が西日本を襲い、死者95人を数えた。暗い予兆だった。

野田は、原発事故のショックから反原発、脱原発の世論が高まる中、原発の輸出継続を表明する。

十一月には日米首脳会談でTPPへの参加の意向を表明した。

十二月、野田は、東電原発が冷温停止状態になって原発事故は収束したと宣言する。

野田は何とか年内に日本政治を日常に戻した。

その点は評価すべきだろう。

だが、復興も政局も膠着が続き、野田——というより最早民主党そのもの——の限界は日に日に明らかになり、何とも重苦しい閉塞感の中でこの年は閉じた。

また、この年にはサイバー攻撃も多発した。四月にはソニーで1億件の個人情報が盗まれ、六月にはCIAの公式サイトが使用不能に、九月には三菱重工もサイバー攻撃を受け、潜水艦や原子力発電、ミサイルなどの研究・製造拠点11カ所が被害にあった。以後、サイバー戦争は本格化してゆく。

世相に辛うじて灯を灯してくれたのは、スポーツ選手たちの活躍だった。安藤美姫がキム・ヨナを下し、フィギュア世界選手権で優勝した。サッカー日本代表がアジアカップを制覇した。なでしこＪａｐａｎも女子ワールドカップで初優勝した。男女サッカー揃い踏みの快挙である。室伏広治が、世界陸上ハンマー投げで金メダルを獲得し、日本人で初めて五輪と世界陸上での2冠を達成した。内村航平は世界選手権で個人総合3連覇を達成し、体操大国日本の面目を更新した。テニス選手の錦織圭はスイス・インドアで男子世界ランキング1位のジョコビッチを破っている。日本の男子選手がシングルスで世界ランキング1位の選手に勝利したのは史上初だ。

一方、平成十七（２００５）年以来「会いに行けるアイドル」をコンセプトに、秋葉原で劇場公演を続けていたＡＫＢ48がこの年から全盛期となった。

また、この年小澤征爾が世界文化賞を受賞した。カラヤン、バーンスタイン後のクラシック音楽界を代表する指揮者の一人である。

出版においては、極めて地味ながら、外交政策上重要な書物が刊行されている。安倍晋三の外交ブレイン谷内正太郎が編集した『【論集】日本の外交と総合的安全保障』である。外交官、大学研究者、ジャーナリストらの共同研究で、民主党政権によって大幅に毀損されつつある日米同盟の再構築と、外交リアリズム研究の集成だ。第二次安倍政権において本書の外交思想が現実化してゆく。
『西尾幹二全集』の刊行開始も特筆したい。西尾はニーチェ研究、文芸評論、社会評論など、保守主義の立場に立つ多岐にわたる言論活動を展開してきた。平成後期、現存の著者の個人全集刊行は極めて稀になっており、一方、それに値する全貌を持つ著者も僅かになっている中での快挙である。

坂上二郎(76)、児玉清(77)、長門裕之(77)、小松左京(80)、北杜夫(84)、立川談志(75)、松平康隆(81)らが死去した。

坂上はコメディアンとして、児玉は司会者として国民に広く愛された。長門は津川雅彦の兄で、性格俳優として重きをなしていた。小松左京は『日本沈没』を代表作に持つSF作家の草分け、北は大歌人斎藤茂吉の息子で作家である。『楡家《にれけ》の人びと』はトーマス・マンの『ブッデンブローク家の人びと』を模して一族の没落を描くが、線の太いユーモアがあり、独自の作品世界を持つ。

世界情勢はどうか。
一月にはチュニジアのベンアリ大統領が退陣要求デモの圧力の中亡命し、民主化を求めるデモがアフリカに連鎖した。

いわゆる「アラブの春」である。

運動のきっかけは、路上で青果を売っていたチュニジアの青年が、政府に商品を没収されたことに抗議して焼身自殺を行ったことだ。チュニジアでは若年層の失業率が25〜30％と悪化していたが、焼身自殺という抗議方法は人々に衝撃を与えた。ＳＮＳ等を通じて拡散され、大規模なデモに発展し、独裁体制崩壊と民主化に移行したのである。

二月十一日にはエジプトで長期政権を誇ったムバラク大統領が辞任に追い込まれた。

北アフリカや中東諸国（モロッコ、シリア、リビア、エジプト、バーレーンなど）の活動家らが触発され、自国で強権を振るう政府への抗議活動を開始した。

結果的に成功したのはチュニジアだけで、リビア、シリア、イエメンではむしろ大規模な内戦を呼び込む結果になり、ＩＳＩＬの跳梁《ちょうりょう》を招いた。

五月一日、アメリカは9・11同時多発テロの首謀者オサマ・ビンラディンを殺害したと発表した。ＣＩＡは2年前から特定していたビンラディンの伝達係を追跡し、パキスタン北部郊外の邸宅にビンラディンがいることを確認していた。アメリカ海軍の特殊部隊ネイビー・シールズのメンバーを中心とした約15人がヘリコプターからロープを使って降下し、銃撃戦の末、ビンラディンを射殺したとされる。

十月にはリビアで42年間権勢を振るった独裁者カダフィ大佐も殺害され、二十三日には全土解放宣言がされた。

十二月十八日には、米軍がイラクから撤退を完了した。

アラブの春の後のカリスマの悲惨な末路、オバマの中東からの撤退の中、新たなイスラム過激派組織ＩＳＩＬが成長する事になる。

一方、中国は、この年の一月、前年の国内ＧＤＰを発表、日本を抜いて世界第2位となった。中国のＧＤＰはこの後も驚異的な伸びを続け、世界の軸は中国に比重を移してゆく。数年後には、米中の激しい鍔迫《つばぜ》り合いが始まるだろう。

十二月十九日には北朝鮮が金正日総書記の死亡と、三男である正恩がその後継者になることを公表した。金正恩は、朝鮮半島に新しい重大な秩序変更を齎す動きに向かい、スパートをかけ始める事になる。

震災と原発事故による日本の国難の最中、中国は大国としての巨大な相貌を明らかにし始め、北朝鮮には新たな指導者が生まれたのだった。

中東ではこの年からＩＳＩＬが跳梁し始めたが、数年でほぼ征討され、世界の火薬庫は、中国、朝鮮半島という日本の近隣に移る。

日本が史上最大の震災の試練のただ中にいたこの年、世界は新たな時代へと蠢動し始めた。

歴史の神は、準備万端を整え、翌年、日本を含めた指導者の交代劇として、新たな時代の幕が切って落とされることになるのである。

平成二十四年　2012年

御題　岸

津波来《こ》し時の岸辺は如何なりしと見下ろす海は青く静まる　御製

帰り来るを立ちて待てるに季《とき》のなく岸とふ文字を歳時記に見ず　御歌

被災地の岸辺——津波が来た時はどうだったろうかと見下ろす海は、あの時の濁流とは別物のように、青く静まっています。

海のかなたに消えた人の帰りを待つのに春夏秋冬の時の区別はありません。それだからでありましょうか、「岸」という文字は歳時記にも載っていないのです。

政権	
野田佳彦（民主党）	②安倍晋三（自民党）

国内

- 2・8 日米による、在日米軍再編計画の見直し基本方針（沖縄の米海兵隊グアム移転を、普天間からの移設と切り離して進める）。
- 2・10 復興庁設置。
- 4・16 尖閣諸島、都が買い取る意思表明。
- 4・23 京都府亀岡市で登校児童の列に自動車が突っ込む。
- 5・6 茨城・栃木県等で竜巻発生、大被害。
- 5・22 東京スカイツリー開業。
- 6・26 消費税増税衆院通過。
- 7・5 国会の原発事故調査委員会最終報告、福島第1原発事故は安全対策の「意図的な先送り」による「人災」。
- 7・11 民主党離党の小沢一郎ら「国民の生活が第一」を結成。
- 7・12—7・14 九州北部の豪雨で約43万人に避難指示・勧告が出される。
- 8・10 韓国李大統領、竹島に大統領として上陸（のち野田首相が遺憾の意の親書を韓国大使館に送付するが返送）。
- 8・15 尖閣諸島に中国の領有権を主張して香港の活動家が上陸、強制送還。
- 9・11 尖閣諸島の3島を国有化。
- 9・26 自民党総裁選で安倍晋三を選出。
- 10・1 JR東京駅丸の内駅舎（1914年竣工）が復元開業。
- 10・8 ノーベル生理学・医学賞、iPS細胞を作製した山中伸弥とJ・ガードンに授与。
- 10・31 石原都知事が辞職（次期衆院選出馬、10・11「太陽の党」結成）。
- 12・7 三陸沖でM7・3の地震。
- 12・26 第2次安倍内閣発足

国外

- 3・20 IMFが財政危機のギリシア支援承認。
- 5・6 仏大統領選、オランドがサルコジを破り当選。
- 5・7 露、プーチンが大統領に復帰。
- 11・15 中国共産党総書記・党中央軍事委主席に習近平就任（'13国家主席）。
- 11・29 国連総会がパレスチナを「国家」とする決議。
- 12・19 韓国大統領に朴槿恵（朴正煕元大統領長女）当選（'13年2月就任）。

世相

1月 オウム真理教元幹部、平田信容疑者逮捕。

5月 金環日食が日本列島各地で見られた。

【流行】維新、第三極、終活、福辻鋭記『骨盤枕ダイエット』、三浦しをん『舟を編む』、近藤麻理恵『人生がときめく片づけの魔法』、『BRAVE HEARTS 海猿』、『ドクターX～外科医・大門未知子～』、『テルマエ・ロマエ』

【物故者】4代目中村雀右衛門(91)、吉本隆明(87)、寛仁親王(66)、山田五十鈴(95)、浜田幸一(83)

自分史

この年前半の政治報道を一色に塗りつぶした言葉は「決められない政治」だった。

民主党は衆議院で圧倒的な多数を取っていたが、党内が一枚岩ではない。鳩山、小沢、菅の悪政で首脳陣の権威は失墜し、中堅はテレビなどで勝手な発言のし放題、党内は不満が渦巻いている。

最早政党の態をなしていなかった。

野田は、党内が統御不能な状況で登板したのである。

しかも、政策方針は菅同様、財務省主導で全くの見当違いだった。

この経済氷河期の最中、消費増税に政治生命を賭けたのである。真面目な性格と野党政治家として帝王学の訓練のなさが災いしたという他はない。

株価8000円前後、求人倍率が0.8、新卒の3分の1が就職できないこの時期に、更なる増税など、野党自民党のみならず、与党内でも賛同を得られるはずがない。

野田が消費増税にこだわる程に、政治は硬直する。

更に、野田は「身を切る改革」と称して国会議員定数削減という、これ又国会議員の最も嫌がる政策、しかも緊急性の低い課題を抱き合わせにした。

三月三十日、5％の消費税率を平成二十六（2014）年四月に8％、二十七（2015）年十月に10％に引き上げる消費増税法案を国会に提出した。

「ねじれ」国会のもと、法案を通すためには、野党自民党の協力が必要だ。また、民主党内の反対論を抑えるのにも苦慮した。結果的に野田は自民党、公明党と協議を行い、法案を自公両党の主張に沿う形で修正することに合意する。この結果、六月十五日に3党合意に達し、同二十六日に衆議院を通過した。

だが、増税以外政治は全く進まない。野田政権の支持率も急落の一途を辿り、四月の時事通信で21・7%まで下がった。

八月には衆議院任期が一年を切り、解散の決断時期が迫り始める。

自民党は前回大敗した後、幸いにも小沢のような政局型の政治家がいなかったために、谷垣の下で一切党を割らず、政権構想も練り上げてきていた。

ところが、肝心の与党民主党政権内で、又もや政局に動いたのが小沢なのである。

七月十一日、消費増税法案に反対する小沢は、49人の民主党議員を引き連れて離党し、新党「国民の生活が第一」を結党して、代表に就任した。しかし小沢自身の政治家としての命脈はさすがにこれで終わったと言える。小沢は『日本改造計画』の後、新たなヴィジョンを出していない。それにもかかわらず民主党政権ではばらまき福祉路線に切り替え、政権に就いた後は、かつての辣腕とは別人のように、素人的反米、媚中ぶりを繰り広げ、予算権限を独占するなど、政治破壊を主導した。

その小沢が責任も取らず、自ら民主党を割って出る。

小沢が民主党を見切って新党を立ち上げ、多数与党だった民主党が急速に瓦解した後、小沢自身も政治的影響力を完全に失った。

七月三日には、ロシアのメドベージェフ首相が国後島《くなしりとう》に、八月十日には李明博韓国大統領が竹島に相次いで上陸している。日米同盟がこのまま空洞化し、日本が国力を失ってゆくだろうという読みが、国際社会に一般化しつつあったのである。八月十五日には沖縄県尖閣諸島の魚釣島に、香港の活動家が上陸し、海上保安本部に逮捕される事件も起こる。この年だけで中国漁船の侵入は430隻を数えた。

動かぬ政府に苛立った石原慎太郎都知事が、都で尖閣を買い取る募金運動を始め、多くの賛同者が出たが、九月に入ると、野田はにわかに尖閣諸島国有化を閣議決定した。石原主導の国民運動にならぬよう国有化を急いだとみられるが、逆に中国は猛反発する。直後から中国では組織的な反日デモが全土で広がり、中国各地で大規模な破壊活動に発展した。パナソニック、トヨタ、ホンダなどの工場が焼き討ちにあい、日系スーパー「蘇州泉屋百貨」や、イオンが経営するジャスコをはじめ、中国人が経営する日本食レストランまでもが無差別に略奪、破壊されたのである。青島イオンの社長は「めちゃめちゃに破壊された。店内設備機器は全く使い物にならない。商品の略奪、8割方略奪された。もうこれはデモ、ストライキじゃなくて、テロリズムです」と語っ

ている。（TBSテレビ九月十七日の報道）

こうした外圧の中、九月には自民党総裁選が行われ、優勢を伝えられていた石破茂、石原伸晃を、安倍晋三元首相が下して勝利した。

自民党史上初の総裁再登板である。

安倍は以下のように出馬表明を語っている。

昨年三月十一日に発災した東日本大震災は、いまを生きる私たちにとって忘れ得ぬ出来事となりました。いまだに34万人の人たちが困難な生活を強いられています。いますぐ、オールジャパンで力強い本格的な復興を、政治のリーダーシップで進めていかなければなりません。待ったなしであります。また、この大震災を通じて私たちは、私たちにとって大切なのは何か、守るべきものは何かを学ぶことができました。それは大切な家族であり、いとおしいふるさとであり、かけがえのない日本であります。いま日本の海が、領土が脅かされようとしています。断固として守るという決意を示していかなければなりません。長引くデフレ、円高によって経済は低迷し、若い人たちは将来に夢と希望を見出せないでいます。いまこそデフレから脱却し、経済を力強い成長軌道に乗せていく必要があります。「日本はたそがれを迎えている」と言う人がいますが、そんなことはありません。政治のリーダーシップによって何をするか、そこにかかっています。

正しい決断によって、実行力によって日本は必ず新しい朝を迎えることができます。

安倍は総裁再登板後の九月、靖國神社の秋季例大祭に自民党総裁として参列し、十月二十九日からはじまった臨時国会において、野田に対し、早期解散を強く要求する。消費税を軸とする政策協力で挑む谷垣前総裁の姿勢から一転、早期解散一点に絞った。これは国民感情にも合致した。

十一月十四日、国会の党首討論で、野田は、解散を迫る安倍に、十一月十六日の解散を宣言した。

安倍は現行の白川日銀総裁の金融引き締め政策を厳しく批判し、政権を取った暁には大胆な金融緩和を行うことを、翌十五日発表する。

株価は急上昇を始めた。

十二月十六日、総選挙は投開票され、自民党が２４９議席を獲得して、単独で絶対安定多数、31議席の公明党と合わせ3分の2を超える大勝となった。対する民主党は実に前回の２３１議席から57議席へと大惨敗を喫したのである。

十二月二十六日、安倍は国会で首相に選出され、3年3ヶ月ぶりの自公連立政権が誕生した。

麻生太郎元首相が副総理兼財務相、菅義偉が官房長官、甘利明が経済金融担当大臣で、政権の重しとなった。

安倍は首相就任と同時に、国際的な発信媒体である「プロジェクト・シンジケート」に「Asia's Democratic Security Diamond」（アジアの民主主義セキュリティ・ダイヤモンド）と題する論文を発表する。この論文は、南シナ海に迫る中国の脅威を明確に指摘し、オーストラリア、インド、日本、米国ハワイによって、インド洋地域から西太平洋に広がる海洋の自由を保護するダイヤモンド状の安全保障構想を提唱している。

このダイヤモンド構想は、現在日本が描き得る唯一妥当な長期戦略であろう。オバマと胡錦濤は接近しており、この後習近平体制が確立すると、軍事力と一帯一路を結合したポストアメリカの世界制覇を照準とし始める。超大国化した共産党独裁の中国との長期にらみ合いが続く以上、ここで安倍が提唱する自由主義国家による多国間安全保障の線上にしか、日本の安全、自由と民主主義の維持はあり得ないからだ。

さらに重要な事は、安倍が、この外交方針を、国内向けの記者会見や所信表明演説でなく、総理就任と同時に英文で発表した点である。この後も、安倍政治は、大目標の明確な発表に始まり、実践上のプログラムの策定と実行、そして数字や結果への反映というパターンを取る。

こうして、経済の復活と自由主義国家群による対中包囲網の形成を明確に世界に宣言して、安倍政治はスタートしたのである。

この年は、世界中でもリーダーが入れ替わった。

三月四日、ロシアでは、メドベージェフの任期満了に伴いプーチンが大統領に当選し、首相から大統領に返り咲いた。

四月十一日、金正恩が北朝鮮の正式な最高指導者に任じられた。

十一月にはアメリカの大統領選で接戦の末、オバマが共和党のロムニーを破って再選された。

同じ十一月十五日、胡錦濤に代わり習近平が中国共産党の指導者となり、翌年の三月に全人代で、国家主席に就任した。

十二月十九日の韓国大統領選では文在寅《ムン・ジェイン》との一騎打ちで朴槿恵《パク・クネ》が勝利し、翌年二月二十五日に大統領に就任した。

プーチンやオバマのような再選組も含め、日本にとって最重要国全ての指導者が更新される、異例の歴史的変動の年となったのだ。その中で誕生した第二次安倍政権は日本をどう変え、世界にどう対峙してゆくのか——この年から、文字通り「現在」が始まる。


国内では一月に、オウム真理教元幹部の平田信、六月には菊地直子、高橋克也が逮捕され、オウム真理教テロ事件の容疑者は全員が逮捕された。

二月、天皇が東大病院において、狭心症の心臓の冠動脈バイパス手術を受けられた。ゴッドハンドと言われた天野篤の執刀は見事に成功し、三月四日に退院された。

五月には、自立式の電波塔として世界一の高さを持つ634mの東京スカイツリーが開業する。

七月、プリマバレリーナの森下洋子が世界文化賞を受賞した。森下は世界で通用する初めての日本人プリマバレリーナである。

十月八日にはiPS細胞の作製に成功した京都大学の山中伸弥教授がノーベル生理学・医学賞を受賞した。

十二月二日には、笹子トンネルの天井が落下し、9人が死亡した。老朽化していたトンネルに対し、ハンマーによる打音点検を行なうべきところを、NEXCO中日本では簡略化し目視で済ませていた。公共事業＝悪と見る、マスコミによる土木事業叩きが、地震災害大国、険阻や急流だらけの日本で、いかに危険で愚かな主張だったか、平成の教訓の一つと言える。

Facebookの利用者がこの年世界で10億人を突破した。オバマも安倍もFacebookを活用して大統領選、総裁選を制している。ネットでの支持が政権運営の動向に影響を与え始め、大国の指導者が直接SNSで発信を行う時代が到来したのである。

この年「終活」が、流行語大賞にノミネートされた。孤独死の急増による死の意識の変化であろう。

この年は、吉本隆明（87）、吉田秀和（98）、丸谷才一（84）、新藤兼人（100）、山田五十鈴（95）、大滝秀治（87）、森光子（92）、中村勘三郎（57）ら文化界の巨人が多く世を去った。吉本は戦後を代表する思想家の一人だ。マルキストだが、共産党とも左派論壇とも一線を画し、小林秀雄の後の世代の思想と文学を、江藤淳と共に牽引した。『源実朝』をはじめとする国文学論、『言語にとって美とは何か』のような傑出した美学の理論的研究、『共同幻想論』のような社会学的研究など、あらゆる分野で独創的な思考を貫いた。

吉田は音楽評論の泰斗で、最後まで健筆を揮った。音楽学的な知見と広大な教養に基づき、色彩溢れる文章で音楽、絵画、文学を語った大批評家である。演奏家の音が呼び覚まされるような数々の演奏論と並び、『ベートーヴェンを求めて』『セザンヌ物語』などを代表作とする。丸谷は作家だが、古典と現代を往復し続けた点、彼もまた批評家に近い。『裏声で歌へ君が代』『輝く日の宮』のような知的な結構を平易にこなした物語的作品を書く一方、源氏物語、百人一首、忠臣蔵をはじめとする膨大な古典を論じたが、丸谷が文学崩壊の砦だったか、教養を装おいつつ平俗化に手を貸したかは、評価の分れるところだろう。

新藤以下は映画、演劇人たちである。いずれも最晩年まで舞台、映画、テレビで活躍し、平成日本の演劇の質を維持し続けた。とりわけ中村勘三郎の早逝は痛ましい。歌舞伎役者としての色気と天才的な演技力のみならず、現代を代表するスターとして歌舞伎と外の世界を繫ぐ存在でもあった。

平成二十五年　２０１３年

御題　皇居にて

年毎に東京の空暖かく紅葉《もみじば》赤く暮れに残れり　御製

御題　演奏会

左手《ゆんで》なるピアノの音色《ねいろ》耳朶《じだ》にありて灯《ひ》ともしそめし町を帰りぬ　御歌

東京の気候は年毎に暖かくなり、年の暮れになっても皇居の紅葉が残るようになりました。

左手のピアニスト舘野泉さんの演奏会——その音色が耳に残るまま、灯がともり始めた夕暮れの町を帰っています。

政権	②安倍晋三（自民党）

国内

- 1・22 政府・日銀、2％のインフレターゲット設定と金融緩和策を開始。
- 2・5 中国艦が海自護衛艦に射撃レーダーを照射したと防衛省が発表。
- 3・15 安倍首相、TPPの交渉参加を正式表明。
- 4・2 歌舞伎座が新築オープン（外観を残しタワーに）。
- 4・19 安倍首相、「成長戦略スピーチ」（挑戦・海外展開・創造）。
- 4・28 政府、主権回復記念式典開催（1952・4・28講和条約発効）。
- 6・14 政府、日本再興戦略・骨太の方針など経済政策決定。
- 8・12 高知県四万十市で、気温41・0度（1933・7山形市40・8度は'07・8に多治見市・熊谷市40・9度が更新、それも超す）。
- 9・7 '20東京での夏季五輪開催が決定。
- 10・12 伊勢神宮式年遷宮で年間参拝者数が過去最多の一千万人突破。
- 12・13 特定秘密保護法公布。
- 12・17 政府、国家安全保障戦略を決定。
- 12・24 猪瀬都知事が現金授受問題で辞職。
- 12・26 首相、靖國参拝（米、失望したとの声明）。
- 12・27 沖縄県仲井眞知事、基地移設のための辺野古埋め立てを承認。

国外

- 2・12 グアムで無差別殺人事件、日本人3名が死亡。
- 2・25 韓国で朴槿恵が大統領就任。
- 3・19 第266第ローマ法王フランシスコ就任。
- 3・31 中国、鳥インフル（H7N9）がヒトに感染・死亡。
- 4・15 米ボストンマラソンで爆発事件。
- 11・23 中国が東シナ海の防衛識別圏を、尖閣諸島の上空にも設定（日本はこれに抗議）。

自分史

世相

5月　元巨人監督の長嶋茂雄と元大リーグ選手の松井秀喜への国民栄誉賞の表彰式。
8月　桜島の昭和火口が爆発的噴火。
9月　新型の固定燃料ロケット「イプシロン」打ち上げ成功。
【流行】アベノミクス、PM2・5、倍返し、『風立ちぬ』、近藤誠『医者に殺されない47の心得』、百田尚樹『海賊とよばれた男』、池井戸潤『ロスジェネの逆襲』『半沢直樹』、『ONE PIECE FILM Z』『進撃の巨人』
【物故者】大島渚（80）、三國連太郎（90）、川上哲治（93）、島倉千代子（75）

一月五日、222kgの本マグロが史上最高値1億5540万円、1kg70万円で、「すしざんまい」によって落札された。

安倍政権は年末に発足したばかりだが、前向きの風は早くも吹き始めていたのである。大胆な金融緩和を行うとの安倍のメッセージに、株価は安倍の総理就任前から反応し、総選挙直後の十二月十九日には1万円を突破、その後、日銀総裁に任じた黒田東彦《はるひこ》による「異次元の」金融緩和の結果、五月の段階でリーマンショック以来約4年11ヶ月ぶりに1万4000円台に回復した。就任後半年に満たずして民主党政権時代の倍額に迫る勢いを示したのだった。

だが、国際情勢は厳しい。

安倍外交の1年目は、イスラム武装勢力によるアルジェリア天然ガス施設襲撃事件から始まった。日本企業の現地職員10人を含む41人が人質となった。安倍政権は人命優先をアルジェリア政府に依頼しつつ、外交ルートで解決に動いたが、アルジェリア政府は強行突入し、日本人人質が全員死亡する最悪の事態となった。安倍はこの衝撃から、外国政府との安全保障の交渉や情報ルートを確保し、政府の強力な司令塔となる首相直轄の国家安全保障局の設立に全力を注ぐ事になった。

一方、安倍は中国によるレーダー照射を世界に公表した。一月三十日、東シナ海で中国のフリゲート艦が、海上自衛隊の護衛艦に「火器管制レーダー」を照射したのである。レーダー照射は攻撃の直前に行うもので、不測の事態を招きかねない。小野寺防衛大臣が二月五日に緊急記者会見を開き事件について発表したが、中国側は事実を否定した。その後、安倍はテレビ番組で「中国は素直に認めて謝罪し、再発防止に努めてもらいたい」と述べている。中国の過激な反日と日本挑発はこの後一気に鳴りを潜める事になる。挑発は冷静かつ強気の姿勢で、早期に潰すのが、平和維持の要諦なのだ。

外遊は、小泉政権以後手薄だったASEAN諸国から始めた。元々岸信介、福田赳夫以来、日本はASEANの成長の後見人だったが、今や中国の対ASEAN貿易総額は4435億ドルと、日本の三倍だ（平成二十五年）。安倍が外遊をASEANから始めたのはセキュリティダイヤモンド構想、中国包囲網構築の宣言に他ならない。

同じ二月にはワシントンに飛び、オバマとの首脳会談で日米関係の完全復活を宣言している。これははったりで、この時は90分のランチミーティングしか開催されていない。中国首脳はおろか、韓国大統領よりも遥かに格下の扱いから、安倍の日米外交は始まったのである。

また、この月、日銀総裁白川方明が任期満了を待たずに辞任、後任に国際金融通の黒田東彦を任じた。黒田は早速、異次元の金融緩和政策を取る。この後安倍首相――麻生財務相――黒田日銀総裁による、財政――金融政策は、アベノミクスと称され、短時日の内に日本を蘇生させて国際的に高い評価を得た。

アベノミクスは大胆な金融緩和を第一の矢、適切な公共投資を第二の矢、成長戦略を第三の矢としてスタートした。

株価が急騰する中で、安倍は経済団体や大企業の経営陣と面会、春のベースアップを首相自ら要請し、景気回復を最優先する姿勢を自ら示す。

三月にはTPP交渉参加を表明したが、TPP亡国論――交渉すればアメリカに食い物にされるとの危惧をものともせず、逆に交渉過程においてアメリカがTPPから逃げ出すのを引きずり戻そうという所まで、安倍は日本外交の主体性を確立した。

九月には東京オリンピック招致に成功し、その直後国連総会で積極的平和主義と女性が輝く社会作りについて表明、ニューヨーク証券取引所では「Buy my abenomics」と海外の投資家たちの目を再び日本市場に向けさせた。

十二月には特定秘密保護法を制定し、日本版NSC（国家安全保障会議）を創設した。特定秘密保護法は、国に対するスパイ行為を抑止するための法律である。それまで日本で極めて甘かった秘密漏洩に関する罰則を強化し、各省庁で別個に行ってきた情報管理のルールを統一した。公務員らによる故意の漏洩は懲役十年以下で、過失は二年以下の禁錮となる。

内閣官房の中に国家安全保障局が政権直属の60人のチームとして設けられ、情報収集と分析に従事している。その情報に基づいて、総理、外務大臣、防衛大臣、官房長官によるNSCが2週間に1度会合を持ち、収集された情報を共有しながら、長期的な国家戦略を定めてゆくのである。NSCと特定秘密保護法が連動する事によりアメリカ、イギリスを始め同盟国や友好国の情報が日本に入るようになった。この情報＝安全保障体制の確立こそが、安倍外交の成功の重要な要因である。

これまで日本には、安全保障と外交と経済政策を、政権が主体的かつ一貫して戦略化し運営してゆく制度と政治指導の慣習が乏しかった。安倍はこの三位一体を初めて全面的に体現する日本の政治指導者となった。

政権発足1周年に当たる十二月二十六日、安倍は靖國神社に参拝した。小泉以来8年振りの事だが、安倍はその後、参拝を控えている。自国の戦死者追悼の宗教施設の参拝を近隣国の圧力で控える悪い慣行が今後続けば、後世に安倍が残す大きな負債となるだろう。リアルポリティクスで成果を出すだけが政治のリアリズムではない。昭和の常態であった春秋例大祭への安倍の定例的出席を強く求めたい。

海外はどうか。

二月十二日、北朝鮮の金正恩《キム・ジョンウン》は就任早々同国で3回目の地下核実験を強行し、原爆の小型・軽量化に成功したと発表した。

社会主義独裁国で指導者の世襲は異例である。正恩の父、金正日《キム・ジョンイル》は就任後、権力の確立の為に大量粛清を行ったが、正恩は粛清だけでなく、強力な核武装を体制維持の武器にする戦略に出たと言える。日本、アメリカ、韓国は非難し、国連は対北朝鮮の新決議に向けた協議の開始を決定した。安倍政権は北朝鮮向けの全ての品目の輸出禁止、大幅な資産凍結など独自の追加制裁を決定した。

安倍は北朝鮮に対してこの後も世界の首脳でも最も厳しい態度で臨み、アメリカ、国連はじめ世界中で北朝鮮問題を訴え続けてゆく。北朝鮮が核ミサイル開発の最終段階に達していたと言う意味では、安倍の登場は遅きに失したと言える。が、この金正恩のラストスパート期に安倍が存在した事が、北朝鮮＝中国ベースで東アジアの安全保障環境が激変する危険をせき止めたのは間違いない。

二月には韓国で初の女性大統領朴槿恵が就任した。父は朴正熙《パク・チョンヒ》元大統領だ。朴槿恵は本来親日親米で、韓国内保守派だったが、親北親中勢力と反日マスコミの暴風の中で、反日色を演出し続けることになる。

二月二十八日、第２６５代ローマ法王ベネディクト12世が高齢を理由に退位し、フランシスコ法王が即位した。法王は原則終身制で、生前の退位は13世紀以来の事だ。これも指導者交替のうねりの大きな余波と言えよう。フランシスコは、就任間もない三月三十一日、中東、アフリカ、北朝鮮と韓国に特別に言及して平和を訴えた。翌年にはエルサレム旧市街にあるイスラム教の聖地「岩のドーム」とユダヤ教の聖地「嘆きの壁」を相次いで訪れ、祈りをささげ、バチカンにイスラエルのペレス大統領とパレスチナ自治政府のアッバース大統領を招き、両者に和平を呼びかけてもいる。さらには南北朝鮮統一にも関心を示すなど政治への関与に積極的で、世界の地政学的変動の一プレイヤーになっている。

四月にはボストンマラソンのゴール付近で爆発事件が発生し、3人が死亡し200人以上が負傷した。二人の兄弟によるテロ行為だった。兄は警察に射殺され、逮捕された弟は動機について「イラクとアフガニスタンでの米国による戦争」をきっかけにイスラム教を守ろうと思ったと供述している。

六月には元CIA職員のエドワード・スノーデンが様々な機密情報を暴露した挙句、ロシアに逃亡した。

国内では、三月、東北新幹線はやぶさが世界最速の時速320kmでの走行を開始し、現在東京―新青森間を3時間20分で結んでいる。

元読売巨人軍監督の長嶋茂雄と、大リーグ選手だった松井秀喜が国民栄誉賞をダブル受賞し、五月五日、東京ドームで表彰式が行われた。

六月には、富士山が世界文化遺産に決定した。

九月には東京が令和二（２０２０）年のオリンピック・パラリンピック開催都市に選出され、56年ぶりの東京大会が決まった。

九月十六日にはヤクルトのウラディミール・バレンタイン選手が56本塁打をマークし、王貞治の記録を49年ぶりに更新した。

この年、一流ホテル内、百貨店内のレストランや飲食店チェーンで食材の産地偽装が相次いで発覚した。

映画監督大島渚（80）、俳優三國連太郎（90）、作家の安岡章太郎（92）、山崎豊子（89）らが死去した。大島は代表作『愛のコリーダ』『戦場のメリークリスマス』などでの業績のみならず、テレビ出演でも人気を博していた。三國は、『飢餓海峡』『利休』を始め、重量級の映画の主演を数々こなすと共に、晩年西田敏行と共に『釣りバカ日誌』を通じて国民的な人気を得た。

安岡は遠藤周作ら第三の新人の一人で、昭和三十四（１９５９）年、復員兵の荒涼たる精神光景を描いた私小説『海辺《かいへん》の光景』が、戦後の精神史を示す重要作とされる。『流離譚』は自身の父祖が属した幕末維新の土佐勤皇党を描いた史伝の傑作である。山崎豊子は『白い巨塔』『不毛地帯』『華麗なる一族』『沈まぬ太陽』など社会派フィクションの巨編に挑み続けた。膨大な取材、イマジネーション豊かな作品の大きさで類を見ない一方で、資料提供者から繰り返し盗用を指摘されてきた。創作と原資料の関係は難しい。シェイクスピアやヘンデルに現在のような著作権の基準を当てはめれば、作品のほとんどは盗用と見做されるに違いない。換骨奪胎《かんこつだったい》は創造なのである。山崎作品の群を抜いた評価は死後も揺らいでいない。

また歌舞伎界では前年の中村勘三郎に続き、66歳の市川團十郎が二月に死去した。折しも三月、歌舞伎座が新築開場し、柿落しが行われる直前だった。柿落しは中村吉右衛門が『一谷嫩軍記《いちのたにふたば》』の熊谷直実《くまがやなおざね》、松本幸四郎が勧進帳でトリを務めた。

白井聡『永続敗戦論』が左派論壇で歓迎された。レーニン主義者の白井が、マルクス・レーニン主義の人類への犯罪を清算しないで、日本の戦争責任や戦後体制の欺瞞を批判するなど、倒錯でしかないだろう。ただし日本国憲法墨守の思考停止を繰り返す凡百な議論とは比較にならず、本書は奸智と企みに満ち、知的には決して空疎な代物ではない。

白井は敗戦後を米国従属システムと規定し、戦争責任を曖昧にしたまま、米国に追従する事で戦前の天皇遺制を固定し続ける自民党＝親米保守政権のあり方を、アメリカに対する永続敗戦体制と呼ぶ。「戦後レジーム」からの脱却を主張する安倍こそは、実は「敗戦レジーム」を永続化する張本人だと言うわけだ。

「日米同盟の強化」のマントラを唱え続け、対米従属の無限化を自ら嬉々として推し進める勢力がこの社会を支配している。（略）永続敗戦という構造の中核に位置するこの勢力が持つ世界観の歪みは、いまやほとんど狂気の域に達している。

白井はこう言う。

が、白井のこうした行文こそは寧ろ狂気に近い。

世界観などという上等なものを持ち出すなら、レーニンの世界観と彼が口を極めて罵る安倍晋三の世界観を、はっきりごまかさず国民に提示し、どちらが狂気かを問えばよかろう。

対米従属というが、アメリカは、自民党政権の交代にも、社会党政権、民主党政権の成立にも一切干渉した事はない。言うまでもなく、日本が対等な国家だからこそ、アメリカは一貫して防衛協力や貿易上の要求を持ち出すのである。もしも日本が旧ソ連、ないし中国の勢力圏内に入っていれば、これらの国の完全な傀儡政権が誕生するのは明白だろう。

白井の議論は、普通に考えれば、先の大戦を自ら清算したうえで、米軍に退場してもらい、核武装を含む自前の独立国になれという三島、あるいは反米保守なる一群の人々の議論に落ち着く筈だし、それなら話はシンプルだが、左派論壇の寵児である白井は勿論そういう議論をしたいわけではない。

左翼革命による天皇制度打倒の願望を持ちながら、それが不可能なので、日米同盟の破滅を呪詛し続けている。

論文の形態をとった巧妙な政治プロパガンダと評すべきであろう。

福嶋亮大『復興文化論』は、復興を鍵概念に、人麻呂、平家物語、太平記、川端から三島、手塚治虫から宮崎駿と大胆な足跡で日本文化の創造性の物語を紡いでいる。東日本大震災後の「復興」に対する大胆な文学の呼応と言えよう。「私が〈日本〉について書いたのは、日本人として〈日本〉を優しく抱擁するためでなく、むしろ〈日本〉を箱舟に乗せ、未来の虚空に向けて手放すためだと言った方が正確である」との跋文の志は頼もしい。

石津朋之著『戦争学概論』は防衛省の研究者による包括的な戦争思想史である。石津は、世界の戦争思想の名著を繙きながら、戦争の本質と現象面の双方を丁寧に描出した。癌を研究せずに癌を克服できないように、戦争の研究なしに令和日本の平和維持は最早不可能である。本書は令和日本の最良の道しるべの一つ、平成からの良き置き土産と言ってよい。あえて批判的に紹介した白井を含め、己の言葉と信念で「国家の物語」が、語られ始めたのは喜ばしい。対立する論者たちの対論を望みたい。

一方創作ではこの年作家百田《ひゃくた》尚樹が国民的脚光を浴びた。百田が平成二十一（２００９）年に特攻隊の悲劇を描いた小説『永遠の0《ゼロ》』が累計３７６・５万部に達し売上歴代２位、十二月には山崎貴監督による映画が封切られ、こちらも興行成績87・6億円を記録した。特攻隊員をヒーローとする小説と、V6の岡田准一主演による凛々しい軍人の姿は世に大きく迎え入れられた。

不思議な事にこの年は宮崎駿監督の『風立ちぬ』も、ゼロ戦の命運と作家堀辰雄の小説世界を交え、戦争を描いている。どちらもゼロ戦が主役、耽美的なまでに美しい映像美による歴史の振り返り——百田と宮崎では、政治的立場は対極にあるが、いずれも映画史に残る傑作と言えよう。

百田が、戦後復興の立役者出光興産の出光佐三《いでみつさぞう》を描いた『海賊とよばれた男』もベストセラーとなった。こちらは村上春樹の『色彩を持たない多崎つくると、彼の巡礼の年』と競合した。

諫山創《いさやまはじめ》の漫画『進撃の巨人』がTVアニメとなったが、これも新しい世代による創造的な仕事と評してよい。壁に閉ざされて生きてきた人類の平和が、人食い巨人の侵入によって突然破壊され、若者達が壁の外に出て巨人を「駆逐」すべく立ち上がる。——戦後の一国平和主義が急激に脅かされている現在の日本を如実に反映した作品である。

この年放映されたテレビドラマ『半沢直樹』は、ドラマとして平成史上最高視聴率を記録し、劇中のセリフ「倍返しだ！」は流行語となった。

時代の空気は、急速に明るみ、動き出したかに見える。安倍が経済と外交で自信に満ちた力強い国家の再建に邁進し、国民感情が前向きになれば、それが好循環を生み、強い日本は、近隣諸国との関係を安定化させる事になるだろう。

福嶋のような三十歳になったばかりの書き手が日本的創造をスケール大きく語り、百田尚樹、宮崎駿、村上春樹が創作で競い合うのも、創造的な時代の扉が開かれるかと期待される様相を示している。

だが……。

平成二十六年　２０１４年

御題　神宮参拝

あまたなる人らの支へ思ひつつ白木の冴ゆる新宮《にひみや》に詣づ　御製

御題　静

み遷《うつ》りの近き宮居《みやゐ》に仕《つか》ふると瞳静かに娘《こ》は言ひて発《た》つ　御歌

多くの人が伊勢の式年遷宮を支え、全うして下さった事を思いつつ、白木の目に鮮やかな新宮を参拝致しました。

「式年遷宮が近い伊勢神宮に臨時祭主としてご奉仕してまいります」と眼差しも静かに言い、娘の清子は出発した事でした。

政権	②安倍晋三（自民党）
国内	1・7 国家安全保障局設置。 2・9 都知事に舛添要一当選。 4・1 政府、武器輸出3原則に代わる防衛装備移転3原則を決定。 4・1 理研調査委員会、1月に発表の新万能細胞（STAP細胞）は、ユニットリーダーによる捏造と報告。 4・22 閣議議事録を初めて作成し、首相官邸HPで公表 6・24 政府、新成長戦略と骨太の方針決定、法人実効税率引き下げ。 7・1 閣議、集団的自衛権容認の見解を決定。 8・5 朝日新聞、「慰安婦」問題で済州島での強制連行の証言について報じた1982年の記事を取り消し。 9・9 宮内庁、「昭和天皇実録」公開。 9・27 御嶽山噴火、登山客を巻き込む。 10・7 ノーベル物理学賞、赤﨑勇・天野浩・中村修二が受賞。 11・16 沖縄県知事選、辺野古移設に反対の翁長雄志当選。 11・18 安倍首相、消費税10％への引き上げを'17・4まで先送り（のち'19まで）。 11・21 衆院解散。 11・22 長野県北部で地震M6・7。
国外	3・18 ロがウクライナからクリミア編入を発表。 4・28 フィリピンと米、1992に撤退した米軍の再駐留を事実上認める協定締結 5・7 南シナ海で、ベトナム船と中国船との紛争。 6・10 イラクで、武装組織「イラク・シリアのイスラム国」（ISIL）が北部の主要都市などを制圧。 6・28 中国・新疆ウイグル自治区で暴動。 8・8 エボラ熱、WHOが緊急事態宣言。 12・17 米オバマ大統領、キューバとの国交正常化を発表。
自分史	
世相	3月 日本一の高層ビル「あべのハルカス」が全面開業。 7月 脱法ドラッグを危険ドラッグに改名。 8月 デング熱70年ぶりの感染確認。 【流行】集団的自衛権、ありのままで、妖怪ウォッチ、和田竜『村上海賊の娘』、槙孝子『長生きしたけりゃふくらはぎをもみなさい』、岸見一郎・古賀史健『嫌われる勇気』、『アナと雪の女王』 【物故者】小野田寛郎（91）、渡辺淳一（80）、山口淑子／李香蘭（94）、土井たか子（85）、高倉健（83）

この年安倍政権は、領土と国防の上での綻びを急ぎ補修する作業に入った。

一月、政府は「領土問題に関する専用サイト」立ち上げを発表し、程なく英語版も立ち上げた。中学校と高校の学習指導要領解説書に、尖閣諸島と竹島を「固有の領土」と明記した上で、竹島は韓国に不法占拠され、尖閣には領土問題が存在しないとの政府見解に沿った記述を追加した。領土問題を国民に共有させるのは独立国家としての最低限の基本である。

二月十一日の建国記念日には、安倍が「先人の努力に感謝し、自信と誇りを持てる未来に向けて日本の繁栄を希求する機会となることを切に希望する」との総理談話を発表した。建国記念日の総理談話は初めてだ。

とりわけ大きな動きは、六月、安倍政権が従軍慰安婦問題に関する「河野談話」の作成過程を検証した事だった。既に書いたが、検証によれば、談話発出は韓国側から提案されたものだった上、元慰安婦の証言は裏付け調査をしていなかった。両国は協議した事実を公表せず、韓国側は、口頭でこの問題は二度と蒸し返さないとしていた。

この安倍政権による検証が圧力となり、八月には、朝日新聞が虚偽の吉田清治証言を元にした従軍慰安婦関連記事16本を取り消した。朝日新聞は、32年間にわたり、吉田証言をもとに慰安婦報道を執拗に世界に喧伝し続けていたのだ。

ところが、朝日新聞は「主として朝鮮人女性を挺身隊の名で強制連行した。その人数は8万とも20万ともいわれる」などと記した記事について、当時の研究不足を理由に釈明し、謝罪を行わなかった。批判が殺到し、ようやく九月に社長木村伊量《ただかず》が謝罪会見を行った。

その後、今度は、福島原発事故時の「吉田調書」に関する朝日新聞の記事が虚報であった事が発覚する。五月二十日付朝刊で、朝日新聞は、福島第一原発の社員が吉田所長の待機命令に違反し、撤退したとする記事を掲載したが、虚偽だった。産経新聞がその後「吉田調書」を別ルートで入手し朝日新聞の記事が調書と逆内容である事を突き止め、八月十八日に発表したのである。十二月五日、慰安婦問題の虚報と吉田調書の捏造スクープの二重の打撃に耐えきれず、木村はついに辞任した。

アベノミクスは順調に日本の国力を回復し続けている。

この年六月時点のデータでは、株価は一年半で77％増、企業収益は前年比42％増、有効求人倍率は22年ぶりの高水準、実質ＧＤＰは累計４・２％プラス成長、賃上げ平均月額は過去10年で最高水準、夏季賞与は過去30年で最高水準、就職内定率は21年ぶり高水準となった。

また、この年、平成十二（２０００）年以来続いていた上場企業の倒産が久々にゼロを記録した。

昭和時代、銀行、上場企業、老舗企業は倒産しないとされてきたが、平成では経営破綻が続発し、実に上場企業２３３社が倒産、負債合計が21兆９０８７億５０００万円となる大倒産時代となった。土地を担保にした有利子負債過剰な経営と、長期にわたる政府・日銀の政策的な誤判断の連続がこの惨状を齎したと評すべきだろう。

アベノミクスは、平成年間の経済政策の失敗を研究しつくした上での、劇的な政策成功と評してよい。

民主党政権がデフレ不況下、予算配分の変更に終始したのに対し、安倍は金融緩和によりパイを増やし、株価上昇、求人倍率、就職率の上昇を狙った。就業者が増えれば、消費も税収も好循環に入る。

バブル崩壊後の日本の失敗とアメリカの成功の差は、単純化すれば金融緩和と人口増の差に尽きる。人口を今急増させる事は不可能だが、生産人口を増やすには就業を安定させればいい。

ＩＴや金融における日本の大きな出遅れは英語圏、後を追う中国語圏に較べ、日本語圏という分母の規模にもより、容易に埋め合わされないが、次世代通貨や次世代コンピューターへの投資自体は規模を拡大している。

だが、難しい問題も残っている。

安倍は、野田内閣において民主・自民・公明三党合意がなされている消費増税を引き継がねばならなかった。

消費増税は平成歴代政権の課題だが、景気の腰折れを生じかねない。安倍は、財務省の説得に従い、この年四月一日、消費税率を8％に上げた。

消費増税の直後、安倍は35％の法人税を数年以内に20％台にすると表明し、実際に引き下げを開始、平成二十九年には23・2％にまで引き下げている。法人税引き下げは今や国際競争状態だ。アメリカは35％から20％へ、フランスも33・3％から25％へ、イギリスに至っては既に19％まで引き下げている。日本の優良企業が節税のために海外に移転するのを防ぐために不可欠の措置である。

四月二十三日、オバマ大統領が約3年半ぶりに訪日した。安倍はオバマを国賓として迎えた。前年の訪米では90分のランチミーティングだったのだから、全く非対称的な厚遇だ。が、すきやばし次郎での安倍―オバマ寿司会談に始まり、天皇皇后主催の歓迎式典と会談、宮中晩餐会、拉致被害者家族との面会、安倍との共同記者会見などをこなした両首脳は、ビジネスライクな面でも友人としても、信頼関係を築き、翌年安倍が国賓待遇で訪米する流れとなった。安倍の高支持率、アベノミクスの成功、NSC創設、特定秘密保護法成立などが背景にある。

今回の会談では、日米同盟がアジア太平洋地域で主導的な役割を果たすことで両者は一致し、オバマは尖閣諸島が日米安全保障条約の適用対象であることを米大統領として初めて明言した。中国の尖閣略取の可能性は高まっており、これは極めて大きな言質だ。

直後に訪中したオバマに、習近平は最大限のもてなしを準備し、日中でアメリカ歓待合戦となった。

首脳外交が国の命運を大きく左右する新時代の幕開けを象徴する出来事だったと言えよう。

安全保障政策も大きな転換期を迎えた。

七月一日、安倍は集団的自衛権の限定容認を閣議決定する。

集団的自衛権とは何か。

同盟関係にある国が他国の攻撃を受けた時、協働で防衛に当たる事である。

日米安保条約では、日本の領土・領海が他国の侵略を受けた場合、アメリカには防衛義務が生じるが、日本にはアメリカ防衛の義務はない。片務的だ。日本政府は、集団的自衛権について見解を何度か変えているが、基本的には佐藤内閣時の「集団的自衛権は国際法上認められるが、行使できない」との内閣法制局見解がその後見直された事はなかった。

安倍は、この政府見解を変更し、集団的自衛権の限定容認に舵を切った。

日本と密接な関係にある国が攻撃された場合、

①日本の存立が脅かされ、国民の生命、自由と幸福の追求権が根底から覆される明白な危険がある

②日本の存立を全うし、国民を守るために他に適当な手段がない

③必要最小限の実力行使にとどまる

の3条件を満たせば、集団的自衛権の行使を認めるとしたのである。一般に「新三要件」と言われる。

中国、北朝鮮の脅威が現実化してしまった今、日米同盟を強固にするには、同盟を一定レベルで双務化する他ない。

国会では「新三要件」が満たされる状況が具体的に論争されたが、必須な事は、日米安保条約が空文化しない事だ。

安倍の決断は、アメリカ一極支配が終わり、中国の対日侵略、世界覇権の野望が明確になっている現在、待ったなしのものだった。

四月には消費増税を断行した安倍だが、その後、景気の冷え込みが財務省の当初の説明を遥かに超え、二期連続マイナス成長となった為、十一月に消費税10％の1年半先送りを表明して、衆議院を解散した。

選挙結果は、自・公両党が計326議席を獲得する圧勝だった。民主党は73議席と、前回の議席を上回ったが、代表の海江田万里が落選、辞任した。民主党の凋落が決定づけられる選挙となった。

一月、ＩＳＩＬ（Islamic State in Iraq and the Levant）が独立を宣言した。ＩＳＩＬは、国

家樹立運動を行うイスラム過激派組織だ。イラク、シリア両国の国境付近を中心に領有地を拡大し、シリア領内のラッカを「首都」と宣言したが、国家承認を行った国はない。

だがＩＳＩＬはわずか1年足らずで、電気や水の供給、裁判所、学校、金融機関などを整備した。インターネットを活用して世界各国から若者を兵士として動員、彼らにより制圧地域を拡大すると共に、世界中でテロを展開する事で資金を調達したのである。平成二十三（２０１１）年のビンラディン殺害後、アルカイダは影をひそめたものの、イスラム過激派テロはＩＳＩＬを中心に活発化する。

一時期は、日本の国土面積に匹敵するほど広大な地域を領有したが、アメリカを軸に掃討作戦が展開され、平成三十一（２０１９）年三月、アメリカとシリア民主軍はシリア内のＩＳＩＬの拠点を奪還したと発表している。

二月、親西欧派と親ロシア派が対立していたウクライナで危機が発生した。親ロシア派のヴィクトル・ヤヌコーヴィチ大統領がＥＵとの調印を見送ったことで、これに反発するデモが発生、死者１００名以上の動乱となり、ヤヌコーヴィチはロシアへ亡命したのである。その後、ウクライナに親ＥＵ派の大統領が新たに選出されると、プーチンはウクライナ領の中でもロシアにとって死活的に重要な軍事拠点であるクリミアを軍事制圧した。三月にはクリミアのロシア編入を問う住民投票で賛成が多数となり、ロシアがクリミアを併合したが、欧米はこれを激しく非難し、経済制裁を発動、一気に関係が悪化した。日本の国連信仰は長く続いたが、平成を通じ安全保障として機能していないのは明らかだろう。集団安全保障の主体的構築に関して、論壇は国民的議論を速やかに喚起すべきだ。

八月八日、エボラ出血熱で世界保健機関（WHO）が緊急事態を宣言した。ギニア、リベリア、ナイジェリア、シエラレオネなどで1000人規模の死者が確認された為である。

九月から、香港で中国共産党の選挙介入に反発する大規模な反政府デモが発生した。海外メディアは「雨傘革命（Umbrella Revolution）」、「雨傘運動（Umbrella Movement）」等と名付けた。

十一月二日、米中間選挙でオバマ民主党が大敗し、野党の共和党が上院で8年ぶりに過半数を奪還した。共和党が上下両院を制することとなり、オバマ政権はレームダック化する。

逆に習近平政権は愈々米中二極化時代へと昇り詰めようとしていた。

前年秋から習近平が提唱し始めた「一帯一路」は、中国西部と中央アジア・欧州を結ぶ「一帯」（シルクロード経済帯）と、中国沿岸部と東南アジア・インド・アラビア半島・アフリカ東部を結ぶ「一路」（21世紀海上シルクロード）の二つのルートにおいて、インフラ整備と経済・貿易関係を推進する構想である。想定される経済圏に含まれる国は約60カ国、その総人口は約45億人で、世界の約6割に相当する。

オバマ政権のアメリカが日本を巻き込むTPP（環太平洋経済連携協定）などによりアジア太

平洋へのリバランス（再均衡）を進めるのに対抗して、中国主導の広域経済圏を形成する狙いがあった。

十一月に北京で開催された「アジア太平洋経済協力会議（ＡＰＥＣ）」で、構想実現に向けた「シルクロード基金」の創設を発表したことから、にわかに注目を集めるようになった。

国内ではこの年一月に理化学研究所がＳＴＡＰ細胞を発見したと発表した。ＳＴＡＰ細胞はｉＰＳ細胞と違い、遺伝子を外から加えず、酸性の刺激を与えるだけで、様々な細胞に変性する能力を持つ。作製者とされた小保《おぼ》方《かた》晴《はる》子《こ》が一躍脚光を浴びた。ところが四月には、理研の論文に不正があったとされ、一大騒動となる。小保方は疑惑を否定したが、七月にはイギリスのネイチャー誌が研究の不正、写真の取り違えを理由に論文の正当性を否定し、八月、小保方の指導教官で、遺伝子研究の世界的権威、笹井芳樹京都大学教授が自殺する不可解かつ悲劇的な結末となった。

二月、全盲・全聾の作曲家佐《さ》村《むら》河《ご》内《うち》守《まもる》の作品が代作だった事が明らかになった。佐村河内は、著名作曲家や音楽学者の一部が高く評価し、現代のベートーヴェンとまで持ち上げられていた。代表作とされた交響曲『ＨＩＲＯＳＨＩＭＡ』を軸に、ＮＨＫは特集まで組んだ。実際には代作の上、全盲・全聾ではなく、作品も現代に交響曲を蘇生させる傑作とは到底言い難い。佐村河内のイメージ戦略に音楽批評界の一部が踊らされた格好である。

朝日新聞の従軍慰安婦虚報、小保方晴子、佐村河内守——食品の産地偽装が発覚した前年に続き、この年も、何らかの意味での大きな「虚偽」が社会混乱を引き起こし続ける一年となった。

二月、大雪で都心は積雪27㎝。20㎝を超えるのは20年振りだ。また、不正献金疑惑で辞職した東京都知事猪瀬直樹の後任に、元厚生労働大臣の舛添要一が当選した。

同月、ソチ五輪でフィギュアスケートの羽生《はにゅう》結弦《ゆずる》が日本人として男子シングル初の金メダルを獲得した。

三月三十一日、昼の長寿人気番組「森田一義アワー 笑っていいとも!」が終了した。

四月、国連科学委員会が、福島原発事故によって癌や遺伝性疾患の発生率に識別できる変化はなく、出生時異常の増加もないと予測した。(国連広報センター 2014.04.02)

六月、22歳の松山英樹がアメリカ男子ゴルフツアーで日本人最年少優勝を果たした。

六月、日本ウナギが絶滅危惧種に指定された。

八月、広島での集中豪雨で、土石流が発生し74名が死亡した。

九月には、長野県御嶽山が噴火し、死者、行方不明者63名にのぼった。

九月、昭和天皇の公式な伝記資料である『昭和天皇実録』が刊行を開始した。日本書紀以降、日本の正史の伝統は事実の上で連綿と続いている。

九月、テニス全米オープンで錦織圭が決勝に進出した。準決勝で世界ランク一位のジョコビッチを下し、男子のアジア出身選手で初のグランドスラム決勝進出を果たした。

十月、青色発光ダイオードの製造に初成功した赤﨑勇名城大学教授、天野浩名古屋大学教授、実用化に成功した中村修二アメリカ・カリフォルニア大学サンタバーバラ校教授のノーベル物理学賞の受賞が決まった。（平成元（１９８９）年、平成六（１９９５）年）

この年、外国人観光客が史上最多の１３４１万人に達した。従来、８００万人台の壁を一度も破れなかったが、前年比29％増となったのだ。安倍政権による外国人観光客の誘致政策によるもので、平成三十年には３０００万人を突破した。

この安倍による海外観光客誘致の結果、今や、日本の観光地や街には外国人が溢れ、ホテルの建設ラッシュが続いている。箱根や京都はいつも過剰な人で溢れるようになった。

日本人自身による快適度は犠牲になっている反面、日本が活況を呈する大きな底支えとなっている。平成二十九年度の外国人観光客誘致による経済効果は約４兆４０００億円に達している。

安倍は、歴代首相で最も精力的に外遊をこなし、首脳会談に日本企業の大規模ミッションを同行させる事で、トップビジネスを展開している。前平成二十五年四月安倍はロシア・中東を１１８社の経済ミッションとともに訪問し、五月のミャンマー訪問では、43の会社・団体の１１７人が同行、八月のトルコへは10社35人、この年一月のアフリカへは、47の会社・団体で１２１人が同行している。

「危険ドラッグ」「マタハラ」が流行語となった。

マタニティハラスメントは妊婦に対する職場での嫌がらせを意味する。少子化の中、妊婦への嫌がらせが多発するのは悲しむべきだが、会社業務と妊娠出産の両立は困難だ。業績を落とせば社員と家族は路頭に迷う。妊婦を尊重しろ、ハラスメントは許さん、しかし生産性が低過ぎるのは怪しからん……。日本企業を難ずる人達が、自らこれらを解決する経営ができるのか。到底信じ難い。

この前後様々な事がハラスメントとしてやり玉にあがり始める。物には程度があるが、人と人と人とが縁によって生を共にすることを互いの攻撃性ととらえる世相は哀しい。この世に生まれ、人と接触する事に全てハラスメントならざるものはない。喫煙者には煙草の禁止はハラスメントであり、煙草嫌いには煙草の匂いがハラスメントであり、煙草に関心のない者にとっては喫煙を巡る一連の攻防がハラスメントである。健康被害だと言い始めれば、うるさい妻も万事逃げ腰の夫も、できの良い隣の子供も、お向かいの大金持ちも、全て心臓に悪くないものはない。犯罪と見做すべきでない嗜好や指向を社会が断罪し、同調を強要するのは魔女狩りそのものだ。少し頭を冷やしたらどうなのか。

この年、『吉本隆明全集』が刊行を開始した。読書人、優れた書き手、志ある出版人が払底しつつある中、全集刊行は稀になっている。平成二十三年に開始された『西尾幹二全集』に次ぐ快挙であろう。

高倉健（83）、菅原文太（81）という東映の仁侠映画『仁義なき戦い』シリーズでスターになった二人の名優が世を去った。菅原はテレビ、声優など幅広いジャンルで人気を博し、高倉は、本格俳優として『八甲田山』『幸福の黄色いハンカチ』以後、近作『鉄道員《ぽっぽや》』などに至るまで、日本映画界の最高峰を守り続けた。高倉は文化勲章受章者でもある。

マルクス経済学を独自に展開した東京大学の宇沢弘文（86）、非武装中立論で戦後平和主義を牽引した東京大学の坂本義和（87）もこの年死去した。戦後左派の理論的支柱だった二人は、アベノミクス、集団的自衛権容認などの、歴史的転換をどう見たであろうか。

この年は、伝説的な人物の死も相次いだ。同じくマルクス主義を堅持し、巨編『神聖喜劇』で陸軍体験を通じて「日本」を痛烈に批判した小説家大西巨人（97）、女優・歌手李香蘭として満州で大スターとなり、戦中には抗日映画の主役として中国の民衆の支えとなった日本人、山口淑子（94）、囲碁の不世出の神童・天才として昭和初期から活躍し、川端康成との親交も深かった帰化人、呉清源（100）の死である。

昭和天皇実録の刊行開始年に、昭和を彩る不世出の巨人が相次いで世を去るのも歴史の暗号であろう。

平成二十七年　2015年

御題　第六十六回全国植樹祭

父君の蒔かれし木より作られし鍬《くは》を用ひてくろまつを植う　御製

御題　ペリリュー島訪問

逝《ゆ》きし人の御霊《みたま》かと見つむパラオなる海上を飛ぶ白きアジサシ　御歌

父昭和天皇が植樹祭でお蒔きになったスギの木材で作られたという鍬を用いて、私はクロマツの苗木を植えたことでした。

先の大戦の激戦地ペリリュー島を訪れる際、パラオの海上で白いアジサシが飛びかうのが、英霊の御霊かと思われ、思わず見つめ続けた事です。

政権 ②安倍晋三（自民党）

国内

3・14 北陸新幹線、長野―金沢開通。
4・1 子ども・子育て支援新制度開始（認定こども園拡大など）。
4・8 天皇・皇后、パラオ共和国を行幸啓（9日アジア・太平洋戦争激戦地ペリリュー島慰霊碑に供花）。
5・6 箱根山、噴火警戒レベル2。
5・29 鹿児島県口永良部島の新岳噴火、全島民が避難。
5・30 小笠原沖で地震M8・1（全都道府県で震度1以上）。
8・14 戦後70年の安倍首相談話（先の大戦への「痛切な反省と心からのお詫び」確認）。
9・10 関東・東北で記録的豪雨。
9・14 阿蘇山噴火警戒レベル3。
10・1 防衛装備庁・スポーツ庁発足。
10・5 マイナンバー制度開始。大村智がノーベル生理学・医学賞受賞。
10・6 梶田隆章が同物理学賞受賞。
10・13 翁長沖縄県知事、辺野古沿岸部埋め立ての承認取り消し。
11・5 渋谷区・世田谷区、独自に同性カップルに対する結婚相当の証明書交付。
12・15 東芝の不正経理問題、監査法人への行政処分を勧告。
12・28 日韓外相、「慰安婦」問題で合意。

国外

1月 フランス連続テロ 1・7仏週刊誌『シャルリー・エブド』本社で銃乱射事件。
4月 ネパールの首都カトマンズでM7・8の地震。
7月 イラン核問題「包括的行動計画」で最終合意。
8・12 中国・天津の工業地帯で危険物倉庫など爆発（のち山東省でも爆発事故）。
10・9 ユネスコ世界記憶遺産に中国が申請した南京大虐殺関係資料、日本が申請したシベリア抑留者引揚資料登録。
11・13 パリの劇場・競技場などで同時多発テロ発生、ISILが声明。

世相

6月 日本年金機構がサイバー攻撃を受け125万件の個人情報流出。
7月 又吉直樹『火花』で芥川賞受賞。
9月 東京五輪エンブレム無断転用問題。
【流行】トリプルスリー、一億総活躍社会、SEALDs、ドローン、ジェニファー・L・スコット『フランス人は10着しか服を持たない』、渡辺和子『置かれた場所で咲きなさい』、『HERO』、『下町ロケット』
【物故者】阿川弘之（94）、原節子（95）、水木しげる（93）、野坂昭如（85）

自分史

四月十日には日経平均株価が一時2万円超えを記録した。15年振りのことだ。株価の順調な伸びは、直接株の売買をしていない人も含め、日本経済の体力と国際信用に直結する。年金の運用原資の一部でもある。安倍はかつての日本の政治指導者に例を見ない株価重視論者と言える。

日本株が強くなっていることと関連し、この年、トヨタ自動車の当期純利益が日本企業初の2兆1000億円となった。日本企業全体の地盤沈下が著しい中、今やトヨタの販売力は日本経済全体の下支えとなっている。

安倍政治は明確な目標追求の過程にある。

一月、日本・オーストラリアEPAが発効した。今後10年で関税の95%が撤廃される。日本にとっては対豪輸出の半分にあたる自動車の関税撤廃がメリットとして大きく、オーストラリアにとっては牛肉やワインなど食品分野で最も恩恵を受けるとされる。

四月には、安倍が訪米し、前回とは打って変わり国賓級待遇となった。日米共同声明は、国際協調主義に基づく「積極的平和主義」という日本の政策と、米国の「アジア太平洋地域へのリバランス」によって、共に平和で繁栄したアジア太平洋を確かなものにしてゆくことに主導的な役割を果たすとして、北朝鮮問題を含む脅威や課題に日米同盟が対処していくことを確認した。中国を意識した、航行及び上空飛行の自由など国際法の尊重に基づく海洋秩序の維持も強調されている。

この訪米で安倍は、米議会演説「希望の同盟」を行い感動を呼んだ。安倍は、過去の歴代政府が取ってきた村山談話の大東亜戦争犯罪史観の克服に努め、演説では日米戦争最大の激戦となった硫黄島の日本側司令官栗林忠道の孫である新藤義孝総務相とアメリカ側ローレンス・スノーデン海兵隊中将の歴史的和解を演出し、会場は歓声と感涙に覆われた。

六月、選挙権年齢が20歳以上から18歳以上に引き下げられる改正公職選挙法が成立した。

だが、この年最大の政治的事件は、前年閣議で了承された「集団的自衛権の限定容認」が、九月、平和安全法制整備法と国際平和支援法として可決され、日本の安保政策が歴史的な転換期を迎えた事であろう。

七月から法案成立まで、平和安全法制は、リベラル左派マスコミによって「戦争法案」「赤紙が来る」「戦争ができる国になる」との大キャンペーンが張られ、安倍政権の支持率は30％台まで下落した。

デモが毎週のように行われ、ＴＢＳ、朝日新聞など左派マスコミは、八月三十日の国会デモで主催者発表に従い参加人数は12万人に達したと報じた。警察発表では３万人で、航空写真で概算すればこちらが正しい。報道と煽動を混同して恥じなくなっている。

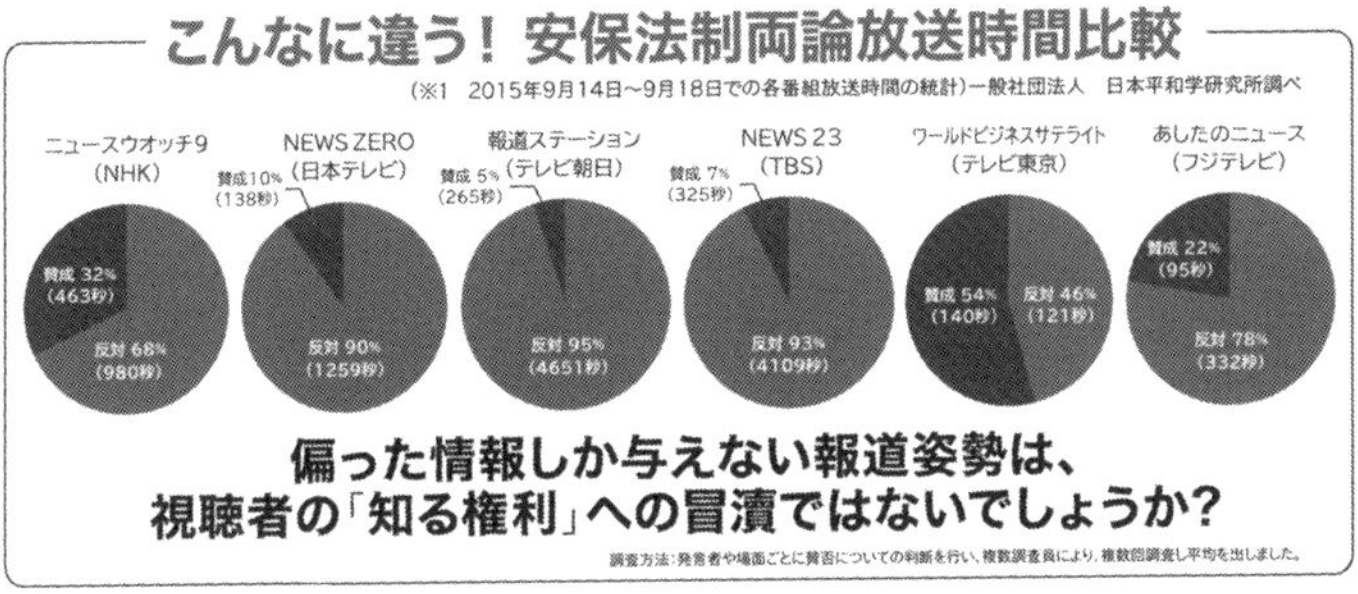

こうして混乱の夏がようやく過ぎ、九月十九日、参議院において平和安全法制は成立した。安倍は通常六月に閉会する国会を九月まで延長して審議を徹底したが、朝日新聞の見出しには「海外で武力行使に道」「国会前　やまぬ『反対』民意軽視の政治」との言葉が躍った。毎日新聞も「平和国家の転換点」「安倍政権強行重ね」、東京新聞も「戦後七〇年『戦える国』に変質」という調子である。

とりわけテレビによる法案反対キャンペーンは放送法第四条に定める「政治的に公平であること」「意見が対立している問題については、できるだけ多くの角度から論点を明らかにすること」に大きく違反していた。

平成二十七（２０１５）年九月十四日から十八日の間、地上波在京キー局の夜間の主要報道番組で、法案に対する賛否の意見がどれだけ放送されたかを計測したものが別表である。（一般社団法人日本平和学研究所調べ）

主要6局の両論放送時間の合計を比較すると、賛成11％（１４２６秒）反対89％（１１４５２秒）と反対一色だ。これはもう報道とは呼べまい。公器を乗っ取ったプロパガンダである。

その後北朝鮮、中国情勢の厳しくなる中、集団的自衛権の容認は日米同盟が機能する上で決定的な役割を果たしている。もし北朝鮮危機、尖閣危機の現在、集団的自衛権の容認がないまま、トランプのカウンターが鳩山由紀夫だったとしたら日本の平和と安全はどうであったか、想像してみてほしい。

八月十四日、安倍は戦後70年に際して「安倍談話」を発表した。平成七（1995）年に出された戦後50年「村山談話」を事実上否定し、新しい日本国の歴史認識を内外に示したものである。談話で安倍は、日本の近代史が、日露戦争の勝利によって白人植民地支配を打破して出発しながら、第一次大戦後国際社会の文脈から外れて敗戦に至ったとする近代史観を提示した。その上で、全ての戦争の残酷さを指摘、全戦死者に哀悼を捧げ、子孫の代に謝罪をさせ続ける歴史に終止符を打つ事を明確に表明した。村山談話を利用して日本を断罪してきたリベラル左派メディア、アカデミズム、中国韓国は、これ以後「安倍談話」を引用する事はなくなり、談話の相殺という形で、安倍は「村山談話」を無効化したのだった。

九月には、安倍は自民党総裁選に無投票で再選された。

総裁再選の記者会見で、安倍は「一億総活躍社会」を打ち出した。

安倍政権は、この後も賃金や求人倍率、就業率などでは「一億総活躍」にふさわしい成果を出している。一方、高齢者や引きこもりの若者などの就職支援よりも、外国人労働者受け入れに傾き、又、人口激減への対処が打ち出せないなど、内政での抜本的な解決は先送りとなっている事も指摘せねばならない。

十月には文科省の外局としてスポーツ庁が設置され、昭和六十三（1988）年ソウルオリンピックでの水泳金メダリスト鈴木大地が長官に任命された。同月には改正派遣法が施行され、派遣社員に教育訓練を実施し、派遣社員と正規社員の待遇を均等化する方向が打ち出された。

十月十三日には、沖縄県の翁長雄志知事が、米軍普天間飛行場の移設予定地辺野古の埋め立て承認を正式に取り消した。本来沖縄の民意と日米の防衛の必要上の折り合い地点として決まった辺野古移設は、出発点に逆戻りしたのだった。

十二月二十八日、日韓政府は、慰安婦問題について「最終的かつ不可逆的に」解決を確認する日韓合意を発表。元慰安婦支援の為に日本が10億円を拠出し『和解・癒やし財団』を発足させる事とし、外相の岸田文雄が記者会見で安倍からの「お詫びと反省」を発表した。交渉では韓国側が「不可逆的な謝罪」の文言を提案してきたが、日本側が「最終的かつ不可逆的な解決」との文言を強く求め、朴槿恵大統領が承認した結果だった。日本の輿論、与野党は肯定的に受け止めた一方、右派から「虚偽に基づく謝罪の固定」、左派からは「被害者不在の強制的解決」と非難された。だが、どの道韓国は、文在寅政権に至って「最終的かつ不可逆的な解決」に反する言動を繰り返し、『和解・癒やし財団』を解散している。

一月、ギリシャで政府債務削減に反対する政権が発足し、ユーロ危機が深刻化した。

七月、米国とキューバが54年ぶりに国交を回復した。

八月、中国天津浜海新区で大規模な倉庫の爆発事故が起きた。周辺住民も含めて死者１６５人、行方不明者８人、負傷者７９８人の惨事になった。中国政府は、報道規制の動きを強め、原因、被害状況共に今日まで判然としない。

九月、米中首脳会談は、サイバー攻撃による企業秘密の窃取を行わないことで合意した。アメリカではサイバー攻撃による企業の損失が年間３０００億ドルに達し、その70％が中国によるとされる（"Preventing a U.S.-China Cyberwar" The New York Times 2013.05.25）。一方、五月に発表された中国の国防白書によれば、中国はサイバー戦力の建設を加速させるとしているのである。後のトランプ大統領による対中強硬路線は、必然的な帰結と言う他あるまい。

秋、ＥＵ諸国でシリアなどからの難民が急増する。九月二十三日にはＥＵがブリュッセルで緊急首脳会談を開き、対策のため中東地域のシリア難民支援活動に10億ユーロ（約１３４０億円）支出することで合意したが、「アラブの春」以降、ＥＵへの庇護申請者は急増し、平成二十六年だけでも63万人に及んでいる。

十一月、パリでＩＳＩＬによる同時テロが発生した。死者１３０名以上、負傷者４００名以上の大惨事となった。

十二月、中国が主導して、アジアインフラ投資銀行ＡＩＩＢが発足した。「一帯一路」構想と同時期の設立だった為、ＡＩＩＢは中国の世界戦略の為のツールとなるのではないかと懸念され、安倍政権は参加を見送った。しかしその後のＡＩＩＢは、概して適正に運営されている。

平成二十七年　2015年

一月、横綱白鵬が、昭和の大横綱大鵬の記録を超える史上最多の33回目の幕内優勝を決めた。

三月には北陸新幹線が開業し、東京―金沢間を2時間28分で結ぶようになった。小京都と言われ最も人気の高い観光スポットのひとつである金沢が身近になり、金沢ブームが沸騰した。

四月、奈良県長谷寺や明日香村の岡寺で油状の液体がふり撒かれる事件が生じ、各地で続発した。米国在住の韓国系日本人教祖に逮捕状が出ている。平成二十九（２０１７）年には京都・奈良・沖縄・大阪・東京で同様の事件が発生しており、明治神宮の事件容疑で、既に日本から出国していた朝鮮族・中国籍の女２人に逮捕状が出ている。

四月、天皇皇后は、歴代天皇として初めてパラオを訪問された。激戦地慰霊の旅の一環である。

五月、橋下徹大阪市長が進める大阪都構想が大阪府民の激しい賛否を巻き起こし、住民投票で賛成49・62%、反対50・38%の僅差で否決、橋下は市長を辞任した。

大阪市は、日本で2番目に多い人口を擁する政令指定都市であるため、市の権限や予算は、大阪府と同程度の巨大なものになっている。この「二重行政」の無駄や非効率を解消するために「大阪市」を廃止し、東京同様広域行政を担う「大阪都」と、基礎自治行政を担う「区」に再編するのが「大阪都構想」である。

六月には日本年金機構がサイバー攻撃を受けて、個人情報が約125万件流出する。

七月、東芝に不適切会計が発覚し、累計1562億円が歴代経営者によって容認されてきた事が明らかになった。東芝は厳しく糾弾され、中国への身売りさえ取り沙汰された。バブル崩壊以後、日本を支えてきた銀行、大企業、生保、証券、百貨店、量販店などの倒産や不祥事は小泉時代にほぼ終息していたが、ここに来て、大手家電という日本の国際信用手形とも言える大企業の失速が相次ぐ。その一方、次世代の実体経済を支えるビジネスモデルは出現していない。

同じく七月、グラフィックデザイナーの横尾忠則、ピアニストの内田光子が世界文化賞を受賞した。横尾は遊びと大胆さに溢れた超領域的な表現者、内田はとりわけモーツァルトとシューベルトにおいてかつてない深遠な世界を現出している。

十月、大村智北里大学特別栄誉教授がノーベル生理学・医学賞を受賞した。寄生虫による感染症に有効な抗生物質エバーメクチンの発見。（昭和五十四（1979）年）による受賞である。ニュートリノ振動を発見し、素粒子ニュートリノに重さがあることを確認した東京大学宇宙線研究所の梶田隆章教授にはノーベル物理学賞が授与された。（平成十（1999）年）

体操の内村航平が世界体操の個人総合でV6を達成した。現在までの最多記録である。

反安保の吹き荒れたこの年、流行語に「アベ政治を許さない」が入った。俳人金子兜太の揮毫がこの後現在に至るまでデモや運動家の壁ポスターなどに使われ続けている。が、安倍政治の何をなぜ許さないのか。安倍政治を許さないなら、どんな政治を求めているのか。安倍の経済・外交・安保はここまで平成史を振り返って明らかなように、最も安定している。それは「事実」である。イデオロギーや政治思想の上で批判があるのはいい。個々の政策批判もあって然るべきだ。だが「アベ政治を政さない」なら、その人たちは、現在の「安定」を壊して、どんなより良い「安定」をもたらす事ができるのか、国民に説明する責務がある。安倍はその後も国政選挙で圧勝を続け、民間からも野党からも新たな政治の提言はない。

大学生の反安保運動としてSEALDsが注目され、リベラル左派知識人が応援したが、これも新たな政治構想を全く打ち出せず、一過性に終わった。

平成史を振り返って、安倍時代ほど、政治理念の議論、政策論ともに低調だった事はない。平成初期の『日本改造計画』、橋本行革と小渕時代の政策新人類や初期の民主党、小泉構造改革時代、第一次安倍政権の戦後レジームからの脱却、そして民主党政権……。こうした時代に比して、第二次安倍政権時代は、論壇と野党が信じ難いほど低調・低級・ステレオタイプ化した。

しかし、日本人の学者、批評家らによる気宇壮大で、内実のある思想史や評伝は着実に増え、ポストモダニズムの荒廃から脱却しつつある。

この年出版された安藤礼二『折口信夫』は、想像力豊かな日本の古代研究の大家、偉大な歌人だった折口信夫の学問——折口学の全貌は、直弟子の代では全くとらえきれてはおらず、本書はそれを初めて大きな布置で描いた巨編であり、平成日本思想史の到達水準の一つを示す里程標となろう。

熊谷英人『フランス革命という鏡　19世紀ドイツ歴史主義の時代』はドイツの知識人が歴史学を通じてフランス革命批判をいかに思想化してゆくかを描く。フランス革命を批判的に消化するプロセスを追跡する事は、近代思想——ヨーロッパ——の限界の只中にある現代、不可欠な主題である。

吉田寛『絶対音楽の美学と分裂する〈ドイツ〉』は、『ヴァーグナーの「ドイツ」』に始まる19世紀ドイツ音楽論の4作目だ。吉田はハイドン、モーツァルト、ベートーヴェンを通じて絶対音楽におけるドイツの覇権が確立した後、ワーグナーによりそれが解体されてゆく過程を、ドイツ国家の成立、ドイツ人の自己像の分裂という大きな精神史に置き直して描き、高度に安定した業績を重ねている。

梯《かけはし》久美子『狂うひと「死の棘」の妻・島尾ミホ』は妻の狂気を赤裸々に描いて昭和文学の傑作とされる島尾敏雄『死の棘』の妻、島尾ミホの実像に迫る伝記だ。梯の最高傑作であると共に、謎の多かった島尾敏雄に最も肉薄した文藝批評とも言える。

拙著を挙げるのは憚られるが、この年『小林秀雄の後の二十一章』を刊行している。個人史として記しておきたい。

この年も時代を担う筈の歌舞伎の名優が死去した。十代目坂東三津五郎（59）である。山下泰裕の後の柔道の雄、斉藤仁（54）、大相撲に一時代を画し「憎らしい程強い」と言われた北の湖（62）、女優の川島なお美（54）らが、いずれも早逝した。これら壮年期の人々が相次いで世を去るのは悲しい。

歴史小説家の陳舜臣（90）、女流作家の宮尾登美子（88）、河野多恵子（88）、三代目桂米朝（89）、作家阿川弘之（94）、昭和の大女優原節子（95）、漫画家水木しげる（93）ら、それぞれの分野の老巨匠の死も続いた。

陳は中国史に取材した数々の小説と史書から、11世紀ペルシアの詩『ルバイヤート』の翻訳まで幅広い業績を持つ。宮尾は女性を主題とした歴史小説を書き、阿川は海軍の山本五十六、米内光政、井上成美を始めとする評伝文学で重きをなした。桂米朝は衰退していた上方落語を復興し演芸界初の文化勲章を受章している。原節子は圧倒的な美貌で戦前からスターだったが、その後小津映画の主演女優として、強い節度ある美しさによって、戦後の日本女性の理想像となる。昭和三十八（1963）年の小津の死と共に事実上引退し、公に姿を見せぬ長い晩年を過ごした。水木は『ゲゲゲの鬼太郎』『河童の三平』など妖怪漫画で他に類を見ない作風を確立した。

平成二十八年　２０１６年

御題　平成二十八年熊本地震被災者を見舞ひて

幼子の静かに持ち来《こ》し折り紙のゆりの花手に避難所を出づ　御製

御題　被災地熊本

ためらひつつさあれども行く傍《かたは》らに立たむと君のひたに思《おぼ》せば　御歌

見舞った際、小学生の女児が静かに持ってきてくれた折り紙のゆりの花を手に、一日も早い復興を祈りつつ避難所を出ました。

被災地慰問をする度に、自分たちに、現に被害に遭われている方々を見舞う事などどうしてできようかと躊躇われますが、それでもやはり国民の傍らにありたいと陛下がひたすら願われるので、私も同行するのです。

政権	②・③安倍晋三（自民党）
国内	1月 訪日客数過去最高 1・29 日銀、マイナス金利を初導入 5・26 G7サミット（伊勢志摩）（〜27） 5・27 米オバマ大統領、広島訪問 6・1 女性再婚禁止期間100日に短縮 6・3 ヘイトスピーチ対策法施行 6・21 舛添東京都知事、政治資金の私的流用問題で辞職 7・31 小池百合子、初の女性都知事に 8・8 天皇、譲位の意向を表明 8・31 小池都知事、築地市場移転問題を延期 9・23 安倍首相キューバ初訪問（〜24） 10・3 大隈良典、細胞の自食作用解明でノーベル医学生理学賞 10・30 SNSをきっかけにした座間9遺体事件 11・11 日印原子力協定で合意 11・15 横綱白鵬1000勝 12・14 年金制度改革法案 12・15 カジノ解禁法 12・15 露プーチン首相来日（〜16） 12・27 安倍首相、真珠湾慰霊
国外	3月 パナマ文書で各国首脳等のタックスヘイブン関与が暴露 4月 世界各地でISILによるテロ相次ぐ 6・23 イギリス国民投票、EU離脱支援側が勝利 8・5 リオデジャネイロオリンピック開催 11・8 米大統領選、トランプ氏当選 11・21 韓国検察、朴大統領を側近国政介入の共謀容疑で捜査
自分史	
世相	1月 マイナンバー制度開始 7月 ポケモンGOサービス開始 8月 SMAPが年内いっぱいの解散を発表 【流行】トランプ現象、マイナス金利、PPAP、『君の名は。』、石原慎太郎『天才』、住野夜『君の膵臓を食べたい』、『シンゴジラ』 【物故者】冨田勲（84）千代の富士（61）蜷川幸雄（80）永六輔（83）

八月八日、天皇が象徴の務めについて「お言葉」を表明し、江戸時代の百十九代光格天皇以来の譲位が議せられる事になったのが、この年最大の出来事である。

既に80を越え、幸いに健康であるとは申せ、次第に進む身体の衰えを考慮する時、これまでのように、全身全霊をもって象徴の務めを果たしていくことが、難しくなるのではないかと案じています。

こうお述べになった天皇は、譲位最大の理由に高齢を挙げた。

超高齢化社会において、崩御まで天皇位にあるとなれば、10年単位の長期間、摂政が置かれる可能性が出るし、新天皇の即位は軒並み70歳前後になりかねない。

譲位は同時に即位年齢引き下げの模索でもあろう。

また、お言葉に、天皇の最も重要な務めである「祈り」への言及が再三見られた事も特筆に値する。事実、各年の冒頭に紹介している天皇皇后の「御製」「御歌」が、如何に祈り心に徹されている事か。国の軸に、祈りを捧げ続ける天皇を頂く日本の伝統、そこに特定の宗旨、教祖、教義がなく、祈りの道だけがあり、祈り続けた皇室が権力のないまま日本の中核にいる日本の姿を、現行憲法下で最大限実現しようとされてきたのが平成天皇の在位であった。

日本社会は譲位に向けて静かに動きだす。

安倍政治4年目は盤石とは言え、年頭は経済危機から始まった。

1バレル28ドルと原油安が底を打った。原油価格は、リーマンショック前の130ドル台が高値のピークで、リーマンショック後の底値で40ドルを割り込み、その後上昇に転じたが、平成二十六年夏から下落し続けていた。

原油安はプラスマイナス両面ある。

原油安は物価安に繋がり、消費者にとってメリットがあり、実質賃金を押し上げるが、資源需要の落ち込みは世界経済の減速の表れとも言えるからだ。

実際、中国の景気が急速に減速し、日本の株価は急落した。

一月二十九日、日銀は直ちにマイナス金利を発動した。マイナス金利政策は異例だが、黒田の迅速な対応は不動産投資を加速し、景気の減速、株価の低落を防いだ。

三月、民主党が、維新の党を合併して民進党と名前を改めた。代表は引き続き岡田克也である。党名を変えても支持率は9％前後を低迷した。

四月には、女性活躍推進法で、企業に対して、女性活躍のための行動計画の立案、情報の公表などを義務化した。（厚労省「女性活躍推進法特集ページ」より）労働現場を煩雑にし、失速させる安倍の一連の働き方改革の失策が、ここから始まる。

五月には伊勢志摩サミットが開催された。日本が議長国になるのは北海道洞爺湖サミット以来8年ぶりだ。新興国における投資の落ち込みや、原油価格の下落などによる世界経済の下振れリスクについて認識を共有し、財政出動に慎重なドイツ、イギリスも含め、機動的な財政戦略に取り組むことで合意した。

また、テロ対策、北朝鮮、ロシア・ウクライナ情勢等についてもG7の連携を確認した。海洋安全保障について、紛争解決には司法手続き等による平和的手段を追求することの重要性を再確認したのは、中国の南シナ海進出、尖閣進出を念頭においたものだ。

安倍は、全首脳を伊勢神宮内宮に案内し、首脳らは日本の神道の霊性、簡素な静寂に深く心を打たれた。

オバマは、サミット後、アメリカの原爆投下地である広島を安倍と共に訪問した。アメリカの世論は、オバマが原爆投下について謝罪しないかどうかを危惧したが、オバマは戦争の悲惨さ、原爆の悲惨さに関する思索的な追悼演説で切り抜けた。オバマの広島訪問は原爆被災者や遺族に感動をもって迎えられた。よくも悪くも怨恨に拘泥せぬ民族性と言うものであろう。

六月、安倍は世界経済のリスクを理由に、消費税10％への増税を再延期した。

そして、七月十三日。――NHKが速報で「天皇が生前退位される意向」とのスクープを打ったのである。

譲位は憲法、皇室典範に規定がなく、江戸後期の百十九代光格天皇以来、200年ぶりとなる上、宮内庁を通じての発表でなかったことに大きな驚きが広がった。

八月八日、天皇がビデオで「お言葉」を述べられたことは既に書いた。日本国憲法を守ると宣言して即位された天皇が超憲法的な譲位を「大号令」され、一方尊皇である保守派に強い警戒が広がった。平成に顕在化した様々な政治軸のねじれの一つだった。譲位については、皇統の安定と強化の観点から、令和時代抜本的な研究と皇位安定化の具体的施策に踏み込まねばならない。天皇の象徴としての多年の御経験と洞察から手渡されたこの上なく重大な宿題と言える。

九月、支持率低迷の続く民進党は、新代表に蓮舫を選出した。若い女性の起用によるイメージ刷新を狙ったが、蓮舫は事業仕分けの悪イメージが定着している上、挑発的な態度は同性の好感を得られず、支持率は横ばいだった。しかもこの後蓮舫には台湾との二重国籍問題が発覚する。説明逃れ、二転三転、開き直りが続き、支持率は下落してゆく。

アベノミクスはバブル後最高水準の各種経済指標に達した成果を受け、この年セカンドステージに入った。

九月二十四日、安倍は新3本の矢として2020年に向けて「GDP600兆円」・「出生率1・8」・「介護離職ゼロ」による「一億総活躍社会」を打ち出したのである。

介護離職者は一時減少したものの、再び増加に転じている。出生率の改善への大胆な施策もその後ない。名目GDP600兆円という目標は、実質2％、名目3％以上のGDP成長率が続けば達成できるとした内閣府の試算に基づく。だが、平成三十（2018）年の名目GDPは548・9兆円で、実質成長率は0・8％であり、達成は困難だ。

要するに新3本の矢はいずれも実現からは程遠い。そもそもこれらの内、出生率とGDPは、単なる政府目標ではなく国民的な目標であろう。ところがいずれも国民は理解を共有していない。安倍政治は総理主導、官邸主導で及ぶ範囲では多大な成果を上げてきたが、国民的な取り組みが必要な分野での共感と浸透の工夫に乏しい。大きな政策課題において国民的共感を生むことに専念する新たな人材投入が望まれる。

十二月二十七日、安倍はオバマと共に日本が奇襲攻撃で日米戦争を開始した真珠湾を訪問し、アリゾナ記念館で慰霊と演説を行った。「Remember Pearl Horbor」は、アメリカ人にとって屈辱と日本不信の合言葉であり、原爆投下は日本人の反米感情の根深い原因だった。この年、その両地で日米首脳が慰霊をした事になる。

前年の「安倍談話」「日韓合意」に次ぐ、安倍による歴史の清算である。

安倍の冷遇に始まったオバマとの関係は、歴史的枢要の地でオバマが安倍と共に「歴史上最強の日米同盟」を宣言する事で終わった。真珠湾訪問はオバマの大統領として最後の外交舞台だったのである。

海外では、一月六日に北朝鮮が四度目の核実験を行い、二月には、北朝鮮の弾道ミサイルが沖縄上空を通過した。国連安保理が、新たな制裁決議の検討に入ったほか、安倍政権は、独自の追加制裁措置を決定した。

五月、台湾総統に蔡英文《さいえいぶん》（民進党）が就任し、馬英九《まえいきゅう》時代に冷却していた日台関係は大きく改善した。

六月二十三日イギリスは国民投票でEU離脱を決め、ヨーロッパのみならず世界に激震が走った。日経平均株価も急速な値崩れを起こし1万5000円を割った。七月二十九日には日本政府は経済対策28兆円の財政出動を断行し、景気の底割れを防いだ。

十月には人民元が国際通貨となったが、実際には外貨準備として採用される動きとはならず、依然として世界経済は、円の信用とドルのパワーで支えられている。前年立ち上げたAIIB、人民元の国際通貨化、一帯一路によって世界の経済を主宰しようとの習近平政権の野心は、現在その功罪も、日本を始め主要国への脅威も含め、道半ばである。

十一月、アメリカ合衆国大統領選挙でドナルド・トランプが当選した。トランプは不動産王、テレビ番組の司会者として知られていたが、政治歴も政治的地盤もない。過激な言説でアメリカ第一主義を標榜する泡沫候補に過ぎなかった。ところが1年間の選挙戦を通じて支持率を上げ続け、平成二十八（２０１６）年七月には共和党の大統領候補に指名される。本選でも、圧倒的に有力視されていた民主党候補のヒラリー・クリントンとデッドヒートを演じ、勝利した。アメリカ主要メディアの事前予測は、クリントン圧勝を報じるものばかりだった為、メディアの信頼についての反省と論争が起きた。

トランプは選挙戦中に日米安保の廃棄や、貿易赤字の是正、日本の核武装化を主張していた。いずれも日本にとって国家戦略の根幹に関わる主題である。安倍はトランプ当選前に接触を図り、当選直後、就任前のトランプを即座に訪問した。外交儀礼上異例である。だが、後から振り返れば英断だった。安倍の話題は中国の脅威の詳細な説明だったとされる。個人的な好悪が激しく、極端な発言を繰り返すトランプとの間で、安倍が直ちに深い信頼関係を結べたことは、日米関係の安定、中ロへの牽制として、現在に至るアジアの平和に大きく貢献していると言ってよい。

国内はどうか。

三月には新青森駅—新函館北斗駅間で北海道新幹線が開通し、北海道と本州が新幹線で繋がった。新幹線開業初年度の北海道全域への経済波及効果は計350億円に上ったとの推計もあり、北海道経済の底上げとなった。(株)日本政策投資銀行)新函館北斗駅—札幌駅間は令和十三(2031)年頃開業予定の見込みである。

二月、経営再建中だったシャープが、7000億円超の経営支援を申し出た台湾の鴻海《ホンハイ》精密工業に買収された。

四月十四日には熊本で最大震度7の激震が発生し、熊本城など多くの熊本市街施設が破損した。死者267人、避難者数18万人に及んだ。

七月三十一日、舛添要一東京都知事が、高額な海外出張費、都庁舎と神奈川県湯河原町の別荘を毎週公用車で往復していたことなどで異常なバッシングを受けて辞任に追い込まれ、小池百合子が後任知事に当選した。小池は就任早々、築地市場から豊洲市場への移転延期を表明して、にわかに脚光を浴びた。築地市場が老朽化して危険なため、移転先を豊洲に決定したのは平成十三年、石原都政時代の事だ。以来、総事業費約5900億円をかけて完成し、十一月の移転を待つばかりだった豊洲市場は開店休業となった。移転延期の判断には全く合理性がなく、小池は問題をいたずらに長期化させた挙句、2年遅れの平成三十(2018)年十月に豊洲市場を開場させた。その損失は189億円に上るとされるが、マスコミは1年近く「小池劇場」で彼女を持ちあげ、政治を視聴率の玩具にし続けた。

十月五日には、中国のレノボが富士通のパソコン事業を統合する方向で検討していると公表、一年後の平成二十九（2017）年十一月に統合の合意に至る。

ソニーの長期低迷、Panasonicの失速、東芝の不祥事、シャープの買収に続き、日本の家電が次々と足場を失ってゆく。アベノミクスが金融政策で景気を維持する中で、日本の国内産業の空洞化、中国への技術流出の進行が止まらない。安倍が国策として大規模な防衛策を打たない限り、十年後には日本の基幹産業は完全に空洞化する。最早個々の企業の経営判断や経済団体に事を委ねておくべきではない。

同じ十月、ノーベル医学生理学賞を大隅良典東京工業大学名誉教授が受賞した。細胞内でタンパク質が分解され、再利用する仕組みを明らかにした事が受賞理由である。（平成5（1994）年）

この年刊行された長谷川三千子『神やぶれたまはず』は、桶谷秀昭『昭和精神史』に触発された思想的対話として特筆に値する。折口信夫が敗戦後に書いた絶望の詩「神やぶれたまふ」との対峙から始まり、様々な戦後の日本人の魂の声を拾いつつ、昭和天皇と大東亜戦争、そして日本を救済する天皇の原理に関する新しい肖像を提示した。

中野剛志『富国と強兵』は経済力と政治力・軍事力との密接な関係を解明する「地政経済学」

を提唱し、実地に構築した巨大な試論である。冷戦後の思考停止から目覚めた一群の少壮の研究者らの成果の一つと言える。ただし、現代社会においてIT、AI、遺伝子工学の予想不可能なイノベーションが、更に大きな世界の変動要因となる可能性が高く、世界史のダイナミズムを明らかにする営為は、令和と共に極めて困難な時代に突入するであろう。

石原慎太郎『天才』は、かつて石原が非難してやまなかった田中角栄を、現在の目で改めて天才として描きミリオンセラーとなった。その結果田中角栄ブームが起きるが、露骨な金権支配と権力の二重構造化、中国との政治癒着など、田中の罪科は大きい。それを「人間的魅力」の観点から無条件に礼賛するブームは、出版界、読書人らの知性の低下を象徴している。

アニメーション映画『君の名は。』(新海誠監督)が、公開101日間で、1535万人を集め、興行収入199億5000万円に達した。国内産アニメが興収100億円を突破するのは、宮崎駿を擁するスタジオジブリの作品以外では初となる。海外でも大ヒットし、興行収入3・55億ドル、宮崎駿監督『千と千尋の神隠し』を超えて日本映画歴代一位となった。43歳の新海監督による繊細且つ詩情あふれる映像は、日本アニメの独壇場をさらに押し広げた。

『シン・ゴジラ』は、今の日本に巨大怪獣が襲来したら、という想定を徹底的なリアリティで描いて話題になった。アニメ『エヴァンゲリオン』で知られる庵野《あんの》秀明監督は、自衛隊の出動をめぐる葛藤をもスリリングに描いたが、内容があまりにも日本に特殊な主題だったため、海外での反響は乏しかった。

　平成中期以後、最大の国民的人気アイドルグループだったＳＭＡＰが年内で解散を発表した。「週刊文春」平成二十七年1月29日号に掲載されたジャニーズ事務所副社長・メリー喜多川氏のインタビュー記事がきっかけとなり、所属するジャニーズ事務所との契約の問題やメンバー間の内紛に発展したためだ。解散公演などは一切なく、メンバーの不和の中での淋しい幕切れとなった。

　流行語は、「ゲス不倫」、「ＰＰＡＰ」、と並び「保育園落ちた日本死ね」など。本当に流行しているのだろうか。流行語大賞のイデオロギー化、下劣化が進んでいる。

　永六輔（83）、大橋巨泉（82）というテレビ界の大物が死去した。蜷川幸雄（80）、冨田勲（84）という演劇、シンセサイザーミュージックでの世界的大家も死去した。

　ピアニストの中村紘子（72）、千代の富士（61）の早過ぎる死は淋しい。

　安倍の経済政策は盤石で、年末の日経平均株価は1万９１１４円を維持した。

が、今回の国勢調査で初めて日本の人口は減少に転じている。前回調査の5年前と比べ94万7０００人減少（０・7％減）し、1億２７１１万人となった。その上、この年に生まれた子供の数は98万人余で、１００万人割れは明治三十二（１８９９）年の統計調査開始以来初めてのことだ。その頃の人口はわずか４０００万人である。

この後、日本の人口は崖から転がり落ちるように急減し続ける事が統計的に確定している。平成二十八（２０１６）年——安倍政治による久し振りの安定した大国日本が実現した一方で、かつて日本民族が経験した事のない大崩壊が迫っている。令和時代、そしてポスト安倍時代の最大の課題はこの根源的な国家危機の回避への、大胆な政策の転換、いや価値観の転換であろう。

平成二十九年　2017年

御題　ベトナム国訪問

戦《いくさ》の日々人らはいかに過ごせしか思ひつつ訪《と》ふベトナムの国　御製

御題　旅

「父の国」と日本《にっぽん》を語る人ら住む遠きベトナムを訪《おとな》ひ来たり　御歌

ベトナム戦争をはじめ幾多の戦いの日々、人々は如何に苦難の日々を過ごしていたかを思いつつ、ベトナムを訪問した事でした。

先の大戦後に残留し、フランスからの独立戦争に参画した日本兵は現地で家庭を営みながら妻子を残して帰国を余儀なくされましたが、その子供らが日本の事を「父の国です」と誇らしげに語る、その人々の住むベトナムをこの度訪れることができました。

政権	③安倍晋三（自民党）
国内	1・25 稀勢の里、日本人19年ぶり横綱 2月 森友学園への国有地売却問題 3・12 サウジアラビア国王、46年ぶり来日（～15） 4・12 フィギュアの浅田真央引退 5月 加計学園の学部新設問題 6・15 改正組織犯罪処罰法 6・26 将棋の藤井聡太、最年少で歴代1位の29連勝 7・20 大相撲白鵬、通算勝利数歴代最多の1047を抜く 10・5 日系イギリス人のカズオ・イシグロ、ノーベル文学賞受賞 12・4 羽生善治、史上初の永世竜王（～5）
国外	1・23 米、TPP永久離脱 3・29 英、EU離脱通告 4・7 米、シリア攻撃 5・7 仏、マクロン大統領 5・9 韓国、文在寅大統領 6・7 米、パリ協定離脱を表明
自分史	
世相	6月 東京・上野動物園のジャイアントパンダ・シンシンが赤ちゃんを産む 7月 「神宿る島」宗像・沖ノ島と関連遺産群が世界文化遺産に 9月 安室奈美恵引退表明 【流行】インスタ映え、忖度、Jアラート、フェイクニュース、村上春樹『騎士団長殺し』、佐藤愛子『九十歳。何がめでたい』、恩田陸『蜜蜂と遠雷』、『美女と野獣』 【物故者】日野原重明（105）中村雄二郎（91）鈴木清順（93）大岡信（86）

安倍政権5年目は、森友・加計問題に明け暮れた。

前年までに見てきたように、安倍政権の政治運営は短中期的には盤石で、日本は久し振りの安定時代を迎えつつあったが、この年の森友・加計に翻弄されて以来、政権に疲労が重なり、一方、論壇は国家的主題を殆ど論じず、日本国に残された時間を空費している。

二月九日、朝日新聞は、大阪で小さな幼稚園を営む学校法人森友学園が、新たに小学校建設のために取得した国有地の売却価格に疑問があるという記事を出した。本来約8億円だった国有地の価格が1億3400万円で払い下げられた、それはなぜかというのである。

いわゆる森友事件の発端である。森友加計事件については拙著『徹底検証「森友加計事件」朝日新聞による戦後最大級の報道犯罪』(飛鳥新社)で、両事件が、朝日新聞が主導した架空の「安倍疑惑」である事をノンフィクションとして精密に描いた。本書では詳述しない。概要のみを記す。

森友問題は、同学園理事長籠池泰典《かごいけやすのり》が、保守系小学校を新設しようと国有地の払い下げ、補助金申請、政治家の助けを借りようと奔走し認可を得、学校建設まで終わっていた案件だ。首相夫人安倍昭恵が同小学校の名誉校長を承引した為、安倍がこの決定に関与しているかのような報道が続いたが、公文書、関係者の証言を全て照合しても関与は一切ない。又首相夫人が関係した案件である為に忖度があったかどうかが問われたが、時系列上、忖度は存在し得ない。そもそも忖度は内心の自由に属し、行政の不正や犯罪の構成基準になり得ない。不正の明確な証拠なき忖度の有無を国会や報道が血道をあげて追及するのは、魔女裁判であり、近代法以前への野蛮な退行に他ならない。

加計問題は、同学園理事長加計孝太郎が、安倍の友人だった事から、同学園が申請していた獣医学部が平成二十九（2017）年十一月国家戦略特区で認可されたのは、安倍の不当な行政介入があったように報じられたが、不正な関与の事実は関係文書、関係者の証言から一切認められない。ここでも五月十七日付朝日新聞朝刊「新学部設置　総理の意向」との見出しに端的に表れているように、問題は総理の「意向」であって、「不正」でも「犯罪」でもない。しかも各種証言から意向すらなかったと考えざるを得ない。証拠が全く存在しない「忖度」や「意向」の有無で政権を揺るがすバッシングが、この後1年4ヶ月も続いた。

最早報道ではない。プロパガンダによる国政介入であり、拙著に題したように「報道犯罪」に他ならない。民意で選ばれ、安定した支持率を持つ政権を、何の政治的資格も国民的な信認もないまま独占企業として居直っているマスコミが、事実に基づかぬ風評でバッシングし続ける事は、民主主義の根底的な破壊だ。

森友加計騒動は、秋の臨時国会でも国会の会期を空費した。

朝日新聞は両事件併せて記事件数700本以上、平成二十九（2017）年二月の初報から年末までを区切っても一面トップ記事が33本もある。過去最大の政治スキャンダルであるロッキード事件、リクルート事件級の扱いだ。

これは、同時期、韓国の保守政権である朴槿恵政権が引きずり降ろされた経緯に酷似する。朴槿恵は、前年の平成二十八（２０１６）年十月二十四日、親友崔順実との疑惑が報じられ、それ以来北朝鮮系勢力が主導するろうそくデモなど、朴槿恵降ろしが吹き荒れた。十二月には、弾劾案が可決され、平成二十九（２０１７）年に入った三月三十一日には逮捕、懲役24年の有罪判決が下り、過酷な独房下、廃人同然になっていると言われる。

朴槿恵の「疑惑」は、安倍同様冤罪だった。

いずれも「友人」との癒着という疑惑であり、マスコミの総攻撃、印象操作、大衆動員へと左派が動いた事が共通する。安倍は言うまでもないが、朴も保守親米反中政権であり、ＴＨＡＡＤの配備、北朝鮮主導の労働運動の取り締まり強化など、反北、反中政策を展開していた。

朴槿恵を罷免した韓国では、五月九日、後任の大統領選に文在寅が勝利した。李明博、朴槿恵と2代続いた保守系政権から親北朝鮮、親中国政権への交代である。

こうして、日韓両国でマスコミを動員した保守親米政権の倒閣運動が熾烈を極める中、北朝鮮による核ミサイル開発はラストスパートに入っていた。

三月六日北朝鮮は、弾道ミサイル４発を同時に発射し、３発が日本の排他的経済水域（ＥＥ

Z）内に落下した。
四月四日、十六日、二十九日にも相次ぎ発射したが何れも失敗した。

五月にも3週連続で弾道ミサイルを発射し、日本のEEZに落下している。十四日の中距離弾は初めて高度2000kmを超え、二十一日には固体燃料の使用に成功している。

八月、北朝鮮がグアム周辺への弾道ミサイル発射の動きを見せている事に対し、安倍政権は地対空誘導弾パトリオット（PAC3）の準備に入った。

八月二十九日、北朝鮮は5回目の弾道ミサイルを発射し、日本列島上空を通過、全国瞬時警報システム（Jアラート）が発令された。事実上の戦時である。

九月三日には6度目の核実験が行われた。

九月十一日、国連安保理は、北朝鮮に対する6度目の制裁決議を採択し、かつてに比べ厳しい内容となった。ただし、金正恩の海外資産凍結は見送られた。

九月十五日、北朝鮮のミサイルは北海道上空を通過したが迎撃はしなかった。一連の日本政府の対応について、菅官房長官は「我が国の安全・安心を総合的に考慮して判断した」と発言している。飛距離はグアムの米軍基地に達するものだった。急速な技術革新が進んでいる。アメリカも強く反応し、トランプは、九月十九日、就任後初めての国連総会での演説で、金正恩を「ロケットマン」と揶揄した上で、「アメリカと同盟国を守ることを迫られれば、北朝鮮を完全に破壊するしかない」と警告した。

十月十六日には米韓軍が日本海で合同軍事演習を開始し、原子力空母ロナルド・レーガンも参加、北朝鮮を牽制し、十一月二十日トランプは、北朝鮮をテロ支援国家に再指定した。9年ぶりだ。安倍政権も、十一月、北朝鮮の35団体・個人を新たに資産凍結の対象とする独自制裁追加措置を決めた。

しかし北朝鮮の挑発は止まず、ついに十一月二十九日、新型ＩＣＢＭ「火星15」の発射に成功した。アメリカ全土が射程に入るＩＣＢＭの保有は、ロシア、中国に次ぐ。世界規模の軍事的な異変である。

一方、この年、十月には習近平体制2期目が発足した。

3時間20分にも及んだ演説では「習近平の新時代の中国的特色のある社会主義思想」が語られた。個人名を冠した政治理念の採択は毛沢東、鄧小平に続き3人目となる。「中華民族の偉大な復興」を掲げた「中国の夢」で、習は21世紀半ばまでに「社会主義現代化強国」を目指すとしている。第一段階として、中国共産党結党１００年に当たる令和三（２０２１）年までにＧＤＰと国民の所得を平成二十二（２０１０）年比で倍増する。令和十七（２０３５）年までに都市と農村の格差を縮小し、中国軍の「現代化」を実現、中華人民共和国が建国１００年を迎える令和三十一（２０４９）年までには富強・民主・文明・調和をかなえた社会主義現代国家の建設を実現する。

主席制が復活し、翌年には任期が廃止された。毛沢東独裁の反省から、集団指導体制が続いた中国だが、習は終身独裁に舵を切った。サイバー支配による史上最も完成された究極の情報統制、国民監視独裁を目指しているとみてよかろう。

北朝鮮の核ミサイル開発のラストスパート、中国の習の独裁体制強化と長期の世界制覇戦略の発表の年に、安倍、朴槿恵という日韓の反中保守政権打倒の嵐が吹き荒れた。

安倍は持ちこたえ、朴槿恵は倒れた。

韓国では、北朝鮮の傀儡、主体思想の信奉者である文在寅《ムン・ジェイン》が新大統領に当選した。文は、反中、反北朝鮮の保守派を粛清し、北朝鮮ベースでの半島統一へと大きく傾斜している。

マスコミの情報空間は、この一年、森友加計の閉鎖的な狂騒曲を演じたが、国内政治も、世相も、世界も動いている。

一月安倍政権は駐韓大使長嶺安政を慰安婦像対抗措置として一時帰国させた。

又、安倍はフィリピン、オーストラリア、インドネシア、ベトナムを歴訪する。フィリピンに誕生したばかりのドゥテルテ大統領はアジアのトランプと言われ、オーストラリアのターンブル首相は親中派として知られるが、安倍は両者と深い信頼関係を築いた。インドネシアでは港湾整備、ベトナムでは新造の巡視船の供与を約した。中国の南シナ海進出を牽制するためである。

三月には全国で民泊を解禁する民泊新法が閣議決定された。

四月、迷走を続けていた米軍基地移設問題が進展する。移設先の辺野古で埋め立て工事に着工したのである。

五月三日、安倍は、憲法改正推進派の集会に自民党総裁としてビデオメッセージを寄せ、九条に自衛隊を明記する事と、令和二（２０２０）年を新しい憲法が施行される年にしたいとの強い意欲を表明した。現職首相が、憲法九条改正と改正日限に言及したのは、戦後初めてだ。

安倍叩きと小池礼賛報道の中で行われた七月二日の都議選で、自民は57議席から23議席に半減する惨敗、小池系が過半数の79議席を勝ち取った。この頃、安倍内閣の支持率は26％（毎日新聞七月二十二〜二十三日調べ）など一部マスコミで20％台に落ち込み、政権始まって以来初の危険水域に入った。

七月六日には、日本とＥＵがＥＰＡで大枠合意した。チーズや自動車他、大半の関税の撤廃・削減で折り合い、通関手続き簡略化や知的財産権の保護、投資ルールの新設などについて合意した。トランプ政権が保護主義に傾斜し、中国が逆に一帯一路で国際市場の盟主を狙っている時に、日本とＥＵが自由貿易を軸として広範な協定を締結した事は極めて重要だ。

秋に入ると支持率低下を受け、第二次安倍政権下で初の政局となる。九月一日、民進党では辞任した蓮舫の後を受け、前原誠司が代表に選ばれた。九月二十五日には、小池百合子が新党『希望の党』を結成し党首に就任した。

その直後、安倍は衆議院を解散する。すると驚くべき事が起きた。民進党代表の前原が、党丸ごと、希望の党に合流することを提案し、同党議員の全会一致で、民進党を事実上「解党」してしまったのだ。ところが事態は捻じ曲がる。小池が、安保法制や改憲に賛成できない民進党議員を「排除する」と述べると、マスコミの小池応援は突如終焉したからだ。マスコミは安保、改憲新党は応援できないというわけだ。小池ブームは即座に立ち消えた。今や選挙結果は完全なマスコミの恣意に操作されているのである。

その後を受け、民進党の枝野幸男が「立憲民主党」を立ち上げ、左派議員が参加すると、マスコミは途端に立憲民主党応援団に変身した。「革マル派」から800万円の献金を受けていた枝野、学生運動出身で北朝鮮から1億円の献金を受けていた菅直人、社会党出身の赤松広隆、社民党出身の阿部知子、辻元清美らが所属している。民進党は比例代表当選者11人のうち8人が労働組合の組織内候補で、総得票数に占める労組系候補の個人名票の割合も24・17%である。

国民の多くはその実態を知らされていない。

小池ブームのまま野党連合対自民党になっていたら、自民党は敗北した可能性もある。が、野党分裂の中、選挙結果は、自民党が２８４議席、公明党と合わせて３１３議席と大勝し、憲法改正の国会発議に必要な3分の２（３１０議席）を上回った。立憲民主党が55議席を獲得して野党第1党に躍進する一方、希望の党は７議席減の50議席に留まった。

安倍はマスコミによる倒閣運動を辛うじて乗り切った。

が、安倍が選挙戦を通じて訴えた二つの「国難」――北朝鮮の核ミサイルと「少子化」への危機感が、国民に通じたとは思えない。再三書くが安倍自身も、少子化に向けての取り組みは全く不十分だ。

十一月、トランプ米大統領が初来日した。トランプは米軍横田基地に到着して演説を行った後、安倍とゴルフを楽しむ。会談は翌日行われ、北朝鮮の核ミサイル開発を非難し対北制裁を発表すると共に、トランプは北朝鮮拉致被害者家族と面会した。首脳会談では、アメリカの核及び通常戦力の双方による日本の防衛に対する揺るぎないコミットメントを確認した。（外務省ＨＰより）

トランプは記者会見で次のように語っている。

戦略的忍耐の時代は終わりました。私の言葉が強すぎるという人もいます。しかし、過去25年間の言葉が弱すぎたために、どういう結果になったでしょうか。我々の現状を見てください。

安倍首相から、何年も前に北朝鮮に拉致された若い日本人の方々に関する悲しい話を聞きました。首相と一緒に、昭和五十二（1977）年に拉致された少女、横田めぐみさんの親御さんとも面会しました。このような悲惨な目に遭う子どもがいてはなりません。40年以上も家族に会えない苦しい思いをする親がいてはなりません。

トランプ来日中、日経平均は2万2937円60銭と、バブル崩壊後の最高値を更新し、25年10ヶ月ぶりの水準となった。

森友加計騒動を克服して安倍自民が大勝し、支持率が回復した事と、日米蜜月によるものだろう。

なおトランプはこの後中国を訪問、習近平は過去最大級の厚遇でトランプを遇し、エネルギーや航空機など、約28兆8千億円のトップセールスを働きかけた。現在までのところ、トランプと習が最も接近したのはこの時だ。

世界は、既述した北朝鮮危機の他、トランプ旋風とISILのテロに翻弄された。

一月、トランプは大統領就任と同時にTPP離脱の意向を表明した。

二月、金正日の長男である金正男がマレーシアで殺害された。金正恩が、米中などによる正男擁立工作を察知し、先回りしたのであろう。

二月、日本の気象庁は世界の平均気温が観測史上最高値を3年連続で更新したと発表した。同年の日本の平均気温も観測史上最高となった。

三月には、英議会のテロで3人が死亡、20人以上が負傷、四月にはサンクトペテルブルク地下鉄で爆破テロが発生し、10人が死亡し、47人が負傷した。

四月、シリアでサリンを使用した空爆が発生し、トランプはこの攻撃をアサド政権によるものとして、四月七日シリア空軍基地にトマホーク巡航ミサイルを59発発射した。

五月、フランス大統領に39歳のマクロンが当選した。

また、この五月には、北京で第1回の「一帯一路フォーラム」が開催され、29カ国の首脳と130余りの国の代表団が集まった。ＪＩＣＡ研究所の報告によれば、平成二十七（２０１５）年の中国の対外援助額は合計１３４億ドルで、同年の日本のＯＤＡ総額１５０億ドルと比較しても遜色ないレベルになっている（IDE-JETRO アジ研ポリシー・ブリーフ N0.109）

とはいえ、プロジェクト実施の主体はほぼ中国企業が指定され、労働者も中国から派遣されることが多いため、ホスト国への経済的恩恵は少ない。さらには、東南アジアやアフリカで、返済不可能なプロジェクトを推進した挙句、建設したインフラごと強制回収する一方的簒奪の構図も目立つ。

五月、イギリスマンチェスターの自爆テロで22人が死亡、60人近くが負傷した。

六月には、トランプが、地球温暖化対策の国際枠組み「パリ協定」離脱を正式表明した。

六月三日再びロンドンでテロが発生し、7人が死亡、48人が負傷した。

六月二十九日、イラクはＩＳＩＬの最大拠点ヌーリ・モスクを奪還し、十月二十日にはシリア民主軍が、ＩＳＩＬが首都とするラッカを解放した。ＩＳＩＬはようやく終息に向かう。が、余燼は燻り続ける。11月ＩＳＩＬのエジプト支部がモスクを襲撃し３００人以上が死亡している。


日本の文化界では快挙が続いた。

一月、稀勢の里が19年ぶりに日本人として横綱昇進を果たした。

四月十三日、南谷真鈴《みなみやまりん》が北極点に到達し、日本人としては初の七大陸最高峰頂上・北極点・南極点の全到達者であるエクスプローラーズ・グランドスラムを達成した。

五月、白鵬が史上最多13度目の全勝優勝及び単独最多１０４８勝を果たした。

六月、史上最年少プロ棋士、藤井聡太四段（14）が公式戦歴代単独1位となる29連勝を達成した。

十月、日本人の両親を持つ英国籍の作家カズオ・イシグロがノーベル文学賞を受賞した。日本出身の作家の受賞は川端康成、大江健三郎に次ぎ3人目となる。小津安二郎、成瀬巳喜男らの静謐な映画、そして英文学の伝統を引く、品位ある淡彩画のようなタッチを持つが、『わたしを離さないで』などのように人間の自由を奪う冷酷なテクノロジー全体主義を描く予言的な問題小説もあり、表現域は広い。

十月には、囲碁の井山裕太六冠（28）が名人位を奪還し、2度目の七大タイトル独占を果たした。

十二月には将棋棋士の羽生善治が史上初の永世七冠を達成した。

一方、四月には、浅田真央が、九月には歌手の安室奈美恵が引退を表明した。平成を代表する女性スーパースターの退場である。

竹田青嗣『欲望論』上下2巻が刊行された。竹田は哲学の歴史を、世界の「本体」についての絶対的認識を不可能と見なすカントの批判哲学以来、西洋哲学はニーチェ、ハイデガー、ポストモダンへと、相対主義の絶対化という陥穽に陥ったとし、新たな哲学を提示した。竹田によれば哲学の本務は、「言語ゲーム」として構成されている人間世界において、暴力を縮減し、平和や道徳の生きうる原理を模索する事だという。竹田はその上で、世界の根本を主観―客観との関係でなく欲望―エロスの連関とみて、カント後の哲学を回収・再建しようと試みている。叙述は平明でポストモダン以後流行した無用な韜晦はない。

岡本隆司『中国の誕生』は「中国」という語の理解の困難さから説き起こす中国近代史の精緻な研究である。岡本には、ウォーラーステインらの近代システム論を始めとする世界史叙述の西欧中心主義を批判し、ユーラシア史の観点から世界を叙述する試み『世界史序説』もある。梅棹忠雄、岡田英弘などの衣鉢を継ぎ、どこまで説得力のある歴史記述に踏み込めるか注視したい。

湯浅博『全体主義と闘った男　河合栄治郎』は、大戦末期に没した自由主義の経済学者、河合栄治郎の評伝である。河合はマルクス主義、ファシズムの左右全体主義を共に批判し、晩年は言論弾圧を受けたまま没した。湯浅は保守主義寄りの河合像を描いているが、平成末期、日米欧マスコミのリベラルファシズム、中国共産党の独裁強化など、自由が再び危機の季節を迎えている中で、河合再評価の機運を齎した意義ある著作と言える。

またこの年には、俳優松方弘樹（74）、映画監督鈴木清順（93）、女優野際陽子（81）、医師で文化勲章受章者の日野原重明（105）、英語学者で保守論壇人の渡部昇一（86）らが死去した。

平成三十年　２０１８年

御題　語

語りつつあしたの苑《その》を歩み行けば林の中にきんらんの咲く　御製

語るなく重きを負《お》ひし君が肩に早春の日差し静かにそそぐ　御歌

皇后と語りながら朝の吹上御苑を散策していると、雑木林の中に可憐で珍しい金蘭の花を見つけました。

何も語らず、天皇の重責を負い続けてこられた陛下の肩に早春の日差しが静かに射すのを拝見すると、少し心がほっと致します。

政権

②安倍晋三（自民党）

国内

- 2・17 平昌冬季五輪、フィギュア羽生結弦
- 2・18 平昌冬季五輪、スケート小平奈緒金メダル
- 4 診療報酬・介護報酬同時改定
- 6・29 働き方改革関連法案成立
- 7・6 オウム真理教の教団元代表ら死刑執行
- 7・8 西日本豪雨、死者200人以上
- 7・18 改正公職選挙法成立
- 7・11 日欧EPA署名
- 9・10 テニス大坂なおみ、日本選手初の全米オープン優勝
- 9・12 東方経済フォーラムでロシア大統領が日露平和条約締結を提案
- 9・25 『新潮45』休刊
- 9・25 大相撲貴乃花親方廃業
- 10・1 京都大高等研究院の本庶佑にノーベル医学生理学賞（がん免疫療法）
- 10・11 カジノを含む統合型リゾート実施法案可決
- 10・30 韓国最高裁、元徴用工への賠償支払いを命じる判決が確定
- 11・1 村上茉愛が体操の世界選手権にて日本女子初の銀メダル獲得
- 11・19 日産ゴーン会長を逮捕
- 12・8 改正入管法成立

国外

- 4・13 米英仏の3カ国がシリアを攻撃
- 米中貿易戦争
- 6・12 史上初の米朝首脳会談
- 11・7 米国中間選挙にて民主党が下院を奪還
- 11・18 APEC、首脳宣言初めて断念 米中の対立深まる

自分史

世相

6月 ルマンにて日本のトヨタ勢が初の総合優勝

7月 埼玉県熊谷市で41・1℃の国内最高記録を更新

10月 豊洲市場開場

【流行】そだねー、奈良判定、スーパーボランティア、吉野源三郎・羽賀翔一『君たちはどう生きるか』、矢部太郎『大家さんと僕』 奈良判定『コード・ブルードクターヘリ緊急救命』『万引き家族』

【物故者】西部邁（78） 星野仙一（70） 輪島（70） 桂歌丸（81） さくらももこ（53） 樹木希林（75）

十二月二十三日、平成最後の天皇誕生日に際し、天皇は次のように述べられた。

私は成年皇族として人生の旅を歩み始めて程なく、現在の皇后と出会い、深い信頼の下、同伴を求め、爾来《じらい》この伴侶と共に、これまでの旅を続けてきました。天皇としての旅を終えようとしている今、私はこれまで、象徴としての私の立場を受け入れ、私を支え続けてくれた多くの国民に衷心より感謝するとともに、自らも国民の一人であった皇后が、私の人生の旅に加わり、60年という長い年月、皇室と国民の双方への献身を、真心を持って果たしてきたことを、心から労《ねぎら》いたく思います。

そして、来年春に私は譲位し、新しい時代が始まります。多くの関係者がこのための準備に当たってくれていることに感謝しています。新しい時代において、天皇となる皇太子とそれを支える秋篠宮は共に多くの経験を積み重ねてきており、皇室の伝統を引き継ぎながら、日々変わりゆく社会に応じつつ道を歩んでいくことと思います。

私たちも、愈々、天皇の御即位から始まった平成の旅を終えつつある。

安倍政権6年目に入り、その成果は、各種経済指標が軒並みバブル以後最高値、場合によっては戦後最も高い数値を記録するなど、国民生活に大きな安定を齎している。

平成を通覧して振り返れば、安倍政治は沈滞と空白の全てを取り戻す圧倒的な成功だったと言わねば不公平だろう。

一月二十三日、日経平均株価は26年ぶりの2万4124・15円を付けた。

前年、十二月の有効求人倍率は44年ぶりの高水準となる1・59倍となり、一月の完全失業率は2・4%と、24年9ヶ月ぶりの低水準となった。

GDPも平成三十（2018）年557兆円と過去最高を更新している。

企業収益は、政権発足時の平成二十四（2012）年度48・5兆円から平成二十九年度83・6兆円と35・1兆円増で過去最高、国民総所得も、平成二十四（2012）年十—十二月期506・7兆円から平成三十（2018）年七—九月期566・7兆円と約60兆円の増加となり、リーマンショック後に失われた50兆円を回復した。

この年には、日本を訪れた訪日外国人が3000万人を突破、又セブン-イレブンの日本国内の店舗数も2万店を突破した。

だが、勿論、批判や懸念もある。

当初目標だったデフレ脱却はすれすれで実現できたにせよ、2%のインフレ目標には達しないままだ。

また、景気優先の予算編成による国債発行残高は積み上がり、財政健全化が遠のいている。税収増は続くが、予算編成も拡大し続けている。大きな政府路線は霞が関の統制力を強め民間の自立を妨げる。新技術の中国流出と大胆な野心ある人材の海外流出は止まらない。

人材流出の中で、成長戦略は功を奏しているとは言い難い。何よりも、昭和を牽引した物作りは今後日本の成長産業たり続ける事はできず、ＩＴ事業には乗り遅れたままだ。情報産業を新たに担うわけでもなく、到来するＡＩ、ロボット社会は余りにも未知数である。

いずれも解決は容易ではない。

少子高齢化の日本市場に投資価値は乏しい。

既に書いたが平成年間の経済成長は米中共に人口増と比例している。

人口問題において、大胆な展開がない限り抜本的な好況は来ない。

また日本の若い世代は、ポスト消費時代に入っている。家、車、宝飾、高級ブランドなどへの志向はデフレを脱却しても戻らない。飢餓感のない社会で、競争や上昇志向を長年否定してきたのが平成だ。経済の原点は消費の必要と衝動であるが、その衝動が若い世代には希薄である。しかも希薄である事が悪いわけでもない。

政策での刺激には限界があるだろう。

マイルドインフレは望ましいが、価格競争の波はインターネット時代に加速している。また原油安や（プラザ合意後の長期）円高基調、人口減社会において、今以上のインフレは難しいのではないか。

一方、安倍政権の規制緩和が不十分だとの主張は首肯できる。

霞が関の規制は、心理的な要素も含め、平成を通じて強くなり続けている。安倍の労働法制は、中小企業の経営者や大企業の中間管理職に、時間管理をはじめとする過度な負担を強いる極めて大きな失政だ。

また、平成の横並び社会、メディアリンチ社会は、新しい試みに大胆に挑戦する人間を袋叩きにする。

恣意的な司法がそれに輪をかける。

堀江貴文や村上ファンドの村上世彰、スーパーコンピューター技術において日本の鍵を握る技術開発者斎藤元章、日産のカルロス・ゴーンらが、司直の裁きを受ける社会である。村上世彰は明らかに違法行為だったが、他のケースは検察の恣意でなかったかどうか、多分に疑問であろう。

クレーマーや弱者利権が極度に幅を利かせ、コンプライアンスが細かく問われる。大手企業ともなればクレーム処理に膨大な人件費がかかっている。

日本企業が発展途上国などで政府関係者に情実を通じようものなら、日本の国内法で贈賄罪に問われる。

消費も創業も、強い衝動や欲望に基づく。国民の衝動が弱くなり、社会の規制が強まれば、経済的な活力が落ちるのは当然である。

この春には日銀総裁黒田東彦が再任され、安倍―麻生―黒田のアベノミクスの継続を内外に示した。2期連続の日銀総裁は山際正道以来57年ぶりとなる。黒田再任への国際的信認は大きく、この年も株価は凡そ2万円台半ばを推移した。

一方、前年来の森友問題では、三月に財務省の決裁文書に改竄があったことが発覚し、事柄は行政文書の書き換えという財務省不祥事に移った。三月二十七日には財務省理財局長だった佐川宣寿が証人喚問に招致され、四月十八日には週刊新潮女性記者へのセクハラ疑惑が報じられた福田淳一財務次官が更迭された。

矮小で奇妙な森友加計騒動の幕切れだった。

四月、小学校で道徳の教科化が始まった。道徳の教科化はリベラル左派から批判されるが、リベラル左派イデオロギーの宣布、年少者のネット閲覧、江戸以来日本の最大の資材だった読書文化が大幅に脆弱化するなど、人間の基盤が危うくなる中で必須だったであろう。

六月には働き方改革関連法が成立した。長時間労働を是正するため、残業に罰則付きの上限を設け、「同一労働同一賃金」を推進し、正社員と非正社員の待遇差の解消を目指す。これは悪法だ。労働現場の裁量で事を進めるべきを、政府が労働基準の細目に立ち入って法整備するなど、社会の活力を削ぐだけである。長時間労働を法律で罰則規定まで設けて禁じながら、成長社会を目指すのは、根本的な倒錯でなくて何であろう。時間短縮を強要されながら、従来通りの成果を求められる現場は、既に混乱し疲弊している。

七月には、IR法が成立した。カジノ法案と言われたが、実際にはアベノミクスの成長戦略の一環として、カジノを含む統合型リゾート施設（IR）を整備し、観光先進国を目指す法制だ。カジノ解禁については、ギャンブル依存症や治安悪化への懸念、カジノを作る前にパチンコを廃止すべきなどといった批判もあるが、依存症に対する対策は盛り込まれている。

九月には自民党総裁選で、安倍が石破茂を、553―254のダブルスコアで下し、3選を決めた。このまま任期を満了するならば、安倍は、首相在任期間において、令和元年八月二十三日には佐藤栄作を抜き戦後1位、令和元年十一月十九日には桂太郎を抜き、明治以後の最長政権になる。

十月、安倍は、令和元年十月に予定通り消費税率を10％に引き上げることを表明し、増税による負の効果を防ぐあらゆる施策を打ってゆくとした。

十二月には改正出入国管理法が成立した。戦後日本は、「日本人にはできない特殊な技能を持つ外国人以外は労働者として入国できない」という方針を維持していた。しかし昭和末期からのバブル時代に突入すると、外国人不法就労者が急増する。そこで平成二年に出入国管理法を制定し、専門技能を生かして就業する外国人の在留資格を整備した。

更に平成五年には、特定業種に限り、技術習得を目的に期間限定の就労を許可する「技能実習制度」が新設される。事実上「単純労働者」の受け入れであり、のちに低賃金や悪条件の就労、失踪者の発生（平成二十九年に約７０００人＝技能実習生全体の約２％）などが問題とされることになった。

平成十（１９９８）年を過ぎた頃からは「少子高齢化」に対処する為、外国人労働者受け入れの主張がなされるようになり、保守派からは、犯罪の増加や外国人同士の紛争、新たな差別問題の発生などを懸念して反対の声が上がっている。

しかし、アベノミクスで国内労働市場が活況を呈する中、人手不足は深刻化している。平成二十九年、「求人難」による倒産が59件と前年比7割増であり、今後この種の倒産は増加すると予想される。（東京商工リサーチ調べ）

安倍政権が出入国管理法の改正を急いだ原因は、何よりも「人手不足」だ。

この法改正では、特に国内で十分な人材確保ができない14の分野（建設、造船・船用工業、自動車整備、航空、宿泊、介護など）で、外国人労働者の「単純労働」を受け入れる。在留資格は「特定技能1」と「特定技能2」の2段階が設定されているが、「特定技能1」は在留期間が5年に限られ、家族の帯同は認められない。「特定技能2」は在留期間に上限はなく、配偶者と子供の帯同が認められる。この「特定技能2」は事実上の「移民」とも見られるだろう。ただし、「特定技能2」を取得するには、「特定技能1」（5年間）を修了した上で試験を受ける必要がある。そして、今のところ「特定技能2」の対象分野は建設業と造船・船用工業の2分野のみである。政府の試算では、この新在留資格で、初年度に最大4万7550人、5年間で最大34万5150人を受け入れることになるという。平成三十（2018）年の日本における外国人労働者の総数は約146万人で、前年比14％増だから、現状より急激な入国受け入れが始まるということにはならない。

しかし本書で繰り返し書いてきたように人口減少は今後加速する。成長を維持しようとすれば労働人口は維持せざるを得ない。高齢者や若者引きこもり層の雇用拡大は順調ではない。女性活躍の機械的推進は少子化を加速する。

移民に等しい海外労働者の急増はむしろ安倍政権の後避けられないだろう。

平成の30年間、人口問題、基幹産業の保護、成長産業の創出という抜本的な主題から逃げてきた付けは、民族存亡の只中に私たちを置くに至った。それをはっきり認めなければ話は一つも始まらない。※

海外の軸は、米朝、米中の緊張であり、安倍もその主要プレイヤーだった。

一月一日、金正恩は「新年の辞」で、アメリカ本土攻撃が可能な核ミサイル（ＩＣＢＭ）の実戦配備を宣言した。トランプはツイッターで「俺だって核ボタンなら持ってるし、こっちのほうがよりデカくてパワフル、しかも超使えるやつだぜ」と応酬する。

アメリカの圧力に押された中国も、一月五日北朝鮮向け原油の輸出を制限すると発表した。

トランプ政権は相変わらず、人事面、組織面で混乱を続ける。三月には、北朝鮮に宥和的なレックス・ティラーソン国務長官が解任され四月には後任としてＣＩＡ長官のマイク・ポンペオが就任した。

三月には中国全人代で従来2期までとされた国家主席の任期が無期限とされ、習近平は、長期

（外国人労働者の受け入れに関する政府等の見解等、平成11年8月13日閣議決定／労働政策講義２０１１外国人労働者問題　リクルートワークス研究所　２０１２年7月17日／２０１８年「人手不足」関連倒産、過去最多の３８７件発生、「求人難」型が1・7倍増と急増　東京商工リサーチ２０１９・１・10／日本の外国人労働者受け入れ政策——比較分析のための一試論　藤井禎介　政策科学　14—2、Feb. 2007／「外国人雇用状況」の届出状況まとめ（平成30年10月末現在）厚生労働省／外国人雇用の教科書　在留資格「特定技能」とは／政府の外国人労働者受け入れ見込み（２０１８年11月）JIJI.COM）

独裁政権の地歩を固めた。ロシアのプーチンも同月、4選を決めている。

アジアは明らかにかつてない地殻変動期に入っている。

習近平と友好ムードを重ねてきたトランプだが、習が多選に動いた直後、一気に貿易戦争を仕掛け始めた。三月、アメリカは鉄鋼とアルミニウムの輸入制限を発動し、七月から九月には、2500億ドル規模の中国製品に関税を上乗せした。原始的な手法だが、これは効き目がある。中国も報復関税で対抗し、貿易摩擦が激化した。

米中貿易戦争の原因は二つある。

第一に、アメリカが経済的に猛迫する国を叩くのは常套手段だという事だ。戦前の大日本帝国、戦後のソ連、平成に入ってからの日本ともに、アメリカは迫りくる脅威の力を何らかの形で未然に防いできた。関志雄「なぜ米国が中国に貿易戦争を仕掛けたか」(経済産業研究所)によれば、アメリカはナンバー2の国がアメリカのGDPの60%を超えた段階でその国をターゲットにするという。事実、日米貿易摩擦時がそうであり、平成二十六年、中国もアメリカのGDPの60%を超えている。

第二の理由は、中国が米企業の知的財産を窃盗し、それによってのし上がってきたからだ。トランプは、中国が公正なルールに応じるまで、中国封じ込めを継続するだろう。

アメリカからの貿易戦争が仕掛けられた最中、習近平は金正恩を北京に呼びつけ、初の会談を行った。

一方、北朝鮮問題で安倍はトランプと密接な連携を取り、四月十七日、十八日に、フロリダで日米首脳会談を開催した。その直後の二十一日、北朝鮮は核実験とＩＣＢＭ発射中止と核実験場の廃止を発表した。既に開発は終わっており、これ以上アメリカを刺激せずに、直接交渉に歩を進めたという事であろう。

四月二十七日には金正恩が北朝鮮指導者として初めて韓国を訪問し、板門店で南北首脳会談が行われた。金は軍事境界線でにこやかに出迎えた文と握手し、徒歩で韓国入りした。

米朝首脳会談が六月十二日に設定された事を受け、安倍は急遽六月七日アメリカに飛び、日米共同記者会見で、拉致問題解決に向け日朝首脳会談の開催に意欲を示した。最新の情勢分析や対処を綿密に協議したと思われる。

米朝首脳会談はシンガポールで行われた。共同声明には北朝鮮が「完全な非核化」に取り組み、アメリカは北朝鮮の安全を保障すると明記し、米朝の緊張緩和が進んだ。

九月十九日には再度南北首脳会談が行われ、事実上の〝南北終戦宣言〟がなされた。親北、親中政権である文在寅による、在韓米軍撤退、北の核武装を承認した上での南北統一への布石と考えられる。

秋からは、米中関係の摩擦が熾烈になった。

十月四日には、ペンス米副大統領が、中国に対して安全保障・経済分野で圧力を強める方針を示した。とりわけペンスの演説で注目すべきは以下の指摘だ。

中国が米国の民主主義に干渉していることは間違いありません。トランプ大統領が先週述べたように、我々は大統領の言葉を借りれば、「中国が今度の中間選挙に介入しようとしていることがわかった」ということです。（中略）ビジネスやエンターテイメントだけでなく、中国共産党はまた、米国、率直に言って世界中のプロパガンダ機関にも数十億ドルを費やしています。（中略）中国は他の方法で研究機関への圧力をかけています。

アメリカの圧力が厳しさを増す中、中国は一貫して強硬姿勢を示してきた安倍に、突如微笑を振り向けた。

十月二十五日、安倍は、第二次政権で初めて中国を訪問した。この間安倍は149カ国・地域を歴訪してきたが中国は訪問していなかったのだ。

いつも安倍には仏頂面しか示さなかった習が、笑顔で安倍を迎え、北京の有力紙、新京報は1面トップに「中日関係の新たな発展を推進」との見出しで、巨大な握手写真を載せた。環球時報の1面トップも「中日が多くの合意に署名」との記事だった。（「中国メディア、安倍首相の訪中

を前向き報道」日経新聞10・27）

十一月のＡＰＥＣでは、米中が通商政策で激しく対立し、首脳宣言採択を断念した。米中対立と、南北朝鮮宥和の中で、反日態度が暴走し始めたのは、韓国だ。

十月三十日、日本統治時代に動員された韓国人元徴用工４人が新日鉄住金に損害賠償を求めた訴訟で、韓国大法院（最高裁）は新日鉄住金の賠償支払いを命じる判決を確定、十一月二十九日には三菱重工業に賠償を命じる判決も確定した。日韓基本条約を無視し、両国関係を過去に遡って破壊するものだ。

十一月六日、アメリカの中間選挙では、上院は共和党が多数派を占めたが、下院は民主党に奪還された。中間選挙での与党の敗北は一般的な事だが、トランプの政権運営は厳しくなった。

十二月五日カナダ司法省は中国の通信機器大手「ファーウェイ」孟晩舟《もうばんしゅう》副会長兼ＣＦＯを対イラン制裁違反の疑いで逮捕した。

安倍政権はそれを受け、ファーウェイ製品、及びＺＴＥの製品を、政府備品から外す方針を決定した。また、ＮＴＴドコモ、ＫＤＤＩ、SoftBankなどの携帯大手3社もファーウェイ・ＺＴＥの製品を通信設備から除外し、５Ｇの基地局にも使用しないと発表した。つとに識者から指摘されてきたが、中国製品を通じて通信情報が当局に抜かれているという情報安全保障の観点からの一斉排除と推定される。

また、十二月二十日、海上自衛隊の哨戒機が能登半島沖の日本の排他的経済水域内で韓国の駆逐艦から火器管制レーダーの照射を受けた。軍事衝突を引き起こしかねない危険な挑発だ。韓国文在寅政権による反日の暴走は年をまたいで過激化した挙句、安倍と親密な米ロ双方から剣突を食らう事になった。

十二月三十日、日本、メキシコ、シンガポール、ニュージーランド、カナダ、オーストラリアの6カ国でTPPが発効した。オバマ大統領―菅直人政権時代、アメリカが主導していたTPPは、安倍時代、日本に有利な交渉の妥結を見た後、トランプが離脱する捩れた結果となった。日米でアジア太平洋の自由貿易圏を形成し、中国を包囲する安倍の目論見は功を奏さなかった。トランプによる米中の利害衝突戦へと事態は推移している。が、トランプが独自の中国抑止に一定の成果を出した後には、日本が主導しアメリカをTPP体制に引き戻さねばならない。自由貿易国の対中集団安全保障は、必要不可欠なのである。

一月には関東甲信で大雪＝東京20㎝超の積雪を記録した一方で、七月埼玉県熊谷市で観測史上最高気温となる41・1度を記録し、首都圏は夏中炎暑に包まれた。地球温暖化は理論上、気温の過度の上昇と急冷とに振れてゆくのである。

三月、日本年金機構が約５００万人分のデータ入力を委託した業者が、中国の業者に個人情報入力を再委託していたことが判明した。

四月、早稲田大学、東京大学の加藤泰浩教授の研究チームが南鳥島周辺の海底下にあるレアアース（希土類）の資源量が世界の消費量の数百年分に相当する１６００万t超に達するという調査結果を発表した。資源争奪戦が演じられる事になるだろう。

六月九日には、東海道新幹線車内で22歳の男が乗客を殺傷する事件が発生した。新幹線における初の死亡事故である。

六月十八日には、大阪でマグニチュード（Ｍｊ）６・１の地震が発生し、死者６人、負傷者４００人以上の被害が出た。京都駅の巨大なガラス壁が崩落するなど、阪神・淡路大震災の悪夢がよぎった。

六月二十八日から断続的に半月続いた西日本の集中豪雨は、各地の土砂災害などで死者２００人以上となる大災害となった。

七月には、オウム真理教元教祖麻原彰晃を始め、地下鉄サリンテロ事件の死刑囚13名の死刑が執行された。改元前の執行という決断と推定される。

九月六日、北海道胆振地方でマグニチュード６・７の地震が発生し、勇払郡厚真町で、北海道初となる震度７を観測した。死者・行方不明者40人以上、負傷者６００人以上の惨事となった。

九月三十日、翁長雄志前知事の死去を受けた沖縄県知事選挙は、「オール沖縄」を標榜する玉城デニーが、自公推薦候補を破って当選した。翁長に続き、反米、反基地、反自民の親中知事である。

十月、小池都知事の移転延期判断で遅延していた豊洲市場が約2年遅れて開場した。

十一月十九日、日産会長のカルロス・ゴーンが報酬を過少に申告していたとして、有価証券報告書の虚偽記載容疑で逮捕された。拘留は翌年三月までに及び、四月に再逮捕、フランスは本より国際社会から疑問を呈された。ゴーンの蓄財への非難が上がる一方で、株主総会、民事訴訟の範疇に過ぎないのではないかとの指摘もある。

国内の文化、スポーツは若い世代の活躍が前年に続き、目に付く。

二月には、将棋の羽生善治竜王と囲碁の井山裕太七冠が、七月にはフィギュアスケート男子で冬季五輪2連覇を成し遂げた羽生結弦選手が、国民栄誉賞を受賞した。

三月、『魔女の宅急便』などの絵本作家、角野栄子が、国際アンデルセン賞を受賞した。

五月二十日、是枝監督『万引き家族』がカンヌ国際映画祭最高賞を受賞した。一人一人の俳優の演技は優れているが作品そのものは悪質だ。子供に同情が集まるヒューマンドラマなど、まず表現者として安直極まる。舞台は現在の日本だが、こんな不潔な家屋は戦争直後でさえ普通の日本人は住みはしない。子供に万引きをさせて生計の助けとしているが、この「家族」は働き盛りの男女3人が一緒に暮らしているのである。今の東京なら70万円以上は確実に手にできる。汚い家に住み、子供に万引きをさせる必然性が全くない。

貧困、社会矛盾、そこに辛うじて存在する人間性の哀歓を描きたいのなら、現実に貧困と社会矛盾が存在する最貧国を舞台にせねばリアリティーが根底から崩れる。一方、日本の社会悪を告発したいなら、現に存在する悪に取材すべきだ。最初から国際出品を目論み、移民や格差に苦しむ欧米のインテリ審査員に媚を売る文化犯罪と呼ぶべき作品であろう。

六月から七月、サッカーワールドカップで、念願のベスト8進出を惜しくも逃した。

七月、霧のアーティストと呼ばれる中谷芙二子が世界文化賞を受賞した。

九月、武豊がJRA通算4000勝を達成し、歴代最多勝記録を更新した。

九月、全米オープン決勝で、大坂なおみがセリーナ・ウィリアムズを下して優勝し、日本人初のテニス4大大会での優勝を果たした。

一方、九月には、貴乃花親方が相撲協会を退職し、廃業した。平成改元と共に、しなやかで美しい取り組みで、日本の相撲道に新たな境地を開いた大横綱だが、親方となって以後、相撲協会との対立が深まっていた。北の湖、千代の富士、輪島も既に亡い。

十月一日本庶佑《ほんじょたすく》・京都大特別教授（76）のノーベル医学・生理学賞受賞が決まった。本庶は免疫ゲノム医学の研究者で、がん免疫治療薬「オプジーボ」の開発に貢献（平成四〜十七年）、

「今世紀中に癌は脅威でなくなる」と談話を発表する。授賞式には、昭和四十三年に文学賞を受賞した川端康成以来の羽織袴で臨んだ。

この年、歌舞伎界では幸四郎の松本白鸚、染五郎の松本幸四郎、金太郎の市川染五郎と、三代の襲名があった。歌舞伎はこうして古典的な演目の新世代への着実な継承を進める一方、夢枕獏の小説『陰陽師』（平成二十五年）、漫画『ワンピース』を原作とした市川猿之助のスーパー歌舞伎（平成二十九年）など、新作歌舞伎の上演などにも取り組み、令和へとその歴史を引き継いだ。

一方能楽も、諸流派交流、女性能楽師の育成などを通じて、表現と観客の開拓を行い続けている。平成三十一（2019）年には能楽の魅力を発信する「ESSENCE能」を行い、令和二（2020）年の東京オリンピック・パラリンピック大会期間中に、能楽界を代表する重鎮、全流派を揃え、史上最高の能楽祭典を目指し、「能楽フェスティバル2020日賀寿（ひかず）能（仮称）」を実施するとしている。

熊野純彦『本居宣長』は、国学・文献学・国語学の大成者本居宣長そのものに肉薄し直すと共に、近代における宣長像とそれを照合した大著である。吉田松陰晩年の書簡から宣長への旅を始め、終章で再び松陰に戻りつつ巻を閉じる構成といい、装丁といい、小林秀雄晩年の『本居宣長』を模しつつ、小林批判的立場を打ち出すが、議論のスケールは大きい。カント『純粋理性批判』、ヘーゲル『精神現象学』、ベルグソン『物質と記憶』、ハイデガー『存在と時間』という西洋哲学の最重要古典の個人訳を成し遂げてきた熊野が、宣長と日本に、徹底的な親密さで向き合った本書は、平成最後に誕生した、思想史記述の一つの頂点としてよい。

30歳、少壮の島田英明による『歴史と永遠　江戸後期の思想水脈』は、荻生徂徠の古文辞学から説き起こし、幕末の知識人＝志士の群像を描く。吉田松陰、真木和泉、盛田節斎らを、学的に緻密に扱いながら冷評に堕していない。親切な理解と文体の安定には驚くべきものがある。令和時代に向け、日本の知の回復を予感させる大型知識人の登場と敢えて言ってみたい。

古井戸秀夫『評伝鶴屋南北』は上下分売不可で2万7000円、計1630頁の巨編で、大歌舞伎の成立の最大の立役者だった南北とその周辺の人間模様を丹念に描いた。

西垣通『ＡＩ原論』は、小冊ながら人工知能の通史を踏まえ、そこに一神教のイデオロギー――創造神／ロゴス中心主義／選民思想――が根深く混入している事を指摘する。生命現象と根本の異なるＡＩが疑似的に人間の脳の機能に近付いても、本質的な自律性がない事を忘れてはならない。技術の極端な発達の内に人間はすぐに常識を忘れる。日本で哲学的に吟味された数少ないＡＩブーム警告の書である。

佐藤卓己『ファシスト的公共性―総力戦体制のメディア学』はメディア論の立場から、議会制民主主義による民意の吸収と異なる、ナチス的な宣伝動員の方法論が、戦中戦後に日独で如何に展開されたかを研究する。有意義な研究だが佐藤に限らず現代のナチス批判者には、是非中国共産党の現在との比較研究をジャンルとして確立してもらいたいものだ。ローカルな政治イデオロギーとして終熄したナチズムに比べ、中国共産党・独裁はマルクス゠レーニン主義、毛沢東思想、冷戦終結を全て飲み込みながら延命し公然たる独裁・弾圧体質のまま、人民監視と世界覇権を視野に収めるに至っている。自由社会のメディア学最大のテーマではないのか。

昭和三十五（１９６０）年に『論語』から刊行が開始された『新釈漢文大系』（全１２０巻別巻1）が約60年かけ、この年『白氏文集十三』によって完結した。人文学の基礎的な文献の正確な校訂本は文化力の基盤である。刊行元の明治書院に敬意を表したい。

この年、西部邁（78）、西城秀樹（63）、加藤剛（80）、浅利慶太（85）、津川雅彦（78）、さくらももこ（53）、樹木希林（75）、輪島（70）、竹本住太夫（93）が死去した。

西部は保守思想家、日本の保守言論の活性化に寄与。西城は昭和のアイドル第一世代で、「ＹＭＣＡ」など数々のヒット曲がある。若すぎる死だ。加藤、津川は昭和三十年代に美貌でスターの座を得て以後、加藤は時代劇を中心に活躍し、津川は多様な役柄に挑む性格俳優として大成した。平成年間、素朴な笑いで優しく日本を慰撫し続けてくれたさくらの早逝は痛ましい。輪島は北の湖と共に昭和末期を牽引した名横綱、竹本は文楽で初の文化勲章受章者である。

平成三十一年　2019年

御題　光

贈られしひまはりの種は生え揃ひ葉を広げゆく初夏の光に　御製

今しばし生きなむと思ふ寂光《じやくくわう》に園の薔薇《さうび》のみな美しく　御歌

贈っていただいたひまわりの種が成長し、初夏の光の中で大きな葉を広げています。

体も心も老いにすっかり弱る事はありますが今暫く生きましょう、夕暮れ時の寂光に庭の薔薇が美しく映える、その美しさに己の老年を重ねて。

政権	③安倍晋三（自民党）

国内

1・3 熊本で震度6弱
1・5 大間のマグロ豊洲初競りで3億3360万円
1・12 平成最後の歌会始の儀。お題は「語」
1・21 両陛下、神奈川県横須賀市観音崎公園で「戦没船員の碑」にご供花
2・24 天皇陛下在位30年式典開催
2・22 はやぶさ2、「りゅうぐう」着陸成功
2・25 沖縄県民投票で基地移設反対7割超
3・21 イチロー引退
3・25 両陛下、京都御所の茶会にご出席
3・26 両陛下、神武天皇山陵に御拝礼
3・27 両陛下、京都御苑の近衛邸跡で桜をご鑑賞
4・1 新元号「令和」発表
4・5 はやぶさ2、「りゅうぐう」にクレーターを作る衝突実験に世界初の成功
4・7 大阪ダブル選を大阪維新の会が制する（大阪前市長吉村洋文が知事、大阪前知事の松井一郎が市長に当選）
4・8 統一地方選挙
4・9 1万円、5千円、千円紙幣の全面刷新が発表される
4・18 天皇皇后両陛下が伊勢神宮で「親謁《しんえつ》の儀」

国外

1・8 仏ルノーがカルロス・ゴーン会長を解任
2・27―28 米朝首脳会談ベトナムで開催
4・10 国際研究チームが世界初でブラックホールの影の撮影に成功
4・11 「ウィキリークス」創設者ジュリアン・アサンジュ逮捕
4・16 ノートルダム寺院で大規模火災発生

自分史

世相

【流行】
令和おじさん、ハンス・ロスリング『ファクトフルネス』、前田裕二『メモの魔力』、『マスカレード・ホテル』、『翔んで埼玉』、『七つの会議』
【物故者】
市原悦子（82）、梅原猛（93）、ドナルド・キーン（96）、モンキー・パンチ（83）、小池一夫（82）

平成最後の年は4ヶ月で終焉を迎える。

一月二日、新年一般参賀が開催され、過去最多となる15万4800人が訪れた。当初の予定よりも回数を増やし、天皇皇后は計7回お出ましになった。

一月、厚労省の統計不正調査問題が発覚した。厚労省が作成している「毎月勤労統計調査」に不正が指摘され、統計を基本にして算出する雇用保険や労災保険などの給付額が低くなり、延べおよそ2015万人に過少支給が発生したとされている。GDPの算出にも使用される為、最近7四半期のうち5四半期で前年同期比の伸び率が下方修正され、最新の平成三十年七〜九月期は従来の2・7%増から2・6%増となった。同四〜六月期は3・7%増から3・8%増に上がり、修正幅は上下とも最大0・1ポイントだった。

前年十二月韓国海軍の駆逐艦が、自衛隊機に向けて火器管制レーダーを照射した件で、十二月二十八日、日本防衛省は当時P―1哨戒機が撮影した映像を公開していたが、明けて一月四日、韓国はBGM付きの「反論動画」を公開した。一月下旬まで双方のやり取りは続くも決裂したままとなっている。

一月五日、史上最年少の10歳女児の仲邑菫《なかむらすみれ》がプロ棋士になった。

一月七日、天皇皇后は昭和天皇の祥月命日に、墓所である武蔵野御陵を参拝された。

一月八日、韓国・大邱地方裁判所は、徴用工訴訟問題で新日鉄住金の同国内資産の差し押さえを認める決定を下した。

一月二十六日、大坂なおみが全豪テニス初制覇＝世界ランキング1位をなし遂げた。日本選手として初の快挙である。

一月二十二日、日ロ首脳会談が行われたが、プーチン政権の日ロ平和条約への姿勢は大きく後退した。国内での支持率を大幅に下げているプーチンにとって領土返還は一種の敗北、売国行為と見做されかねないからだ。ここに来てプーチン政権の弱体化が交渉の足枷となっている。

二月七日、文喜相・韓国国会議長がインタビューで、天皇を戦犯の息子と呼び、慰安婦問題の謝罪を要求し、日本に強い反発が広がった。

二月二十二日、小惑星探査機「はやぶさ2」が「リュウグウ」への1回目の着陸に成功した。小惑星リュウグウは直径900mほどで、地球からの距離は約3億kmだ。はやぶさ2は、リュウグウ地表のサンプルを持って令和二年に帰還する。宇宙探査技術のさらなる進歩と共に、太陽系の起源や生命誕生の解明に大きな成果をもたらすと期待されている。

二月二十四日、政府主催で「天皇陛下御在位三十周年記念式典」が開催された。

また、沖縄県民投票で辺野古埋め立て「反対」が7割を超えた。

三月二十一日　米メジャーリーグ、マリナーズのイチロー外野手（45）が、日本で行われたメジャーリーグ開幕戦に出場後、引退を発表した。28年のキャリアの中で、メジャーリーグの最多ヒット記録（262本）、日米通算ヒット数4367など数々の記録を打ち立ててきた。

前年暮れ、平成の幕開けと共に登場し、大相撲の美学を体現した平成の大横綱、貴乃花が相撲界から身を引き、この年平成年間プレーし続けたイチローが引退する。

平成年間、時代の平俗化、男性の軟弱化、風貌・精神の幼稚化に抵抗するかのように美学を樹立した二人の日本男児の退場は、平成の幕切れにふさわしい。

梅原猛（93）、市原悦子（82）、キーン・ドナルド（96）が死去した。梅原は『隠された十字架』『水底の歌』を初め、梅原古代学を打ち立て、古代史の大胆な読み替え、日本の精神史の根源に迫る独自の学風を示した。市原は性格女優の第一人者で、『黒い雨』『うなぎ』など様々な傑作映画を支える一方、テレビシリーズ『日本昔話』の語り、『家政婦は見た』シリーズで国民的人気を博した。キーンはアメリカ出身の日本文学研究者で東日本大震災に心痛して帰化、片かなに改名している。業績には既に触れた。

三月二十六日、天皇皇后は神武《じんむ》天皇陵を訪問され、譲位についてご報告された。

四月一日、改元に先立ち、新元号が官房長官菅義偉により発表された。新元号は初めて漢籍でなく国書から採られた。萬葉集巻五、梅花の歌三十二首の序「時に、初春の令月にして、気淑《よ》く風和《やわら》ぎ、梅は鏡前の粉を披《ひら》き、蘭は珮後《はいご》の香を薫らす」が出典である。好感度が高く、崩御を伴わぬ改元ゆえの高揚感に日本は湧いた。

四月十八日、天皇・皇后は伊勢神宮に三種の神器の内、草薙剣の複製と八尺瓊勾玉を持参し、「神宮親謁《しんえつ》の儀」において譲位の報告をされた。

譲位一週間前の四月二十三日には、年内2度目となる昭和天皇陵に退位の報告をされ、譲位に関する事前の行事を終えられた。

四月三十日午前十時過ぎ、天皇は正装「黄櫨染御袍《こうろぜんのごほう》」を身に着け、天照大神を祭る賢所で、「退位礼当日賢所大前《かしこどころおおまえ》の儀」に臨み、退位報告をされた。テレビカメラは装束に身を包んだ天皇が回廊を歩む姿を中継し、国民は固唾を飲んで見守った。

午後五時には、皇居・宮殿松の間において「退位礼正殿の儀」が執り行わる。儀式には、皇后や皇太子及び妃殿下ら成年の皇族方のほか、三権の長、閣僚、県知事、市町村長ら約300人が出席した。

緊張する松の間には、まず草薙剣の複製と八尺瓊勾玉、そして天皇が公務で使う天皇の印「御璽《ぎょじ》」、国の印章である「国璽《こくじ》」が側近により入場、台に安置し、続き天皇皇后が入室された。

天皇が正面玉座に立たれると、会場一同一礼後、内閣総理大臣安倍晋三が一歩前に出、「国民代表の辞」を読み上げた。

謹んで申し上げます。

天皇陛下におかれましては、皇室典範特例法の定めるところにより、本日をもちまして御退位されます。

平成の三十年、『内平《うちたい》らかに外成《そとな》る』との思いの下、私たちは天皇陛下と共に歩みを進めてまいりました。この間、天皇陛下は、国の安寧《あんねい》と国民の幸せを願われ、一つ一つの御公務を、心を込めてお務めになり、日本国及び日本国民統合の象徴としての責務を果たしてこられました。

我が国は、平和と繁栄を享受する一方で、相次ぐ大きな自然災害など、幾多の困難にも直面しました。そのような時、天皇陛下は、皇后陛下と御一緒に、国民に寄り添い、被災者の身近で励まされ、国民に明日への勇気と希望を与えてくださいました。

本日ここに御退位の日を迎え、これまでの年月《としつき》を顧《かえり》み、いかなる時も国民と苦楽を共にされた天皇陛下の御心《みこころ》に思いを致し、深い敬愛と感謝の念を今一度新たにする次第であります。

私たちは、これまでの天皇陛下の歩みを胸に刻みながら、平和で、希望に満ちあふれ、誇りある日本の輝かしい未来を創り上げていくため、更に最善の努力を尽くしてまいります。

天皇皇后両陛下には、末永くお健《すこ》やかであらせられますことを願ってやみません。

ここに、天皇皇后両陛下に心からの感謝を申し上げ、皇室の一層の御繁栄をお祈り申し上げます。

安倍は譲位が天皇家の家法によるのでなく、皇室典範特例法の定めるところによる退位である旨を冒頭で規定し、天皇の事績を振り返りつつ感謝を表した。口調が早い。数々の檜舞台に立ってきた安倍にして極度の緊張だったのであろう。

それに答え、天皇は最後の御言葉を述べられた。


今日をもち、天皇としての務めを終えることになりました。

ただ今、国民を代表して、安倍内閣総理大臣の述べられた言葉に、深く謝意を表します。

即位から30年、これまでの天皇としての務めを、国民への深い信頼と敬愛をもって行い得たことは、幸せなことでした。象徴としての私を受け入れ、支えてくれた国民に、心から感謝します。

明日から始まる新しい令和の時代が、平和で実り多くあることを、皇后と共に心から願い、ここに我が国と世界の人々の安寧と幸せを祈ります。


時に安倍を見、時に会場内を見つつ、静かな微笑と、時に万感迫る思いを秘めながらの「お言葉」だった。

皇后は天皇に向き直り深く敬礼される。

その後、天皇は労わるように皇后の手を執られて台からお降りになり、静かに退室した。退室間際、後に続く皇后を待つように振り返り、出席者に天皇としての最後の会釈をし、消えてゆく後ろ姿には、平成三十年の時の重責が籠っていた。まるで時代の空蝉のようであった。能の幽玄の極致のように、天皇は「時」そのものを連れ去り、松の間の奥に消えてゆかれ、「平成」は終った。

明けて五月一日――雨の予報を覆し、晴れやかな朝、新天皇が即位され、「令和」が始動する。

午前十時過ぎ、松の間で新天皇徳仁陛下は、三権の長ら約50人と成人男性皇族を前に姿を現された。「剣璽《けんじ》等承継の儀」に臨まれるのである。

天皇は、最高勲章大勲位《だいくんい》菊花《きっか》章頸飾《しょうけいしょく》を首から下げ、玉座前に立たれる。そこに三種の神器から草薙剣の複製と八尺瓊勾玉、御璽と国璽が運ばれ、天皇の前に置かれる。無言の内に儀式は終了し、天皇は神器、璽を伴い退室された。

その後、十一時十分過ぎからは「即位後朝見の儀」が執り行われた。

女性皇族も参列され、参加者は約３００人となる。

ティアラとネックレスを装われた雅子皇后と共に玉座前に立たれると、天皇としての最初の御言葉を発せられた。

日本国憲法及び皇室典範特例法の定めるところにより、ここに皇位を継承しました。

この身に負った重責を思うと粛然たる思いがします。

顧みれば、上皇陛下には御即位より、三十年以上の長きにわたり、世界の平和と国民の幸せを願われ、いかなる時も国民と苦楽を共にされながら、その強い御心を御自身のお姿でお示しになりつつ、一つ一つのお務めに真摯に取り組んでこられました。上皇陛下がお示しになった象徴としてのお姿に心からの敬意と感謝を申し上げます。

ここに、皇位を継承するに当たり、上皇陛下のこれまでの歩みに深く思いを致し、また、歴代の天皇のなさりようを心にとどめ、自己の研鑽に励むとともに、常に国民を思い、国民に寄り添いながら、憲法にのっとり、日本国及び日本国民統合の象徴としての責務を果たすことを誓い、国民の幸せと国の一層の発展、そして世界の平和を切に希望します。

お言葉は上皇を範とする旨を強く表現された上で、「歴代の天皇のなさりようを心にとどめ、自己の研鑽に励む」とされた。新天皇の歴代天皇の事績への関心はかねて深いものだったとされる。日本国憲法の規定による象徴天皇像を追求する一方で、歴史上の天皇の事績を鏡とされる事で、新たな天皇像を築く抱負と拝せられる。

また上皇が即位の折には「国民と共に日本国憲法を守り」とされていたお言葉が、「憲法にのっとり、日本国及び日本国民統合の象徴としての責務を果たす」と憲法の天皇条項を指す表現になっている。象徴天皇制による即位二代目、先帝の安定した事績の上に立った大きな変化と言えよう。

安倍の奉答には、冒頭に「英邁なる天皇陛下」との一語が盛られた。五十九歳の新天皇は、充分若々しいと共に、静かな微笑の中に、只ならぬ威容を感じさせ、安倍の言葉を空語にはしていない。眼光は涼しくも鋭く、お言葉は平易ながら歴史を貫く確かな洞察を秘めている。

温容溢れる上皇から、新天皇の威厳ある御代へ――。

歴史の厳粛で重たい碾き臼は、ぎりりと重く軋みながら、次の時代の扉を開こうとしている。

私たちは、今その門出に、新天皇と共に立ったのである。（本文了）

後書き

平成はどういう時代であったのか――。

本書を通読してくださった読者には、ぜひ、この問いに自分の人生を重ねつつ、直面していただきたい。

まさに平成はそうした自己への問いかけなしに日本国家そのものが右往左往し続けた時代だった。そのことが、私たちに多くを失わせたのである。

私自身、執筆しながら、余りにも多くの事を発見し、多くの知見を新たに得て、驚きの連続だった。

私の総括の一端を記せば、次の様になるだろう。

平成政治史を代表する二大政治家を挙げるとすれば、前半における小沢一郎氏と後半における安倍晋三氏となるであろう。小沢氏は『日本改造計画』で、平成政治の骨格を示す一方で、政権交代を自己目的化し、政治破壊を繰り返した。一方、安倍晋三氏は『美しい国　日本』で保守的なヴィジョンを示した後、特に第二次安倍政権において国民生活の安定を最優先し、日本の国力を補修した。

驚くべきことに、外交・安全保障による外壁の安定、経済政策による国民生活の安定を政治の主題だと明確に捉え、ほぼぶれなかった首相は、平成年間を通じて小渕恵三と安倍晋三の二人しかいなかった。

一方で、政治理念を明確に語ったのは、第一次安倍政権の「戦後レジームからの脱却」と鳩山政権の「友愛政治」だったと言える。

私自身は「戦後レジームからの脱却」と、「友愛政治」が両立しないとは考えない。それは何ら対立概念ではない。

戦後レジームは、外交安全保障における冷戦構造依存、アメリカ従属、日本国憲法体制への絶対服従と規定できる。

日本国憲法を平和憲法と見做し、憲法を守れと叫ぶ思考停止は、冷戦後にあっては平和の破壊でしかなかった。

平成史を通じて、現実に日本の安全保障環境が安定していたのは橋本龍太郎、小渕恵三、森喜朗、小泉純一郎、安倍晋三政権で、最も不安定化したのが民主党政権だった事でそれは明らかだろう。橋本から安倍に至る政治姿勢を単純に対米従属政権と決めつける議論が左右共に見られるが、本書を通読すればお分かりいただけるように、それは誤りだ。これらの政権は日米同盟の対等化に努めている。又、経済交渉ではアメリカに妥協的ではなかった。寧ろアメリカに対して弱腰だったのは海部俊樹、宮澤喜一、民主党歴代政権であった。彼らは又中国、韓国に対しても卑屈だった。

日本が米軍基地網に覆われているのは戦後の所与で、平成の歴代政権の責任ではない。この状況を簡単に放り出して、新しいレジームに移行できるわけもない。アメリカの軍事・情報の緊密な網の目に組み込まれている事が、日本の安全保障の根幹となっているからだ。

なるほどこれは屈辱的な現実だ。が、この逆説から自由な日本人は誰一人として存在しない。新たなレジームを構想し、平和の新たな軸を構築しようと試みるのは必要な事だ。永遠の同盟もなければ、片務的な外国基地の永続固定もあり得ない。

だが、平和を破壊する平和憲法墨守論や真面目に安全保障を維持している政権への従米非難は、令和の開始と共にさすがにご破算にしてほしい。

安全保障政策を真面目に考える事は、保守であれ、リベラルであれ、本来なら共通する主題である。

その点を平成史に学ぼうとしない者は、政治や政治言論を職業とすべきではない。

一方理念としての「友愛政治」は、空漠とし過ぎている。安全保障の現実的基盤を守りつつ、思想として成熟させ、政策へと鍛えてゆくべきであったが、鳩山氏が余りにも軽率な人物である為に、この理念そのものが笑い物になったのは残念だ。

一方、平成年間を通じて市民権を得たのが「リベラル」という政治的立場である。リベラリズムはアメリカの政治思想史においても揺れ動いてきた概念で、個人の自由を強く主張する立場はリバタリアニズム、リベラリズムは寧ろ二〇世紀後半、左傾化してきたと言ってよかろう。井上達夫氏は著書『リベラルのことは嫌いでも、リベラリズムは嫌いにならないでください』の中で、リベラリズムを史的に「啓蒙」と「寛容」に発し、自己（自国）の優遇を排する「正義」の概念を軸に規定している。だが、日本の「リベラル」は「啓蒙」の前提となるべき思想史への基本的な理解がなく、「寛容」「正義」からも程遠い。彼らは「アベ政治を許さない」と叫び、平和安全法制を「戦争法案」と罵り、「忖度」の有無を追及する魔女狩りに血道を挙げ、「極右」「ネトウヨ」とレッテルを貼って対話は徹底的に拒む……。

これでは、韓国・中国・朝日新聞・民主党政権を目の敵にする思考停止の罵詈雑言型右派の裏返しに過ぎないではないか。

日本の存続と日本人の幸せを願うのであれば、誰であれ、最早レッテルを貼って人を罵っている余裕はない。

どのような立場であれ、平成史をじっくりと踏まえた上で、自分の理念を吟味し直し、現実に日本をどう再生させるかに集中せねばならない。

本書において私は、政治制度、経済政策、日本のビジネスモデル、学術、創作、サブカルチャーに亘る平成年間の達成と問題点を可能な限り盛り込み、令和日本の建設の為の基盤を提供しようと努めた。

日本の権力構造については、立法、司法、行政の三権に加え、マスコミも権力として、明らかに民意誘導の支配力を持ち、かつイデオロギーを独占している。又、国会議員及び政権のみは、度重なる選挙と日々のマスコミによる極度の監視、批判に晒されている一方で、司法権力、霞が関など行政権力、マスコミ権力の三権力は、その圧倒的な強制性、強権性にも関わらず、事実上国民の環視と抑止が全くシステム化されていない。

小沢氏＝海部氏主導の政治改革と、社会主義崩壊後もマスコミに多数潜伏した潜在左派の保守政権批判が、四権の内、政治権力だけを過激に弱化させた。

この政治権力の空位化は、行政＝霞が関の裏支配、司法の横暴、マスコミのイデオロギー洗脳を加速化させている。

令和日本は、四権のリバランス、暴走の抑止を、早急に検討すべき時期にきていよう。

経済については、平成初期、当時の政治指導者や経済学者、論客が金融主導の経済が始まったことの意味を正しく認識できなかった事が日本の大きな立ち遅れを招いた。欧米では共有されていた経済学、経済政策的な認識が、リフレ派の経済論客の出現まで、日本では殆ど行われてこなかった。戦後日本の学界が、マルクス経済学偏重で、資本主義の実践的な研究、特にマクロ経済学において手薄だった事が致命傷になったのではなかったかと私は疑っている。

文化については、平成年間、文壇、論壇の衰退と、アニメにおける思想的な作品群の深化が交錯している。一方、この数年、人文学の若手に著しく実力のある書き手が登場し始めている事は嬉しい。いずれ文壇、論壇にもこれら実力派若手の知の波が波及する事に期待を繋いでおく。

また、本文で再三言及したが、令和と共に、私たちは人口激減問題に直面する事になる。令和の三十年間は、人口が3000万人減少するか、大量の移民を入れるかの二者択一となる。日本民族の消滅を本当に避けたいなら、令和当初に出生率を劇的に上げる国民的合意を形成するしかない。

又、中国共産党政権による、日本併呑の可能性を直視し、日本は自らの歴史及び自由社会としての独立を死守する覚悟を、明確に政策や国民意識として形にするか、中国の属国になるかを二者択一せねばならない。

その点の試金石は言うまでもなく憲法第九条改正である。安倍氏は令和改元後の憲法記念日においても二〇二〇年つまり令和二年までに、自衛隊を明記するなどの改正憲法の施行を目指すとしている。九条改正は間違いなく日本人の国家意識、主権者としての意識を根底から変える。

その上、人類的課題が一人一人の生活を襲う時代にも突入した。

ＡＩ、遺伝子工学、脳科学の発達、地球温暖化、原子力エネルギーの位置づけなど、政治以前に、思想と論壇による言論が意見形成をしなければならぬ主題が平成年間多発したが、日本の知識社会はこれらを自己の切実な課題としては全く放置したままだ。

保守と変革、国家尊重とグローバリズム、自由と権力的な統御、思想と政治、経済成長と人生の質の向上——こうした諸主題の複雑さと変化の速さは、最早、一本の論理、一人のオピニオンリーダー、一つの政党や一人の政治指導者に収斂させ得ない。

だからこそ、まず平成史と向き合い、一人一人が、課題の現状を把握し始める事が必要なのである。

本書における私のコメンタリーについては、賛成できない読者も多い事だろう。それでいい。ご自分の考える平成史を再構成し、令和をどうすべきかを考える上で、本書を批判的に検討していただければ著者としては本望である。

私は、私の物の見方の賛同者を沢山作りたいのではない。

寧ろ、自分の視点を持つ読者を多く持ちたいと願っている。

＊

本書は、私の従来のどの著作にも増して、共同作業の産物と言える。

前書きにも触れたが、雄渾な題簽を揮毫してくださった書家の金敷駿房先生に改めて御礼申し上げたい。当代、これだけ見事な題簽に恵まれる著作は稀だろうと思う。

また、本文の記述は、㈳日本平和学研究所の平よお氏と橋本美千夫氏の膨大な事実確認や論述に多くを負うている。これだけ多岐、無数の項目に言及しながら、何とか一書の体裁を保てたのは全くの所二人のお陰である。限界状況の日々、緻密な仕事に従事し続けてくれた二人には感謝の言葉もない。

青林堂からは三冊目の著書刊行となる。同社の渡辺レイ子氏には企画の段階から完成まで誠心誠意、執筆をサポートしていただいた。

本書に見るべきところがあるとすれば、これらの皆様の献身のお蔭であり、共同作業の成果として本書を世に問えたのは、私の心より誇りとするところである。

無論、最終的な文責は私にある。多岐膨大な項目に触れた為、知識の不足、判断の誤りはあるであろう。その点はご教示いただければ有難い。版を重ねた場合には、必要に応じて正してゆきたい。

末尾ながら、改めて偲ばれるのは、改元と共に感を深くした、皇室伝統を頂く有難さであり、喜ばしさである。

平成三十一年四月三十日を以て退位された上皇陛下の御姿には、三十年に渡り国の祭祀をつかさどり、全身全霊で象徴たる事に務められた年月の重みが刻まれておられた。一方、令和元年五月一日に即位された今上天皇は、既にして百二十六代に及び受け継がれてきた霊威を一身に備えられ、その威厳ある静かなまなざしは、新時代の薫風によって場を一気に清め、明るめるようだった。

私は、理屈も何もなく、ただ心素直に有難さを感じたのだった。

上皇上皇后両陛下及び、天皇皇后両陛下に、心よりの敬意と感謝を捧げつつ、この平成の物語の筆を擱く。

参考資料（主なもののみを掲げた。本文で論評対象としたものは原則として含んでいない。ネットの情報も包括的に使用したものはここに掲げた。）

飯島勲『小泉官邸秘録』（日本経済新聞社）
五百旗頭真（編）『橋本龍太郎外交回顧録』（岩波書店）
五百旗頭真（編）『90年代の証言宮澤喜一―保守本流の軌跡』（朝日新聞社）
五百旗頭　真（編）『90年代の証言小沢一郎政権奪取論』（朝日新聞社）
池上彰『池上彰の世界から見る平成史（角川新書）』（KADOKAWA）
石原信雄『首相官邸の決断―内閣官房副長官石原信雄の2600日（中公文庫）』（中央公論新社）
一橋文哉『オウム真理教事件とは何だったのか？　麻原彰晃の正体と封印された闇社会（PHP研究所）
岩井克人『貨幣論（ちくま学芸文庫）』（筑摩書房）
大橋康一『実感する世界史現代史』（ベレ出版）
小熊英二（編著）『平成史【増補新版】（河出ブックス）』（河出書房新社）
海部俊樹『政治とカネ―海部俊樹回顧録（新潮新書）』（新潮社）
片山杜秀『平成精神史天皇・災害・ナショナリズム（幻冬舎新書）』（幻冬舎）
神田文人『昭和・平成現代史年表〔増補版〕』（小学館：増補版）
児玉幸多（編）『日本史年表・地図（2019年版）』（吉川弘文館）
佐野真一『凡宰伝（文春文庫）』（文藝春秋）
白井聡『永続敗戦論戦後日本の核心（講談社＋α文庫）』（講談社）
城山英巳『中国共産党「天皇工作」秘録』（文藝春秋）
芹川洋一『平成政権史（日経プレミアシリーズ）』（日本経済新聞出版社）
高原明生『開発主義の時代へ1972-2014〈シリーズ中国近現代史5〉（岩波新書）』、（岩波書店）
高橋洋一『めった斬り平成経済史失敗の本質と復活の条件』（ビジネス社）
ダグラス・マレー『西洋の自死：移民・アイデンティティ・イスラム』（東洋経済新報社）
竹中平蔵『平成の教訓改革と愚策の30年（PHP新書）』（PHP研究所）
田崎俊明『流れがわかる！年表でおさらい日本史』（ベレ出版）

田中明彦『新しい中世相互依存の世界システム（講談社学術文庫）』（講談社）
中島岳志（編）『現代への反逆としての保守（リーディングス戦後日本の思想水脈第7巻）』（岩波書店）
中村政則（編）『年表昭和・平成史１９２６‐２０１１（岩波ブックレット）』（岩波書店）
細川護熙『内訟録―細川護熙総理大臣日記』（日本経済新聞出版社）
御厨貴（編著）『平成の政治』（日本経済新聞出版社）
宮崎義一『複合不況―ポスト・バブルの処方箋を求めて（中公新書）』（中央公論社）
村上一郎『岩波茂雄と出版文化近代日本の教養主義（講談社学術文庫）』、（講談社）
森喜朗『私の履歴書森喜朗回顧録』（日本経済新聞出版社）
楊海英『独裁の中国現代史毛沢東から習近平まで（文春新書）』（文藝春秋）
若泉敬『他策ナカリシヲ信ゼムト欲ス〈新装版〉』（文藝春秋）
鷲田小彌太『昭和の思想家67人（ＰＨＰ新書）』（ＰＨＰ研究所）
日本再建イニシアティブ『民主党政権失敗の検証‐日本政治は何を活かすか（中公新書）』（中央公論新社）
歴史学研究会『日本史年表第５版』（岩波書店）
「政治家橋本龍太郎」編集委員会『61人が書き残す政治家橋本龍太郎（文藝春秋企画出版）』（文藝春秋企画出版部）
『日本論点』１９９２年〜２０１２年（文藝春秋）
『激動の平成史（洋泉社ＭＯＯＫ）』（洋泉社）
『ＦＯＣＵＳ「さよなら平成」２０１９年１／25号（週刊新潮別冊）』（新潮社）
『平成を読み解く51の事件（文春ＭＯＯＫ）』（文藝春秋）
『図解で振り返る激動の平成史（時空旅人別冊）』（三栄書房）
『統計でふりかえる平成日本の30年（双葉社スーパームック）』（双葉社）
津上俊哉「中国１９８９年〜１９９４年　中国共産党に何が起きていたのか」（ＢＬＯＧＯＳ２０１４年６月21日）
春名幹男「闇に葬られた『オウム・北朝鮮』の関係：サリン製造技術から警察庁長官狙撃事件まで」（Ｈａｆｆｐｏｓｔ２０１８年07月10日）
山内利典「TRCEYEVol.51」（東京海上日動リスクコンサルティング（株））
プラザ合意後の円高の進行と円高不況（内閣府経済社会総合研究所）
日本による「テロとの闘い」への取組（内閣官房・外務省・防衛省外務省ＨＰ）

平成記

令和元年 5 月 23 日　初 版 発 行

著者　　小川榮太郎
発行人　蟹江幹彦
発行所　株式会社　青林堂
〒 150-0002　東京都渋谷区渋谷 3-7-6
電話　03-5468-7769
装幀　TSTJ Inc.
印刷所　中央精版印刷株式会社

Printed in Japan

ISBN 978-4-7926-0648-0